O FATOR DE ATRAÇÃO

JOE VITALE

O FATOR DE ATRAÇÃO

5 Passos Simples Para Criar Riqueza e Prosperidade em Todas as Áreas da Sua Vida

Tradução
Flávio Quintiliano

Editora Cultrix
SÃO PAULO

Título do original: *The Attractor Factor.*
Copyright © 2005, 2008 Joe Vitale.
Publicado mediante acordo com a John Wiley & Sons International Rights, Inc.
Copyright da edição brasileira © 2006, 2023 Editora Pensamento-Cultrix Ltda.
2ª edição 2023.

Todos os direitos reservados. Nenhuma parte desta obra pode ser reproduzida ou usada de qualquer forma ou por qualquer meio, eletrônico ou mecânico, inclusive fotocópias, gravações ou sistema de armazenamento em banco de dados, sem permissão por escrito, exceto nos casos de trechos curtos citados em resenhas críticas ou artigos de revistas.

Termo de responsabilidade / Disclaimer: A Editora e o Autor deste livro envidaram todos os esforços em sua preparação e redação, mas não oferecem garantias quanto à veracidade ou integridade do conteúdo do livro, e especificamente rejeitam qualquer garantia de comercialização de produtos ou adequação a um determinado objetivo. Nenhuma garantia pode ser oferecida por representantes de vendas ou em materiais publicitários impressos. Os conselhos e estratégias contidos neste livro podem não ser os mais indicados para sua situação específica. A publicação deste livro não implica prestação de serviços profissionais. Assim sendo, consulte um profissional sempre que necessário. Nem a Editora nem o Autor são responsáveis por qualquer dano ou interrupção nos lucros, ou qualquer outro prejuízo financeiro, inclusive, mas não apenas, prejuízos ocasionais, acidentais ou consequentes.

A Editora Cultrix não se responsabiliza por eventuais mudanças ocorridas nos endereços convencionais ou eletrônicos citados neste livro.

Obs.: Publicado anteriormente como *Criando Riqueza e Prosperidade — O Fator de Atração — Como Ter Sucesso em Todas as Áreas da sua Vida.*

P.S. Para manter a veracidade do conteúdo desta obra mantivemos os exemplos como foram citados na época em que foram escritos.

Editor: Adilson Silva Ramachandra
Gerente editorial: Roseli de S. Ferraz
Gerente de produção editorial: Indiara Faria Kayo
Editoração eletrônica: Ponto Inicial Design Gráfico
Revisão: Claudete Agua de Melo

Dados Internacionais de Catalogação na Publicação (CIP)
(Câmara Brasileira do Livro, SP, Brasil)

Vitale, Joe
    O fator de atração : 5 passos simples para criar riqueza e prosperidade em todas as áreas da sua vida / Joe Vitale ; tradução Flávio Quintiliano. -- 2. ed. -- São Paulo : Editora Cultrix, 2023.

    Título original: The attractor factor
    Bibliografia.
    ISBN 978-65-5736-254-9

    1. Autoajuda 2. Autodesenvolvimento 3. Lei da atração 4. Sucesso I. Título.

23-155439   CDD-158

Índices para catálogo sistemático:

1. Lei da atração : Poder do pensamento : Psicologia 158

Eliane de Freitas Leite - Bibliotecária - CRB 8/8415

Direitos de tradução para língua portuguesa adquiridos com exclusividade pela
EDITORA PENSAMENTO-CULTRIX LTDA., que se reserva a
propriedade literária desta tradução.
Rua Dr. Mário Vicente, 368 — 04270-000 — São Paulo, SP — Fone: (11) 2066-9000
http://www.editoracultrix.com.br
E-mail: atendimento@editoracultrix.com.br
Foi feito o depósito legal.

Para Bonnie
e
Para Marian,
Eu amo vocês

O Espírito é uma substância que se molda de acordo com as necessidades de cada pessoa, e para isso ele segue um determinado padrão. A massa fabricada com farinha, fermento e água não se importa com o fato de ser transformada em pão ou em biscoito. Do mesmo modo, o Espírito se conforma a cada uma de nossas necessidades, sejam elas quais forem.

— Frances Larimer Warner,
Our Invisible Supply: Part One, 1907

Sumário

Agradecimentos		11
Introdução	*Dr. Robert Anthony*	13
Prefácio	Confissão Sincera do Autor	17
Capítulo 1	Os Milagres Nunca Acabam	21
Capítulo 2	Qual é o QI de seu Fator de Atração?	28
Capítulo 3	Um Estudo de Caso do Fator de Atração	36
Capítulo 4	A Verdade Sobre a Lei da Atração	40
Capítulo 5	As Provas	43
Capítulo 6	O Que Você Está Desprezando?	70
Capítulo 7	Como Atrair Dinheiro	75
Capítulo 8	Poderia Ser de Outra Maneira	80
Capítulo 9	Um Jeito Simples de Atrair Tudo o Que Você Deseja	85

O FATOR DE ATRAÇÃO

Capítulo 10	Introdução ao Fator de Atração	88
Capítulo 11	Qual é seu QI de Prosperidade?	93
Capítulo 12	Primeiro Passo: O Trampolim	96
Capítulo 13	Segundo Passo: Escolha um Desafio que Valha a Pena	103
Capítulo 14	Terceiro Passo: O Segredo que Faltava	146
Capítulo 15	Quarto Passo: "Nevillize" seus Objetivos	195
Capítulo 16	Quinto Passo: O Grande Segredo	218
Capítulo 17	Fórmula Secreta para Ganhar um Milhão de Dólares	249
Capítulo 18	A História Chocante, mas Verdadeira, de Jonathan	253
Capítulo 19	O Experimento: Fundação para a Meditação Intencional	257
Capítulo 20	Perguntas Frequentes (com respostas)	266
Bibliografia		275
Websites		287

Agradecimentos

Agradeço a meus amigos Jerry e Esther Hicks pelas suas ideias penetrantes e originais sobre o processo de "atrair" qualquer coisa que uma pessoa deseje. Sem dúvida, agradeço a Jonathan Jacobs pela sua atividade como agente de cura, consultor de milagres e amigo pessoal. Também sou grato a Bill Ferguson pelos seus conhecimentos mágicos. Linda Credeur foi a primeira a acreditar neste projeto, talvez até antes de mim mesmo. Quero agradecer a Bob Proctor por me apoiar e acreditar em mim e neste livro. Alguns amigos íntimos leram as primeiras versões deste material e deram opiniões inestimáveis. Eles merecem uma salva de palmas: Jonathan Morningstar, Jennifer Wier, Blair Warren, David Deutsch, Bryan Miller, Nerissa Oden, Rick e Mary Barrett, e a falecida Marian Vitale. Jenny Meadows ajudou na preparação dos originais. Matt Holt, da Editora Wiley, me contatou com insistência e me convenceu a escrever este livro para vocês. Meu grupo de discussão conhecido como "Mastermind" ofereceu apoio e conselhos. Esse grupo inclui Bill Hibbler, Pat O'Bryan, Nerissa Oden, Jillian Coleman, Craig Perrine, Irma Facundo, Bryan Caplovitz e Jay McDonald. Nerissa, minha companheira de vida e meu amor, está sempre disposta a me ajudar e sempre alimenta os bichos para que eu possa continuar escrevendo. Agradeço a Rhonda Byrne, criadora do filme *O Segredo*, por me colocar neste projeto incrível. Suzanne Burns, minha principal assistente, facilita minha vida para que eu possa me concentrar no trabalho. Seu marido Bruce me ajuda com frequência sem nunca pedir pagamento. Mark Ryan, meu companheiro de combate em direção à luz, sempre me apoiou. Victoria Schaefer é uma amiga inestimável. Também quero agradecer a Cyndi Smasal e minha equipe de *coaches* de milagres no endereço www.miraclescoaching.com. Por fim, agradeço ao Ser Divino que tem me guiado em todos os momentos.

Introdução

Ao longo de minha vida, grande parte da qual foi dedicada à atividade profissional no âmbito do desenvolvimento pessoal, a pergunta que ouvi (e ouço) com mais frequência é: "Como faço para conseguir aquilo que desejo?".

A resposta a essa pergunta é formulada com muita clareza no novo e admirável livro do meu querido amigo, dr. Joe Vitale.

Quando li *O Fator de Atração* pela primeira vez, fiquei impressionado pela perspicácia e lucidez com que este livro desvenda o poder criativo dentro de cada um de nós, um poder que permanece quase sempre oculto ou ignorado. Que poder é esse? Como podemos lançar mão dele para criar as coisas que desejamos? E o mais importante: como alcançar esse objetivo sem sobrecarregar nossa vida com estresse e preocupações?

Perguntas como essas fizeram com que Joe Vitale desenvolvesse pesquisas e escrevesse este livro, chegando por fim a formular uma teoria totalmente nova sobre a manifestação de nossos maiores desejos.

Joe lançou mão desse poder para "criar" uma vida que a maioria das pessoas poderia considerar invejável. Ele conquistou casas, carros, sucesso, amor e saúde — tudo aquilo que todos nós desejamos. Joe é uma das poucas pessoas que só falam por experiência própria. Provavelmente, é o mais simpático e adorável especialista em marketing em atividade. Sua vida é um testemunho incontestável de que seus ensinamentos realmente funcionam.

Ao longo deste livro, Joe narra trechos de sua vida — os momentos bons, mas também os tropeços e fracassos. Nada fica de fora. Assim, ele explica como foi que, pelo processo de tentativa e erro, descobriu a fórmula que consiste em cinco passos simples, que o tirou da pobreza, da infelicidade, da frustração e às vezes do desespero, levando-o a uma vida de abundância, felicidade, alegria e sucesso sem precedentes. Essa trajetória inesquecível é fonte de inspiração para todos nós.

E você? Por acaso também se sente inquieto e insatisfeito em relação a alguns aspectos da sua vida? Você está pronto para aprender e pôr em prática esses cinco passos simples que vão transformar sua vida para sempre?

Joe Vitale, conhecido como "Mr. Fire!" [o Homem-Chama], acredita piamente que todos nós podemos encontrar soluções espirituais para nossos problemas e criar a vida que desejamos, se soubermos utilizar corretamente o "Fator de Atração". Este livro ajudará você a entender como aplicar esta fórmula na sua própria vida e como gozar a vida sem estresse, sem tensão e sem conflitos. Ajudará você a descobrir que um domínio maior sobre sua vida e seu destino é muito mais acessível do que imaginava.

Todo mundo nutre o desejo de descobrir os grandes segredos do sucesso, alcançar a satisfação profunda e encontrar o caminho que leva ao desenvolvimento pessoal. Joe nos ensina tudo isso com base no Fator de Atração.

O segredo para "atrair" as coisas que realmente desejamos está nas páginas deste livro. Entretanto, talvez você se sinta chocado ao descobrir como é fácil aplicar esta fórmula. A simplicidade da fórmula pode surpreender você, mas não se deixe enganar. Nossa mente adora complicar as coisas. Mas é impossível complicar a Verdade. Por sua própria natureza, a Verdade é simples. Tudo o que necessitamos fazer é pôr em prática esses axiomas simples, e a partir daí nossa vida pode se transformar milagrosamente de um instante para o outro.

À medida que você for avançando na leitura deste livro, descobrirá ideias ou estratégias que lhe parecerão familiares, ou que você já conhecia há muito tempo. Mais uma vez, não se deixe enganar. Como disse Oliver Wendell Holmes, pai: "Cabe a todos nós aprender o óbvio".

O que Joe tenta fazer é reavivar dentro de nós aquilo que já sabíamos em um nível mais profundo. A seguir, ele nos encoraja a pôr em prática aquilo que sabemos em uma fórmula que consiste em cinco passos simples, e que *não pode falhar!*

Imagine como a nossa vida seria diferente se conhecêssemos a causa de todas as coisas que costumamos atrair, e então mudássemos nosso "ponto magnético" de atração para atrair *somente* as coisas que realmente desejamos!

INTRODUÇÃO

Assim que você aprender o segredo do Fator de Atração, estará livre da hesitação e da insegurança interior. Não precisará mais se preocupar com o que o futuro lhe reserva, pois, aplicando a fórmula de cinco passos simples, terá condições de criar deliberadamente o futuro que deseja.

Você já tomou uma decisão no momento em que investiu dinheiro na compra deste livro. Trata-se de um investimento em si mesmo. Você tem poder para realizar grandes coisas. A diferença entre *extraordinário* e ordinário é o prefixo "extra". No momento em que começou a ler este livro, você já demonstrou que está procurando aquele "algo mais".

Depois de incorporar o Fator de Atração e a fórmula de cinco passos na sua vida, você terá condições de usá-la em qualquer situação... em qualquer lugar... na companhia de quaisquer pessoas... e diante de qualquer eventualidade.

E o melhor de tudo é que a fórmula é infalível! Você não pode cometer um engano ou tomar a direção errada, pois o Fator de Atração lhe mostrará como fluir juntamente com o Universo, em vez de viver na contracorrente. Seu ponto magnético de atração sempre estará voltado para onde você deseja ir.

Portanto, junte-se a mim agora, e deixe que Joe Vitale conduza você numa jornada de autodescoberta que vai mudar sua vida para sempre.

— Dr. Robert Anthony

VOCÊ TEM PROBLEMAS DE DINHEIRO?

Um passarinho me contou um segredo: aquele desejo
profundo e intenso que você abriga no coração.
Pelo amor de Deus, é sempre o mesmo!
Ele me disse que você ficaria eternamente grato se nunca mais precisasse
se preocupar com dinheiro, a partir de agora e para todo o sempre.
Bem, eu não pude resistir.
Seu desejo foi concedido!
Nunca mais você terá de se preocupar com dinheiro.
Deseja mais alguma coisa? Qualquer coisa?

— *The Universe Talks*
[O Universo Fala]
www.tut.com

Prefácio

Confissão Sincera do Autor

Tenho de admitir.

Nunca quis publicar este livro, ou torná-lo acessível a um público mais amplo.

Eu estava apavorado.

Escrevi este livro para uma pessoa: minha irmã. Bonnie tinha três filhos, estava desempregada e dependia da assistência social. Eu não me conformava em vê-la sofrer. Sabia que a vida dela podia ser diferente se ela conhecesse a fórmula de cinco passos que desenvolvi para criar qualquer coisa que uma pessoa deseje. Escrevi esses textos para ela, e unicamente para ela, no ano de 1997. Agora, ela já não vive da assistência social e está indo bastante bem. Comprou uma casa, um carro, conseguiu emprego e construiu uma família feliz. Ainda não ficou rica, mas acredito que lhe mostrei uma nova maneira de viver a vida.

Nunca quis publicar este livro, pois tinha medo do modo como as pessoas me julgariam. Já escrevi dezessete livros até o presente momento, para organizações tão conhecidas e conservadoras como a Associação Norte-Americana de Marketing e a Associação Norte-Americana de Gestão Empresarial. Também publiquei um método em áudio pela editora Nightingale-Conant. Achei que, se revelasse ao mundo meu interesse pela espiritualidade, as pessoas iriam me ridicularizar, os clientes cancelariam seus contratos e as organizações que mencionei voltariam suas costas para mim. Portanto, resolvi não correr riscos e mantive este livro em segredo.

Em junho de 1999, porém, cedi a um impulso irresistível e dei uma cópia do rascunho manuscrito a Bob Proctor, no início de um de seus seminários sobre "A Ciência da Prosperidade" (*Science of Getting Rich*). Bob leu e adorou o livro. Depois ele fez algo que me chocou.

Havia 250 pessoas naquele seminário em Denver. Todas elas queriam saber como criar riqueza e prosperidade. Bob, de pé diante delas, leu em voz alta uma lista de todos os meus livros publicados, e a seguir me apresentou à plateia. Eu subi ao palanque e a multidão aplaudiu. Fui tratado como uma celebridade, e me senti lisonjeado com a atenção.

Então, Bob falou a todos sobre o meu novo livro, meu livro inédito, ou seja, *este* livro. Fiquei surpreso. Não estava preparado para aquilo. Minha respiração ficou suspensa. E, então, Bob disse para eles o título do livro, que naquela época era *Spiritual Marketing* (Marketing Espiritual).

O burburinho que se espalhou entre o público foi tão grande que um arrepio percorreu minha espinha. Não apenas a reação das pessoas era favorável ao livro, como também todas elas queriam um exemplar — naquele exato momento. Pelo menos cinquenta pessoas se levantaram e disseram que queriam comprar o livro imediatamente. Mais tarde, Bob Proctor contou que pretendia transformá-lo em um método em áudio. E um editor presente ao seminário disse que queria publicar o livro, totalmente às cegas, sem ter lido uma página do original!

Minhas preocupações quanto à publicação do livro se esvaneceram. Era óbvio que havia chegado o momento certo para divulgar essas ideias, e percebi que a divulgação delas não me traria nenhum prejuízo.

Portanto, aqui estou.

Assim como acontece em muitas situações da vida, nossos medos acabam se mostrando infundados. A riqueza e a glória esperam por nós na curva da esquina. Tudo o que temos de fazer é dar um passo em frente e não temer os atos que nossa intuição nos incita a realizar.

Bob Proctor me deu esse "empurrãozinho" diante de 250 pessoas.

O resultado é que em 2001 lancei o *audiobook* intitulado *Marketing Espiritual*. Foi um sucesso instantâneo. O livro chegou ao primeiro lugar na lista dos mais vendidos da Amazon nos dias 4 e 5 de junho de 2001, que são as datas de aniversário de meus pais. Foi traduzido para sete idiomas. Pessoas do mundo inteiro me mandaram cartas e mensagens, contando que os cinco

PREFÁCIO

passos explicados no livro as tinham ajudado a conseguir um emprego, ou curar uma doença "incurável", ou ganhar dinheiro, ou encontrar o verdadeiro amor, e muito mais.

Foi uma reação realmente espantosa.

Comecei a pensar: "Se estes textos podem transformar a vida das pessoas, preciso torná-los conhecidos em uma escala maior, para mais gente. Preciso expandir o livro e explicar melhor os cinco passos, e também preciso de uma editora de renome".

A partir de então, defini essa intenção.

E agora você está lendo o livro. Obviamente, ele foi ampliado, a informação foi atualizada, e eu também encontrei a editora certa.

É *assim* que funciona o Fator de Atração.

Mas, antes de explicar a fórmula de cinco passos, deixe-me dizer o seguinte...

A causa de qualquer coisa que nos sucede pode ser encontrada na trajetória de nossa própria vida.

— F. W. Sears. *How to Attract Success*, 1914

CAPÍTULO 1

Os Milagres Nunca Acabam

Muitos milagres aconteceram na minha vida desde que escrevi um pequeno folheto em 1997, que acabou se transformando neste livro que o leitor tem em mãos. Eis alguns deles:

- Quando escrevi este livro pela primeira vez e falei sobre o carro de meus sonhos, naquela época, um Saturn. Depois disso, meu sonho e meu carro mudaram. Passei a dirigir um BMW Z3 2.8 Roadster. Esse carro aparece em um dos primeiros filmes de James Bond. Nunca em minha vida me diverti tanto pelo simples fato de dirigir um carro! Conforme minha vida foi evoluindo, passei a perseguir sonhos cada vez mais ousados, e naturalmente também desejei um carro diferente. Então, a vida me concedeu Francine, meu carro esportivo exótico modelo Panoz Esperante GTLM, ano 2005. Puxa, como eu sentia prazer em dirigi-lo! Segui em frente e consegui "atrair" um raro Panoz AIV Roadster, ano 1998. Esse carro tinha pertencido a Steven Tyler, da banda de *rock* Aerosmith. É verdade que este livro não trata da "atração" de carros, mas aqueles carros novos simbolizaram grandes mudanças em minha vida. Eles também constituem uma mensagem: você realmente pode conquistar qualquer coisa que imaginar.

- Quando escrevi este livro pela primeira vez, ainda estava casado com Marian, com quem vivi por mais de vinte anos. Mas então nós dois decidimos seguir caminhos diferentes. Não houve absolutamente nenhum aspecto negativo nessa experiência ou nessa decisão.

O FATOR DE ATRAÇÃO

Marian decidiu que preferia viver sozinha. Eu decidi procurar outra companheira. E realmente a encontrei. Ela se chama Nerissa, e é a grande paixão da minha vida. Continuei amigo de Marian até sua morte em 2004, e ainda sinto falta dela. No entanto, sou um homem de sorte. Mudanças profundas na vida de cada um de nós também podem ser fáceis e naturais.

- Quando escrevi este livro pela primeira vez, defini o objetivo de gerar uma renda passiva, isto é, de ganhar dinheiro sem esforço permanente. Eu queria que o dinheiro chegasse até mim de maneira fácil e consistente, a qualquer momento e em qualquer lugar — não importa o que eu estivesse fazendo. Então, fui levado a conhecer Mark Joyner, naquela época CEO da Aesop Marketing. Mark me perguntou se eu queria lançar um de meus livros em formato de *e-books*, para comercialização on-line. Minha reação foi cética. Mas eu lhe dei *Hypnotic Writing*, um manuscrito que escrevi muitos anos atrás. Mark pôs o livro on-line e fez a divulgação necessária. As vendas me fizeram entrar em parafuso. Não existem despesas de impressão, armazenamento ou frete. Portanto, todo o dinheiro é renda passiva. Todo mês recebo um montante, cujo valor às vezes me surpreende. E, já que agora tenho mais de três dúzias de *e-books* à venda, inclusive o *best-seller How to Create Your Own E-book in Only 7 Days* no endereço www.7dayebook.com, os valores são ainda maiores. Também tenho várias gravações em áudio para *download* instantâneo, incluindo *Money Beyond Belief* com Brad Yates no endereço www.moneybeyondbelief.com, e evidentemente *How to Attract a New Car* em www.attractanewcar.com. Esses sites e vários outros me rendem um montante polpudo regularmente. Tudo isso é renda passiva. Agora, dou risada por qualquer motivo. Descobri que, quando uma pessoa define uma intenção ou um objetivo, pode colocar as forças da vida em movimento para atrair o objetivo ou para caminhar em sua direção.

- Quando escrevi este livro pela primeira vez, estava vivendo em Houston, no Texas. Depois de conhecer Nerissa, mudei-me para Austin. Então, dei início ao processo de atrair a casa de nossos sonhos. Depois de alguns meses, encontrei um lindo casarão de dois andares em um terreno de 8 mil metros quadrados, na região das colinas texanas, com cervos e coelhos andando soltos ao redor da casa e uma piscina nos fundos, entre Austin e San Antonio, em uma pequena comunidade de artistas e pessoas interessadas em espiritualidade chamada Wimberley, Texas. Para encontrar essa casa, tudo o que fiz foi elaborar uma imagem clara daquilo que desejava e ao mesmo tempo seguir todos os impulsos da minha intuição. O resultado foi um verdadeiro milagre. Agora, estamos pensando em comprar 1.500 mil metros quadrados perto daqui para construir nossa própria cidade nesse lugar. Claro que estou brincando a respeito da cidade, mas você entendeu o que quero dizer. Pense grande e grandes coisas acontecerão.

- Conforme minha carreira foi evoluindo, acabei tomando parte em vários filmes, inclusive o sucesso estrondoso que foi *O Segredo*, mas também *The Opus* [*A Obra*] e *The Leap* [*O Salto para a Frente*]. Isso me trouxe convites para o programa de televisão de Larry King, o programa *The Big Idea* [*A Grande Ideia*] de Donny Deutsch na CNBC TV, além de vários outros. Pelo mesmo motivo, senti-me motivado a escrever mais livros, inclusive *The Key* (*A Chave*) e *Zero Limites* (*Limite Zero*), e lançar mais gravações em áudio, tais como *The Missing Secret* [*O Segredo Que Faltava*]. Obviamente, quando você faz *o* que gosta, alcança fama e riqueza.

Eu poderia continuar com essa lista. Por exemplo, um homem que estudei há vinte anos foi o dr. Robert Anthony. Seus livros e suas gravações famosas mudaram minha vida. Depois que terminei a primeira versão deste material, ele a leu e entrou em contato comigo. Agora, o homem que já foi um de meus gurus se tornou um de meus sócios. Trabalhei para ele fazendo a produção, a gravação e o marketing do seu fantástico método em áudio, Beyond Positive Thinking [Além do Pensamento Positivo]. Acredito que seja o melhor método de autoajuda de todos os tempos, e me orgulho de minha colaboração para que ele se tornasse realidade! E, caso você não tenha percebido, o dr. Anthony escreveu a introdução deste livro que você tem agora em mãos.

Mas espere. Ainda não terminei. Agora, gente de Hollywood quer que eu apresente meu próprio programa de televisão. Será que eu tinha mesmo passado de pessoa sem teto para apresentador de um programa de televisão semanal? Era algo inacreditável. Mas esta é a vida vertiginosa e incrível que você levará quando puser em prática as ideias deste livro.

Pense agora em quantos milagres estão esperando por *você*!

O FATOR DE ATRAÇÃO

A atração funciona

Agora há pouco, eu estava sentado com Nerissa, conversando com ela sobre os milagres cada vez mais comuns em minha vida. — Eles estão acontecendo o tempo todo — disse ela.

Nerissa se lembrou do fato de que, há poucos dias, decidi reservar duas passagens num voo para Ohio, para ver minha família. As passagens custavam quase US$ 1.000. Eu tinha a esperança de conseguir um desconto, mas estava disposto a aceitar o preço de tabela. Quando liguei novamente para a companhia de aviação, eles me contaram que eu já tinha milhas suficientes no meu programa de milhagem para adquirir as duas passagens por pouco mais de US$ 100. Claro que me alegrei com a notícia!

E Nerissa se lembrou da época em que eu queria completar minha coleção de livros raros de P. T. Barnum, gênio do marketing e homem religioso cuja biografia eu havia estudado e sobre o qual escrevi um livro (*There's a Customer Born Every Minute*). Encontrei o último livro que me faltava. Mas minha intuição me disse que eu não devia aceitar o preço exorbitante que o livreiro estava pedindo. Desisti da compra. Esperei. Alguns dias depois, o livreiro baixou o preço. Em matéria de livros raros, esse acontecimento é inusitado. E então, sim, o comprei.

E ela se lembrou da época em que procurei um livro por quase sete anos, sem nunca encontrá-lo. Desisti do livro. Mas tomei a decisão de "atraí-lo" de algum modo, por algum caminho. Um dia, sem mais nem menos, um amigo no Canadá, com quem me correspondo por e-mail, escreveu para avisar que tinha um exemplar. Eu implorei para que ele o vendesse. Mas ele não quis. No entanto, alguns dias depois, decidiu de repente me mandar o livro — sem cobrar nada por ele!

E Nerissa se lembrou de que, há mais ou menos um ano, eu estava tentando localizar uma amiga querida que nunca mais dera notícias. Por fim, resolvi apelar para um detetive particular. Mas ele tampouco conseguiu localizá-la. Desisti. Mas tomei a decisão de "atrair" essa amiga de volta para minha vida. Um dia, simplesmente seguindo minha intuição, dei de cara com ela em uma aula de yoga. Eu a encontrei sem ter de revirar mundos e fundos para isso.

Nerissa também me lembrou de contar a você o que aconteceu enquanto eu escrevia este prefácio que você está lendo.

Eu estava praticando o Método Sedona há meses. É um método muito simples para liberar qualquer emoção ou experiência negativa que se interponha no caminho para a felicidade aqui e agora. Gosto deste método e já fiz propaganda dele para muita gente na *newsletter* eletrônica que escrevo todos os meses.

Justamente pela manhã, eu estava lendo um livro de Lester Levenson, criador do Método Sedona. Estava sentado em minha poltrona, lendo e gozando o momento, imaginando como faria para aprender mais sobre Sedona e Lester. Lembro-me de que pensei: "Puxa, seria bom conhecer alguns praticantes do Método Sedona e aprender mais sobre o que eles fazem".

No *mesmo dia*, acessei minha caixa de e-mail e, para minha surpresa e contentamento, encontrei uma mensagem do diretor do Instituto Sedona. Ele ouvira falar de mim por meio de um amigo comum e queria conversar sobre a divulgação publicitária de seu site na Internet. Realmente incrível!

E não é tudo. Já passei por inúmeras situações em que estava precisando de dinheiro para isto ou aquilo. Então, faço uma espécie de reflexão a fim de atrair muito dinheiro em um prazo curto de tempo.

Certa vez, eu precisava levantar a quantia de US$ 20 mil. Estava disposto a apresentar um seminário sobre "Marketing Espiritual" para conseguir o dinheiro. Em vez disso, senti-me tentado a oferecer o seminário em forma eletrônica e comecei a procurar assinantes on-line. Isso era inédito na época em que a ideia me ocorreu. Mas a ousadia traz mágica. E dinheiro. Avisei que o seminário só iria ocorrer por e-mail, duraria cinco semanas e custaria US$ 1.500 por pessoa. Quinze pessoas se inscreveram, o que me rendeu uma grande soma em um único dia. Maravilha! Depois disso, ensinei outras pessoas a utilizar o mesmo sistema de seminários on-line. O faturamento delas subiu para um quarto de milhão de dólares por ano. Na maioria dos casos, recebi quase metade dos lucros pelos meus serviços de consultoria. Vocês já sabem que eu gosto desse tipo de coisa!

Em outra ocasião, doei a quantia de US$ 15 mil à mãe de uma criança que tinha sofrido um AVC (acidente vascular cerebral) pediátrico. Ela precisava do dinheiro para custear uma máquina que ajudasse seu filho pequeno a movimentar o corpo. Eu não conhecia nem a mãe, nem o filho. Dei-lhe um cheque que cobria o valor total do tratamento. Era a maior doação que eu já tinha feito até então. Mais tarde, no mesmo dia, recebi um cheque de uma fonte inesperada com o dobro do valor da doação. Milagres como esse não são raros ou impossíveis se você conseguir assimilar estes princípios.

— Onde você está presente, os milagres acontecem o tempo todo — repetiu Nerissa.

— Como se explica isso? — perguntei-lhe. — Posso lhe garantir que nem sempre foi assim.

— A diferença é que você começou a praticar o Fator de Atração — explicou ela. — Você se transformou em um ímã que atrai qualquer coisa que deseje. Sempre que você deseja alguma coisa, ela acontece, às vezes quase que instantaneamente.

Não há dúvida a esse respeito. Se eu tentasse documentar todos os milagres que continuam ocorrendo somente na minha vida por causa do Fator de Atração, nunca terminaria de escrever este livro para torná-lo conhecido do grande público.

Minha convicção é a seguinte: a fórmula de cinco passos que você está prestes a descobrir realmente funciona.

E, porque ela funciona, quero que você a conheça.

Certa vez, contei a Nerissa que existem dois caminhos na vida: um fácil e outro difícil. Quando a conheci, ela estava escalando a montanha pelo lado mais íngreme. Eu a fiz ver que também existe uma "escada rolante" na vida de cada um de nós. Você pode escolher o caminho difícil ou o caminho fácil. A decisão é sua.

Quando conheci Nerissa, ela estava infeliz, pois estava movendo um processo contra os pedreiros que haviam arruinado o telhado de sua casa, brigava com a mãe quase todos os dias, detestava seu emprego e assim por diante. Alguns meses depois de descobrir o Fator de Atração, ela encerrou o processo, fez as pazes com a mãe, deixou o emprego e agora já tem dois *e-books* lançados e uma empresa on-line que se expande rapidamente. E vive comigo em nossa propriedade rural. Nerissa diz que se sente mais feliz agora do que em *todas as fases de sua vida*, sem sombra de dúvida.

Mais uma vez, existe uma subida íngreme para progredir na vida e existe uma "escada rolante" ao alcance de todos. Qual delas você prefere? O Fator de Atração vai lhe mostrar um caminho para deslizar suavemente ao longo da vida. Por que você não se junta a nós e aproveita a viagem?

Lembre-se de que as coisas são símbolos
e de que o conceito simbolizado é mais
importante que o próprio símbolo.

— Juiz Thomas Troward, conforme citado no livro
Attaining Your Desires, de Genevieve Behrend.

CAPÍTULO 2

Qual é o QI de seu Fator de Atração?

"Se você quiser que o mundo seja mais feliz, mais saudável e mais próspero, comece contribuindo com a presença de uma pessoa feliz, saudável e próspera: você."

— Dr. Joe Vitale, estrela dos filmes *O Segredo* e *The Opus*

Vamos começar calculando seu QI quando se trata de atrair o que você deseja. O questionário abaixo foi criado por Ann-Marie Caffrey, que gentilmente me permitiu usá-lo aqui. Fazer esse teste vai iluminar áreas de sua personalidade que talvez queira explorar à medida que for lendo este livro. Para checar os resultados, ligue o computador e faça o teste – em inglês, no endereço www.smart-attractor.com.

1. O Objetivo

P1. Quando você pensa sobre o que gostaria de manifestar em sua vida, trata-se de algo que você possa formular por escrito facilmente e sem hesitação?

   a. Sim. Sei exatamente o que desejo. Pensei muito sobre isso e posso descrever por escrito e claramente do que se trata.
   b. Tenho uma noção bastante nítida do que me faria feliz, mas provavelmente levaria algum tempo para formular os detalhes por escrito.

c. Bem, sei que gostaria de ter mais dinheiro porque quero dirigir um carro de luxo e viver numa casa fantástica. Na verdade, não passei muito tempo elaborando essa ideia — não pensei muito nos detalhes.

P2. Os sonhos e objetivos que você tem hoje são muito diferentes daqueles que tinha alguns anos atrás?

a. Não. Continuo com os mesmos sonhos e objetivos até onde consigo me lembrar.

b. Eles evoluíram ao longo dos anos, mas essencialmente eu ainda desejo as mesmas coisas.

c. Sim. Eu mudei bastante ao longo dos anos e meus sonhos e objetivos também sofreram mudanças.

P3. Pense por um instante sobre a realização de algum objetivo que você realmente deseje. Diga isso a si mesmo no presente do indicativo — por exemplo, estou ganhando US$ 200 mil por ano em um emprego que adoro. Agora, preste atenção nas reações físicas de seu corpo. Qual das respostas abaixo descreve melhor a sensação?

a. Atitude relaxada, boa e positiva, desejando totalmente esse resultado do fundo do meu ser.

b. Quando presto atenção nas minhas sensações físicas, tenho uma vaga impressão de dor de cabeça / peito oprimido / tensão no abdome etc.

c. Sempre que imagino esse cenário, sinto uma reação física inequívoca e negativa em algum lugar do meu corpo.

P4. Todos conhecemos indivíduos com determinação e motivação para o sucesso muito claras. Como você se avaliaria nessa escala de ambição, determinação e motivação para o sucesso?

a. Acho que eu estaria no topo da escala. Trabalho duro e sinto uma ambição candente e constante de fazer algo de bom em minha vida e alcançar meus objetivos.

b. Fico no meio-termo. Sou capaz de grandes realizações quando realmente me esforço, mas fazer isso sem parar me deixaria esgotado.

c. Nunca me senti extremamente motivado sobre algo em especial. A verdade é que a vida é injusta e nem sempre aqueles que trabalham mais duro alcançam seus objetivos — então, por que se preocupar?

P5. Um traço decisivo que é comum em muitas pessoas bem-sucedidas é a persistência. Se seus amigos e família tentassem descrever você, qual descrição estaria mais próxima daquilo que eles poderiam dizer?

    a. Ele é incrivelmente perseverante. Mesmo quando as coisas dão errado, ele não desiste.

    b. Ele investe muita energia para alcançar seus objetivos, mas às vezes desanima depois de um revés mais duro.

    c. Ele começa tudo com grande entusiasmo, mas acaba perdendo o interesse quando as coisas desandam ou ficam mais difíceis.

2. Atitude Mental Positiva

P6. É sabido que Albert Einstein disse certa vez que a pergunta mais importante que uma pessoa pode fazer a si mesma é: "Este é um universo amigável?". Que resposta você daria a essa pergunta?

    a. Sim.

    b. Não sei.

    c. Não.

P7. Como você descreveria sua situação atual quanto às coisas pelas quais você poderia sentir gratidão em sua vida?

    a. Tenho muita sorte! Meu relacionamento com família e amigos é ótimo. Como a maioria das pessoas, eu gostaria de ter mais coisas materiais, mas dou grande valor às boas coisas que tenho na vida.

    b. Eu me viro bem, mas sentiria ainda mais gratidão se tivesse mais!

    c. É difícil sentir gratidão, pois trabalho muito duro e tenho tão pouco.

P8. Caso haja sonhos e objetivos que você ainda não alcançou, o quê, em sua opinião, serviu como empecilho?

    a. Não tive cem por cento de sucesso até agora simplesmente porque não concentrei totalmente minhas intenções, nem fiz com que as coisas acontecessem para mim. A culpa não é de ninguém mais.

    b. Eu diria que isso se deve em parte às minhas próprias crenças e comportamentos que agora estou tentando mudar, embora alguns fatores externos tenham me afastado de meus objetivos.

QUAL É O QI DE SEU FATOR DE ATRAÇÃO?

c. Não consegui atingir meus objetivos porque sofri muitos reveses na vida. Às tenho a impressão de que as circunstâncias conspiram contra mim.

P9. Você se considera uma pessoa de sorte?

a. Sim. Não necessariamente no sentido de conquistar coisas materiais — mas no sentido de que as coisas sempre parecem funcionar da melhor maneira para mim.

b. Mais ou menos.

c. Não tenho sorte em vários sentidos. Enfrentei muitos desafios difíceis na vida.

P10. Quando você ouve uma frase como: "Você é um criador, você tem o poder de criar coisas", ou "Você é uma pessoa em condições de dizer 'Eu sou'" no Universo, qual das seguintes alternativas descreve melhor sua reação?

a. Essas frases são totalmente verdadeiras e encontram eco profundo dentro de mim.

b. São frases encorajadoras e estimulantes, mas não posso dizer que sinto isso por completo ou acredite.

c. Está tudo muito bem, mas simplesmente não vejo relação entre elas e minha vida prática de todos os dias.

3. *Fé e Ações Afirmativas*

P11. Quando você se depara com uma situação difícil na qual se sente inseguro sobre o melhor caminho a seguir, ou quando atravessa um período de ansiedade em sua vida quando muitas coisas importantes estão em jogo, qual é sua reação mais provável?

a. Deixo a situação nas mãos de Deus / do meu anjo da guarda / do Universo, ou simplesmente peço ajuda e rezo por ajuda. Sinto que isso alivia minhas preocupações, e as coisas sempre parecem se resolver sozinhas para mim.

b. Depende, normalmente procuro opções ou talvez converse com alguém em quem confio ou ocasionalmente me ponho a rezar.

c. Tento resolver as coisas por conta própria. Não acho que rezar ou pedir ajuda ao Universo darão algum resultado.

O FATOR DE ATRAÇÃO

P12. Responda a esta pergunta com base em seus reflexos: Você se sentiria à vontade se alguém lhe dissesse que você é muito talentoso (no sentido criativo / lógico / espirituoso / sensível / de qualquer outro talento) e que essa pessoa estaria disposta a pagar US$ 500 mil por ano para você trabalhar para ela simplesmente usando seu talento?

a. Sim, por que não? Eu acho que mereço.

b. É uma ideia simpática — sei que sou talentoso em muitas áreas, mas não sei se valho tanto dinheiro!

c. Não, eu não acredito que saberia realizar algo que valesse tanto assim.

P13. Quando você pensa em viver seu estilo de vida ideal e atingir seus objetivos, até que ponto acha que está sendo realista?

a. Estou sendo muito realista. Sinto que posso alcançar essas coisas e que isso ocorrerá em breve. Já tive sucessos no passado e sei que os terei novamente.

b. Bem, não acho que isso ocorrerá para mim nas próximas semanas ou meses, mas penso que é realista supor que um dia chegarei lá.

c. Sinto que isso é um sonho irreal, não consigo estabelecer a ligação entre minha situação atual e para onde quero ir — mas acho que essa é uma boa maneira de testar o poder da Lei da Atração!

P14. A Lei da Atração permite que você tenha, faça ou seja o que quiser. O que esta afirmação o faz sentir?

a. Sinto-me muito bem. É muito mais simples quando você deixa de resistir a isso e simplesmente acredita na Lei da Atração.

b. Às vezes eu sinto dificuldades com a questão da fé. Mas estou tentando ativamente melhorar minha fé pela leitura e pela meditação.

c. Eu não acho que jamais poderia sentir esse tipo de fé cega implícita nessa afirmação. Sou uma pessoa realista!

P15. Independentemente de seu emprego atual, você acha que sabe quais são seus talentos especiais?

a. Sim, abro espaço para meus verdadeiros interesses e talentos na minha vida, e espero que algum dia farei carreira com base neles.

b. Sim, eu sei que possuo vários talentos, embora não acredite que algum deles possa se transformar em algo que garanta meu sustento.

QUAL É O QI DE SEU FATOR DE ATRAÇÃO?

   c. Não sinto nada especial dentro de mim, e realmente nunca pensei sobre isso.

4. *Controle dos Pensamentos*

P16. Quando você está dirigindo por um longo trecho ou fazendo alguma tarefa repetitiva que liberta sua mente para processar outros pensamentos, qual das alternativas abaixo descreve melhor o que você pensa?

   a. Eu me concentro bastante em progredir rumo a meus objetivos. Sempre que minha mente está livre, em geral estou pensando sobre meus objetivos.

   b. De vez em quando eu me lembro de me focar em meus objetivos, mas é difícil evitar que minha mente fique apenas divagando.

   c. Quando não sou forçado a me concentrar em alguma coisa, simplesmente deixo meus pensamentos vaguearem.

P17. Já que os pensamentos são responsáveis por "manifestar" nossa realidade, você tende a pensar de maneira mais positiva ou negativa?

   a. Sobretudo de maneira positiva.

   b. Não tenho certeza.

   c. Sobretudo de maneira negativa.

P18. Nós processamos cerca de doze mil pensamentos por dia. Você se lembra sobre o que estava pensando ontem de manhã?

   a. Sim. Sei que passei algum tempo voltando deliberadamente meus pensamentos para os objetivos que quero alcançar.

   b. Não tenho certeza. Obviamente, seja o que for que eu estivesse fazendo, meus pensamentos teriam de estar focados. Também me lembro de outros pensamentos a respeito de acontecimentos e sentimentos pessoais.

   c. Não tenho a menor ideia — imagino que pensava em qualquer coisa que me ocorresse à mente!

P19. Você carrega conscientemente algum tipo de ressentimento, mágoa ou raiva contra alguma pessoa por algo que ocorreu no passado?

   a. Não. Todos nós já sentimos rancor e eu já tive sentimentos assim — mas nenhum deles me incomoda mais. Não perco meu tempo com mágoas ou lamentos.

O FATOR DE ATRAÇÃO

b. Às vezes. Sinto uma ou duas mágoas do passado que não são fáceis de perdoar e esquecer — e esses sentimentos às vezes vêm à tona. Mas, de modo geral, sinto-me abençoado por ter tantas pessoas que amo ao meu redor.

c. Sim. Às vezes, quando você sofre uma ofensa grave é quase impossível perdoar. Eu ainda me sinto muito magoado ou abalado quando penso naquela pessoa ou acontecimento.

P20. Você altera conscientemente seu foco quando percebe que começou a pensar em algo negativo, ou deixa o pensamento continuar indefinidamente?

a. Sim. Muitas vezes, recebo um estímulo externo qualquer, como um barulho alto, e percebo que estava deixando minha mente vaguear para a negatividade. Assim que me dou conta disso, mudo o foco de minha mente para algo positivo.

b. Às vezes, geralmente tento manter minha mente positiva, mas nem sempre percebo o curso de meus pensamentos.

c. Não. Não controlo minha mente especificamente para interromper os pensamentos negativos. Penso em qualquer coisa que me ocorrer naturalmente naquele momento.

5. Ferramentas e Técnicas

P21. Você costuma meditar?

a. Sim, diariamente.

b. Sim, ocasionalmente.

c. Nunca.

P22. Você pratica a "visualização"?

a. Sim. Sempre "visualizo" meus objetivos em todos os detalhes.

b. De vez em quando. Acho um pouco difícil dominar essa técnica.

c. Não. Não reservo nenhuma parte do meu tempo para "visualizar".

QUAL É O QI DE SEU FATOR DE ATRAÇÃO?

P23. Você costuma usar frases afirmativas?

    a. Sim, eu repito afirmações todos os dias como parte de minha rotina diária.

    b. Às vezes. Eu uso frases afirmativas, mas nem sempre me lembro de fazer isso todos os dias.

    c. Não, dizer coisas em voz alta me parece uma atitude um pouco tola e ineficaz.

P24. Você mantém registros visuais de seus objetivos em algum lugar especial?

    a. Sim.

    b. Não exatamente. Faço algumas tentativas de reunir fotografias, mas não olho para elas com a frequência que deveria.

    c. Não.

P25. Alguma vez você já praticou a técnica de escrever repetitivamente seus objetivos?

    a. Sim, escrevo meus objetivos à mão com bastante frequência; isso me ajuda a regitrá-los mais fundo no meu subconsciente.

    b. Tentei escrever meus objetivos algumas vezes, mas não é fácil escrever por muito tempo.

    c. Não, nunca.

De novo, basta fazer esse teste para você ter mais clareza sobre como criar sua própria realidade. Não se esqueça, para ver seus resultados, faça o teste – em inglês, on-line em www.smart-attractor.com.

CAPÍTULO 3

Um Estudo de Caso do Fator de Atração

"Somos em grande parte o resultado de nossos pensamentos sobre nossa vida, e o equilíbrio é representado pelas características das sugestões e pensamentos de outras pessoas que nos atingiram por sugestões verbais, ou então por meios telepáticos, através de ondas de pensamentos. No entanto, nossa atitude mental como um todo, determina o tipo de ondas de pensamentos que recebemos de outras pessoas, assim como os pensamentos que emanam de nós mesmos. Nós só recebemos os pensamentos que estão em harmonia com nossa atitude mental como um todo; os pensamentos que não estão em harmonia com ela nos afetam muito pouco, já que não provocam reação em nós."

— *Vibração do Pensamento*, de William Walker Atkinson (1906)

Antes que eu lhe apresente os cinco passos da fórmula do Fator de Atração, quero lhe contar uma história sobre como eles funcionam. Isso dará a você um ponto de referência para entender como usar estes passos em sua própria vida para alcançar o que quiser. A história que vou contar é sobre como "atrair" um carro novo, mas lembre-se de que os princípios funcionam para qualquer tipo de desejo.

Um carro não passa de um símbolo. Costumo dizer às pessoas que as dimensões espiritual e material são a mesma coisa. São duas faces da mesma moeda. Quem disser que um objeto material não tem nada de

UM ESTUDO DE CASO DO FATOR DE ATRAÇÃO

espiritual estará sendo arrogante. A Dimensão Divina criou tudo o que existe, incluindo você, eu e os carros realmente atraentes.

Em algum momento no início de 2006, peguei um exemplar da *Robb Report*, uma revista de alto nível especializada em artigos de luxo, de relógios caros a carros e vinhos — enfim, qualquer coisa que custe muito dinheiro.

Naquele número da revista, havia um artigo que listava os cinco melhores carros esportivos exóticos de todos os tempos. Eu conhecia quatro daqueles carros, mas não o quinto: um Panoz Esperante GTLM.

O quê? Eu nunca tinha ouvido falar em carros Panoz. Fiquei curioso. É importante que você compreenda desde já que senti *curiosidade* em relação ao carro, não vontade de possuí-lo. Você consegue "atrair" coisas mais depressa se não estiver desesperado por elas. Mas voltando à minha história.

Examinei a foto do Panoz Esperante e senti que o carro era incrível. Espetacular. É um carro de corrida quase ilegal para uso no trânsito comum. É feito à mão por uma família que vive perto de Atlanta, na Geórgia. A família Panoz. Eles só fabricam poucos carros por ano. São carros caros para colecionadores.

Eu queria um deles.

Veja que eu não *precisava* de um deles. Eu ainda nem tinha começado minha busca pelo carro. Só imaginei que poderia "atraí-lo". Como eu já tinha passado por aquele processo, sabia que você não deve se preocupar sobre como "atrair" uma coisa. O mais importante é saber o que você deseja. No meu caso, eu desejava um Panoz Esperante.

Deixei aquela intenção de lado. Não me preocupei com ela, nem pensei nela, nem me ocupei com ela de modo algum. De vez cm quando, eu navegava um pouco on-line para ver se alguém tinha carros Panoz à venda. Também fiz pesquisas sobre a companhia e colhi as informações disponíveis. De novo, eu não estava desesperado. Estava simplesmente curioso.

Claro que eu estava tomando algumas providências. Não muitas, porém algumas. Uma dessas providências eram as buscas on-line. Por exemplo, fiz buscas no eBay. Embora acredite firmemente que a maioria de seus objetivos pode ser alcançada sem uma enorme quantidade de ações, o fato é que quase sempre você tem de fazer alguma coisa. O carro de seus sonhos em geral não aparece simplesmente na entrada de sua garagem. Alguém tem de dirigi-los até lá. E pagar por ele.

37

O FATOR DE ATRAÇÃO

Passou-se quase um ano até eu ver de fato um Panoz. Certa manhã, eu me levantei, fui até meu computador, surfei normalmente pelos sites que costumo visitar e respondi e-mails. Fiquei supreso ao ver um Panoz à venda em San Antonio, Texas, não muito longe da minha casa. Liguei para a revendedora. (Veja bem: então eu estava tomando uma providência.) Perguntei sobre o carro. O vendedor ficou surpreso ao perceber que eu sabia o que era um Panoz, pois isso é algo incomum. Eu estava pronunciando o nome do carro de maneira errada (a pronúncia correta é *"peinouse"*), mas o vendedor me corrigiu educadamente.

Naquele mesmo dia — *naquele mesmo dia* — fui até San Antonio para ver o carro. Podemos chamar isso de amor à primeira vista. O carro conversível de cor vermelho-pimenta era realmente sedutor. O vendedor abriu o capô e me deixou ver o nome com que a empresa tinha batizado o carro: Francine. Ela é um Panoz Esperante GTLM, ano 2005, e é uma ruiva fulgurante.

Dei algumas voltas com ela e amei tanto a experiência que quase senti vertigem. Eu tive de sair para almoçar e me acalmar, voltando depois à revendedora para dirigir Francine de novo. Algumas dúvidas começaram a se insinuar em minha mente. Eu pensava: "Este é o carro certo para mim?" e "Como fica a questão do seguro?", e até "O que Nerissa pensaria disso?". Mas eu examinei cada pergunta e continuei ruminando-a até encontrar uma resposta. Para "atrair" qualquer coisa de que você precise, primeiro livre-se de todos os obstáculos ou crenças negativas.

Quando chegou a hora de negociar a compra do carro, prendi a respiração. Eu tinha sido vendedor de carros usados trinta anos atrás e detestei aquele emprego. Eu sabia que eles podiam mentir ou pelo menos tentar me enganar. Eu sentia medo. E o medo impede que as coisas se "manifestem". Então segui em frente e encarei meu medo, que surgiu diante de mim sob a forma do dono da revendedora, Rich Hovey.

É aqui que a história se torna mágica. Eu sabia que um Panoz zero quilômetro custava cerca de US$ 130 mil. Francine era um carro quase novo, com apenas 2.250 quilômetros de uso, e eu sabia que o preço não seria muito mais baixo do que se ele fosse novo.

Mas Rich me contou uma história interessante. Ele disse que o carro tinha sido ganho por um homem daquela cidade em uma loteria. Aparentemente, aquele homem tinha comprado um bilhete por US$ 500 de um angariador de fundos e ganhara o grande prêmio: Francine. Mas então ele recebera um boleto de cobrança de impostos e não tinha condições de pagar. Ele decidiu vender o carro o mais depressa possível, para quem oferecesse o melhor preço. Ah, e o boleto de impostos vencia na semana seguinte.

Eu era a pessoa certa chegando na hora certa. Negociei um preço justo — cerca de US$ 80 mil — e voltei para casa dirigindo o carro.

Eu tinha "atraído" o Panoz porque tomara aquela decisão um ano antes.

Espero que você esteja vendo os principais elementos envolvidos nessa história: eu formulara uma intenção, brincara com ela, imaginara a sensação de possuir aquele carro, tomei uma providência, encarei meus medos, desarmei minhas crenças limitadoras e consegui o carro.

É claro que esse processo funciona para qualquer coisa que você imaginar, e não apenas para carros. Por isso, não ignore essa história só porque deseja "atrair" uma casa ou um emprego ou um marido ou esposa ou qualquer outra coisa. O processo é o mesmo. Os cinco passos são os mesmos.

E agora chegou a hora de colocá-los em prática.

CAPÍTULO 4

A Verdade Sobre a Lei da Atração

"Você não sabe o que é o Desejo. Eu lhe garanto que, se alguém desejar uma coisa tanto quanto um prisioneiro deseja a liberdade, ou quanto um homem de grande vitalidade deseja a vida, esse alguém será capaz de afastar obstáculos e empecilhos aparentemente insuperáveis. O segredo para se alcançar o que se quer é o Desejo, a Confiança e a Vontade. Este segredo pode abrir muitas portas."

— *Vibração do Pensamento* de William Walker Atkinson (1906)

Recentemente, eu estava jantando à noite com alguns amigos num *deck* de madeira sob as estrelas do Texas. A conversa recaiu sobre o ato de criar sua própria realidade. Nós falamos sobre Jane Roberts e os textos que ela tinha ditado a seu marido com base no que ouvira de uma entidade imaterial chamada Seth, incluindo livros como *The Nature of Personal Reality*. Seth foi um dos primeiros mestres que me ensinou que todos nós criamos nossa própria realidade, enquanto indivíduos ou grupos, por meio de nossos pensamentos e sentimentos. Nosso eu interior atrai tudo o que está fora em nossa direção, ao mesmo tempo que ajuda a criar a vida por nosso intermédio.

Isso levou a conversa para a Lei da Atração. Trata-se de uma lei que foi divulgada no livro e no filme *O Segredo*, que se tornaram megassucessos, assim como em meus próprios livros, como *A Chave*. É claro que a Lei da Atração tem sido comentada há muito mais tempo. William Walker Atkinson escreveu sobre ela em seu livro de 1906, *Vibração do Pensamento*. Mas outras pessoas declararam que a lei remonta a dois mil anos, diretamente a Jesus Cristo. Philip Harris, em seu livro *Jesus Taught It Too: The Early Roots of the Law of Attraction*, escreveu: "Jesus Cristo foi sem dúvida o primeiro a introduzir o conceito de Lei da Atração". Ele acrescentou que a lei teve suas origens no Antigo Egito e na Babilônia.

O que é a Lei da Atração? É a lei que enuncia que a energia que você emite pelos seus pensamentos e sentimentos atrai circunstâncias correspondentes. Em suma, se você tiver bons pensamentos, vai "atrair" boas coisas. É claro que a questão é mais complexa, e vou explicá-la em detalhes neste livro, mas essa é uma explicação simples dessa lei notável.

Nossa conversa no *deck* prosseguiu. Alguém mencionou a lei da gravidade. Todo mundo já ouviu aquela história da maçã que caiu na cabeça de *Sir* Isaac Newton e que o levou a formular a lei da atração gravitacional ou Gravitação Universal. A definição dessa lei é interessante:

"Todo objeto no Universo atrai qualquer outro objeto com uma força alinhada ao centro dos dois objetos, proporcional ao produto de suas massas e inversamente proporcional à separação entre os dois objetos elevada ao quadrado".

Você não precisa entender essa definição para acompanhar como continuou a conversa com meus amigos no *deck*.

"Se Newton descobriu a gravidade em 1687, como as pessoas a chamavam quando tropeçavam sobre cadeiras ou caíam no chão *antes* de Newton?"

Meu argumento foi o seguinte: a descoberta da gravidade de Newton era simplesmente uma observação ou formulação de algo que tinha ocorrido o tempo todo, desde o início. Ao escrever seu tratado *Principia Mathematica*, publicado em 1687, Newton nos ajudou a entender uma lei que podíamos usar então de maneira consciente e intencional. Essa lei, e as leis do movimento de Newton, formam as bases da engenharia moderna.

A descoberta da Lei da Atração é algo semelhante. Ela sempre existiu, assim como a gravidade. Ela está em sua vida desde que você nasceu, assim como a gravidade. É algo de que você nem se dá conta, assim como a gravidade, mas agora que você já conhece sua existência, pode começar a construir a vida de seus sonhos com base nela.

O FATOR DE ATRAÇÃO

O que você precisa fazer é trabalhar a Lei da Atração com *intenção consciente*. É algo semelhante aos ramos da engenharia que evoluíram com a descoberta da lei da gravidade de Newton.

Mesmo que você não encare a Lei da Atração como uma lei verdadeira, como aquelas dos estudos científicos e das realidades físicas, você pode ao menos aceitá-la como uma lei *espiritual*. Até que mais testes sejam feitos para provar que a Lei da Atração é tão válida e importante quanto a gravidade, partir do pressuposto de que ela é um princípio espiritual eficaz pode levar você muito mais longe no caminho para alcançar seus sonhos.

Este livro descreve minha fórmula de cinco passos do Fator de Atração para você conseguir "atrair" tudo o que deseja. A premissa subjacente é a de que a Lei da Atração é real. Mas você não precisa acreditar na Lei da Atração para aprender esses cinco passos, assim como não precisa acreditar na gravidade para construir uma casa. Trata-se simplesmente de uma lei oculta que faz com que sua construção — de uma casa ou de uma vida — seja possível.

Com isso em mente, vamos começar.

CAPÍTULO 5

As Provas

Aqui vão alguns exemplos do que as pessoas disseram depois de ler a primeira versão deste livro.

Muitíssimo obrigada por este livro que está mudando minha vida. Estou me livrando de tanto peso inútil que não consigo acreditar que antes disso era capaz de andar pela rua.

Na manhã depois que afastei meus temores de rejeição e fracasso, Yanik Silver respondeu a meu e-mail dizendo que ele gostaria de me orientar ou se associar a mim em meu novo site Internet de marketing para membros — e este é meu primeiro produto! Dois minutos depois de afastar meu medo de deixar meu bebê com outra pessoa, a babá ligou. Eu estava tentando conseguir uma babá há dois dias. Muito obrigada por dividir sua experiência conosco para que possamos levar vidas melhores. Você me ensinou as ferramentas para que isso acontecesse.

Obrigada.

— Liz Sherwood

Meu nome é Jackie Lind — na verdade, agora me chamo Jackie Rooney — e gostaria de lhe contar o que seu livro O Fator de Atração fez por mim. A primeira metade de 2007 foi em vários sentidos um dos períodos mais difíceis da minha vida e a segunda metade foi um dos melhores. Sou uma diretora de casting canadense. Eu estava indo razoavelmente bem na profissão de casting, mas não tinha chegado nem de longe aonde queria estar e lutava para pagar minhas contas. Minhas despesas eram maiores do que meus ganhos. Eu vivia com o amor da minha vida e a situação já estava assim havia sete anos, mas por várias razões, uma delas a financeira, não havia perspectiva de casamento. Normalmente,

O FATOR DE ATRAÇÃO

sou uma pessoa feliz e positiva, mas a depressão e o medo estavam me abalando com toda a força. Nenhum emprego à vista, um monte de dívidas, me vi forçada a me mudar de nosso confortável apartamento com vista para o mar para uma suíte num porão, lutando para ajudar ex-companheiros, e então me vi dormindo e chorando muito.

Um dia, meu amor trouxe para casa seu livro O Fator de Atração *e o deixou sobre a mesa. Eu o peguei no dia seguinte e li o livro inteiro. Naquele dia, comecei a acreditar que as coisas podiam mudar... de qualquer maneira, eu não tinha nada a perder! Comecei praticando os cinco passos e, pouco a pouco, as coisas começaram a chegar para mim. Fiz uma lista de todas as coisas que eu queria, e então voltava atrás, apagava uma delas quando a conquistava e comecei a acrescentar mais coisas à lista. Usei seu método para visualizar que estava ganhando um prêmio Emmy. É uma coisa maluca para alguém que quase não trabalhava e morava numa suíte num porão. Bem, consegui ser nomeada para o prêmio, mas meu nome não estava na cédula junto com os outros dois. Fiquei devastada, mas continuei visualizando e acreditando. A decisão foi revogada e meu nome foi colocado na cédula. Naquele ano, eu iria para a cerimônia dos Emmys como candidata. Mas então me dei conta de que talvez eu não pudesse ir, pois não tínhamos dinheiro suficiente para o voo e para o hotel, nem para mim e menos ainda para o amor da minha vida. Então, de novo voltei a seguir os cinco passos. Meu amor tinha ganho pontos na contagem de milhas de voo e tinha o suficiente para um voo individual ida e volta. Minha melhor amiga se deu conta de que eu iria sozinha, e então usou os pontos de seu marido para o bilhete de avião de meu companheiro e para o hotel, então lá fomos nós. Só estar lá já era algo mágico. Fizemos todas as coisas típicas de Los Angeles. Fomos ao parque temático dos Universal Studios e ali vi o Emmy do seriado para televisão* I Love Lucy. *Pensei em como seria bom se eu realmente ganhasse o prêmio. Por via das dúvidas, eu até tinha reservado um pequeno lugar para ele em minha casa. Porém, as chances de uma garotinha das pradarias canadenses ganhar um Emmy eram realmente um tiro no escuro. Mas o estranho é que realmente ganhei o Emmy de 2007 de Melhor* Casting *pelo documentário* Broken Tail. *Eu realmente acreditava que aquilo seria uma possibilidade concreta. Continuo morando em minha suíte no porão com meu Emmy, mas a vida vai bem. Estou bastate ocupada, pagando minhas dívidas, e me casei em 14 de dezembro de 2007. 2008 será o melhor ano de toda a minha vida, graças a você por ter me ajudado a acreditar e nunca desistir.*

Obrigada de novo.

— Jackie Rooney, também conhecida como Jackie Lind, **C.S.A.**

AS PROVAS

Olá! Meu nome é Katie Seitz e moro em Dayton, Ohio. Tenho 24 anos de idade e estou em meu segundo ano lecionando para a 6ª série do Ensino Fundamental num distrito suburbano. No último verão, li O Segredo, *assisti ao DVD e dei as duas coisas para meus amigos e minha família, li* O Fator de Atração *e acabei de ler* A Chave. *Você é brilhante e eu lhe agradeço por seu trabalho. Ainda estou treinando para clarear a mente e "atrair" meus sonhos e desejos com meu subconsciente. A verdadeira razão que me levou a tentar contato com você é simplesmente para lhe contar uma história sobre meus alunos.*

Como mencionei, este último verão foi um período de transformação para mim, depois de ler tanto sobre a Lei da Atração. Senti-me inspirada para ensinar suas ideias a meus alunos de maneira sutil. Minha opinião verdadeira é que deveríamos ensinar abertamente esses princípios às crianças e mudar o futuro delas dramaticamente, mas é claro que o governo não aceitaria esses padrões. Seja como for, decidi adotar uma citação sua em O Fator de Atração: *"Transforme o Negativo em Algo Positivo – TNAP". Decidi que transformar TNAP numa regra fundamental na minha sala de aula. Fiz grandes cartazes para cada letra de TNAP e escrevi as palavras do lema sob cada letra nos cartazes. Elas estão penduradas na parede frontal de minha sala de aula e foram incorporadas à minha filosofia didática. Meus alunos escrevem sobre momentos em que transformam o negativo em algo positivo ou, ao contrário, sobre ocasiões em que eles poderiam ter transformado o negativo em algo posisitivo. Eles adoram isso! A palavra "TNAP" agora é um verbo que bem poderia entrar para o dicionário de minha sala de aula!*

Recentemente, eu me senti aborrecida na escola porque estou sobrecarregada e sufocada de trabalho. Estou fazendo coisas demais em meu dia a dia (coordenando atividades extracurriculares, ensinando Pilates depois das aulas, fazendo coreografia na aula de dança etc.). Os alunos me viram estressada e perguntaram de um jeito carinhoso: "Srta. Seitz, como você poderia TNAP?". O sorriso que se abriu em meu rosto afastou minhas preocupações! Espero que o senhor também sinta vontade de sorrir, ao saber que está influenciando alunos em Beavercreek com o seu trbalho! Boa semana para todos!

Um abraço de

— Katie Seitz

O FATOR DE ATRAÇÃO

Caro Joe,

Já assisti O Segredo *meia dúzia de vezes e também sigo você como amiga no myspace.com. Eu tinha ouvido falar em* O Fator de Atração *alguns meses atrás, mas não sabia que você era o autor do livro. Bem, para minha recompensa e refúgio, decidi que iria entrar embaixo das cobertas com seu livro e comecei a ler. Estou no meio da leitura e estou adorando!*

Agora estou sendo capaz de criar tudo ao meu redor. Quando identifico essas coisas, seus conselhos são uma grande ajuda porque tenho a capacidade de mudá-las — graças ao poder dos pensamentos, palavras e sentimentos! Estou tão animada!!!

Também me dei conta de meu ponto de vista inconsciente a respeito do dinheiro. Meus pais lutaram e trabalharam muito duro para chegarem aonde estão hoje em dia, donos de uma empresa bem-sucedida que os ajudou a se tornarem milionários. Mas meu marido e eu estamos sempre às voltas com problemas financeiros.

Adivinhe o que descobri? Tudo se deve a essa mentalidade de que, quanto mais duro eu trabalhar, mais irei merecer o meu dinheiro. Meus pais sempre me disseram que você tem de dar seu sangue para enriquecer. E eu dava meu sangue todos os dias. Porém, pensando bem, decidi que as coisas não precisavam ser tão difíceis. Eu mereço um futuro melhor.

Sou autora de livros de mistério, e graças à visualização e ao sentimento ao longo dos anos, consegui vender seis livros em nove meses para o Grupo Editorial Penguin. Agora, eles querem que eu entregue mais dois livros, e tenho a intenção de vender uma saga familiar para a editora Simon & Schuster, um romance de suspense que estou escrevendo em colaboração com outro autor da S&S e uma série de aventuras paranormais para outra editora grande. Eu também pretendo receber pagamentos adiantados na casa dos sete dígitos!

No mês passado, eu estava pensando em como poderia colocar minha Série de Mistério dos Amantes do Vinho na rede de televisão QVC, pois sei que isso seria apropriado para aquele público.

Eu não sabia como entrar em contato com qualquer pessoa da QVC ou como lidar com a situação. Deixei a ideia de lado. Na semana passada, uma amiga minha me mandou um e-mail dizendo que tinha ido a um seminário de marketing no qual uma mulher estava falando sobre como entrar na QVC e acrescentou que atualmente eles estavam em busca de produtos criados por mulheres para mulheres. Imediatamente, minha amiga pensou em mim, sendo que eu nem tinha mencionado meus pensamentos sobre a QVC para ela. Eu nem sequer tinha conversado com ela havia mais de um mês. Ela me mandou o link e

AS PROVAS

um formulário de inscrição. Bingo! Eu me candidatei e agora tenho a intenção de que o convite aconteça, mas deixei o assunto de lado.

Quero comunicar o quanto estou grata por você tornar essa informação acessível. Meu pai me disse que já era tempo de que alguém começasse a divulgar o tipo de informação contida em O Segredo e em seu livro de um jeito atraente para as massas. Obrigada!

Saudações,

— Michele Scott

Joe, meu nome é Chris Mitchell. Desde os meus 7 anos de idade, meu sonho era ajudar, instruir e inspirar outras pessoas. Eu sempre quis mudar o mundo de alguma maneira. Sou um coach *motivacional de sucesso que ajuda pessoas a enriquecerem construindo empresas por* home office. *Porém, toda a minha vida foi uma luta (assim como a sua) para crescer.*

Aos 7 anos de idade, eu disse à minha mãe solteira, que enfrentava dificuldades, que algum dia eu seria um homem rico e famoso e prometi que tomaria conta dela. Ela sorriu e disse: "Obrigada, querido". Bem, dois anos mais tarde, quando eu tinha 9 anos, minha mãe morreu de câncer. Então, meu pai abusador obteve de novo minha guarda e de Andy, meu irmão mais novo.

Enquanto eu crescia, meu pai abusava de mim tanto verbal quanto fisicamente. Eu lhe contei meus sonhos, assim como os tinha contado para minha mãe, mas ele gritou comigo e me disse que eu estava louco e vivia num mundo de fantasia. Ele me expulsou de casa quando eu tinha 16 anos. Entre os 16 e os 28 anos de idade, vivi (isto é, perambulei) por todos os seguintes Estados: Ohio, Tennessee, Califórnia, Nova Jersey, Indiana e Illinois. Muitas vezes dormi num motel sujo num gueto com baratas na banheira, e até mesmo em algumas noites o único lugar que eu tinha para dormir era meu carro velho e surrado.

Por mais que eu passasse por dificuldades, continuei a pensar de maneira positiva e me recusei a desistir. Ao longo de vários anos, finalmente comecei a ter algum sucesso. Havia progredido na vida e acabava de comprar um carro esportivo vermelho novo em folha e me mudar para minha casa própria na ensolarada Califórnia. Porém, aquilo que levei anos para conquistar foi praticamente destruído da noite para o dia.

O FATOR DE ATRAÇÃO

Em março de 2007, minha namorada e eu estávamos em meu carro dirigindo pela estrada I-80 em Indiana em direção a Ohio. Embora estivéssemos viajando a 32 km/h abaixo do limite de velocidade, isso não fez diferença quando passamos por um trecho de gelo negro (o gelo que se forma na estrada depois da evaporação da neve e da formação de uma camada de gelo fino). Em questão de segundos, nossas vidas estavam em risco. Quando o carro se chocou e parou de girar, estava destruído, comigo e com minha namorada lá dentro. O impacto do choque tinha esmagado minha namorada a tal ponto que ela estava deitada em meu colo com a porta do passageiro por cima dela.

Para resumir a história, fomos levados depressa para um hospital em South Bend, Indiana. Eu não deixei que me atendessem para que o médico e os paramédicos pudessem se dedicar integralmente à minha namorada Melissa, que estava num estado bem pior do que o meu. Depois de horas de raio X, ressonância magnética e tomografia computadorizada, soubemos que Melissa tinha quebrado todos os ossos dos quadris e alguns ossos da região lombar. Os médicos disseram que era um milagre ela não ter ficado paralítica. Ela e eu tínhamos uma série de cortes, esfoladuras, contusões e cacos de vidro em nossas peles, e coágulos de sangue cobrindo nossos corpos em muitos lugares.

Os médicos disseram que provavelmente levaria um ano para que Melissa voltasse a andar, e quando isso acontecesse, seria com um andador. Naquela época, ela só tinha 23 anos de idade. Embora eu sempre tivesse tentado ser positivo ao longo da vida, vou dizer a verdade, aquele incidente em nossas vidas me deixou deprimido.

Quando finalmente deixamos o hospital, nós nos mudamos para a casa da mãe de Melissa para tentarmos nos recuperar e colocarmos nossas vidas de novo nos trilhos. Um dia, deixei Melissa em casa (ela estava "grogue" com anestésicos) e decidi passar numa livraria. Um livro logo me chamou a atenção. Era O Fator de Atração de Joe Vitale. Li algumas páginas e decidi comprá-lo. Voltei para casa e li o livro inteiro em poucas horas.

Peguei uma folha de papel e comecei a escrever, exatamente como você tinha recomendado no livro. Imediatamente, comecei a fazer uso diário dos cinco passos. No momento em que escrevo este depoimento para você (30 de novembro de 2007), Melissa e eu nos recuperamos 100% do acidente. Melissa não somente está andando sem um andador, uma bengala ou qualquer tipo de apoio, como também está correndo, pulando e praticando regularmente kickboxing americano (uma mistura de boxe com caratê) na academia.

Agora, consegui "atrair" quase tudo o que tinha escrito e visualizado desde que li seu livro: tenho um apartamento confortável e de alto padrão na bela cidade

AS PROVAS

de Chicago, vou jantar nos hotéis e restaurantes mais caros, minha empresa está EXPLODINDO em termos de crescimento e parceiros comerciais bem-sucedidos, e eu até mesmo atraí um encontro com você num seminário da The Learning Annex algumas semanas atrás. Por isso, eu só queria lhe mandar este depoimento e contar-lhe sobre o quanto aprendi com o livro O Fator de Atração e o bom uso que fiz dele que mudou minha vida. Recomendo MUITÍSSIMO a qualquer pessoa que esteja lendo esta mensagem que saia de casa e vá comprar O Fator de Atração o mais breve possível! Realmente, minha vida mudou de padrão.

Foi ótimo tê-lo conhecido pessoalmente. Você é um cara fantástico. Eu só lhe desejo saúde perfeita, riqueza, amor e felicidade, Joe. Deus o abençoe!

Cordialmente,

— Chris Mitchell

Enquanto eu estava lendo este livro, senti uma espécie de iluminação. Pela primeira vez na minha vida, resolvi que ia me permitir ganhar dinheiro! Vocês sabem como são essas restrições e hesitações que acabam segurando a gente, até um dia a gente finalmente se livrar delas. Mesmo depois de todos os planos de liberdade financeira que acalentei ao longo dos anos, eu não sabia que estava sempre me cercando com todo tipo de "restrições" a respeito de dinheiro. Este livro me deu LIBERDADE! e acendeu dentro de mim uma paixão pela vida que eu não sentia há muitos anos!

— Jean M. Breen, Wisconsin Rapids, Wisconsin

Tenho sido bem-sucedido nos estudos desde os 17 anos de idade, quando li The Law of Success na íntegra, com suas mais de 1.500 páginas. Mas somente o progresso nos estudos nunca me fez "chegar lá". Marketing Espiritual foi o elo final que faltava aos meus conhecimentos, e sem dúvida me ajudou a realizar tudo aquilo que eu almejava.

— Paul House, Middlesex, Carolina do Norte

Como executivo na área de marketing por mais de quinze anos, sei que se costuma investir muito tempo e esforço nas questões de conteúdo e veiculação dos anúncios publicitários. Mas Joe Vitale revela em Marketing Espiritual um segredo fundamental para que os anúncios realmente funcionem. Joe discute a energia que transparece em tudo, desde um cartão de visitas até um outdoor. É essa energia que provoca reações no consumidor;

O FATOR DE ATRAÇÃO

não o layout ou a cor do anúncio. O livro de Joe mostra que a publicidade realmente eficaz é aquela que incorpora a convicção pessoal do anunciante no seu produto e a energia que ele investiu para criá-lo.

— John Livesay, Los Angeles

Como médico, psiquiatra e especialista em marketing pela Internet, descobri a importância — ou melhor; o papel absolutamente crucial — de uma mentalidade de "marketing milionário". Até que você incorpore essa mentalidade, qualquer tentativa mecânica de fabricar marketing, por exemplo escrevendo material publicitário de vendas, está condenada ao fracasso. O autor explica nos mínimos detalhes o que é realmente necessário para essa psicologia do sucesso. E é algo muito mais simples do que você imagina. Recomendo este livro calorosamente a todos aqueles que LEVAM A SÉRIO a atividade de marketing, seja qual for o produto ou cliente.

— Dr. Stephen Gilman, Nova York

Eu costumava acordar todas as manhãs com uma sensação de exaustao física, vazio emocional e fadiga mental. Então, li Marketing Espiritual. A fórmula de Joe me ajudou a superar problemas como abuso mental/físico/sexual na infância, dependência de drogas e álcool na adolescência, pobreza ao longo de toda a vida e um sentimento profundo de que eu estava "destinado ao fracasso". Mas agora já não sou um escravo de convicções negativas. Pelo simples fato de ler este livro, consegui me livrar de um peso ENORME que estava me puxando para baixo.

— Um leitor de Farmington, Arizona

Joe Vitale escreveu, em linguagem clara, sucinta e inspiradora, um roteiro breve mas eficaz para aqueles que desejam transformar seus sonhos em realidade. Tenho de admitir que já li muitos livros e já segui muitos cursos sobre riqueza e prosperidade. Depois de quinze anos de leituras, cursos e palestras, me parece óbvio que o caminho da prosperidade precisa ter um fundamento espiritual. Joe condensa a sabedoria espiritual de vários mestres que escreveram sobre a realização de sonhos e transmite esse conhecimento de modo lúcido e convincente. Sem disfarçar os momentos ruins de sua vida (por exemplo, quando chegou a roubar comida em supermercados para matar a fome), ele nos conta como conseguiu finalmente aquilo que desejava usando uma fórmula de cinco passos simples, que faz nossos sonhos parecerem muito mais acessíveis e fáceis de realizar. Joe nos fala com simplicidade,

AS PROVAS

pois ele se considera um sujeito comum (e não um desses gurus motivacionais que são verdadeiras estrelas, aparentemente bem-sucedidos, mas cujo sucesso jamais estaria ao alcance de pessoas como a maioria de nós). Os milagres relatados por Joe aconteceram na vida dele e de outras pessoas comuns, com base num plano simples, mas capaz de mudar as condições de vida. É por isso que este livro é tão valioso. Joe realmente nos fala de peito aberto. Sua integridade e honestidade transparecem ao longo de todo o texto. Já estou lendo o livro pela segunda vez — e sei que não será a última.

— Laura V. Rodriguez, Silver Spring, Maryland

Nos últimos quinze anos, li mais de 150 livros nas áreas de Espiritualidade, Autoajuda, Como Ficar Rico etc. Muitos desses livros são excelentes e me ajudaram a escolher o caminho certo em direção a tudo aquilo que eu queria realizar na minha vida. Mas só depois de ler Marketing Espiritual *entendi o que estava me impedindo de viver a vida dos meus sonhos.*

Encontrei a chave que faltava no capítulo "Esclareça seus Pensamentos". Percebi que minhas convicções subconscientes estavam bloqueando meu progresso e que eu não podia continuar com minhas visualizações enquanto não estivesse totalmente de acordo comigo mesmo quanto aos objetivos que queria alcançar.

— Roger Haeske, South River, Nova Jersey

Moro a 10 minutos de distância de uma das maiores livrarias do mundo em matéria de esoterismo e espiritualidade. Por isso, boa leitura não é o que me falta. Mesmo assim, li o livro de Joe por duas vezes. Indiquei o site da Amazon.com para as pessoas que queriam comprá-lo e também adquiri outros exemplares para amigos e clientes. Acredito que este livro é uma bênção. Marketing Espiritual *é leitura obrigatória para todos aqueles que querem aprender a exteriorizar seus desejos na vida. O que distingue o livro de Joe de tantos outros que já li é o relato que ele faz sobre pessoas que conheceu, capazes de curar, orientar e dar poderes verdadeiros para que todos nós possamos modificar nossas convicções e transformar nossa realidade exterior.*

— Ann Harcus, EUA

Seguem aqui algumas histórias verdadeiras sobre pessoas que usaram os cinco passos que você está prestes a aprender para realizar verdadeiros milagres em sua vida:

51

O FATOR DE ATRAÇÃO

Quando li Marketing Espiritual *pela primeira vez, minha motivação principal era usar as técnicas para conquistar novos clientes para minha empresa de marketing de rede, como havia feito um dos empresários que admiro.*

Mas conforme fui lendo o livro, mudei da água para o vinho! Finalmente encontrei o que queria! Depois de ler livros de autoajuda durante anos e frequentar um seminário após o outro, encontrei algo diferente. (Cheguei até a usar afirmações errôneas no começo de um de meus seminários, na esperança de que assim ele seria diferente.)

Depois de ler Marketing Espiritual, *senti-me inspirada a servir de cobaia numa teleconferência com Mandy Evans, e em seguida deixei a empresa em que tinha acabado de ser contratada, pois finalmente me dei conta de que aquele emprego não era condizente com os meus valores. O fato de eu aceitar empregos como aquele tinha contribuído para a estagnação da minha vida profissional, num período de doze anos em que mudei de uma empresa para outra, passando ao todo por cinco empresas. Mas agora eu estava aberta para o Universo e para oportunidades melhores.*

Quando Joe lançou The Greatest Money-Making Secret, *fiquei entusiasmada e comprei dez exemplares, só para ter certeza de não estar perdendo nada. Naquele mesmo dia, li a versão on-line em formato PDF e me senti inspirada a fazer uma "liquidação geral" em minha vida. Reuni todos os livros extras que eu tinha comprado, e que pensei em vender no site do eBay, e os DEI de graça a todos os que quisessem no site chamado "The Greatest Networker" [O Maior Criador de Relacionamentos], no qual ouvi falar de Joe pela primeira vez. A maioria desse material consistia de coleções de livros com gravações sobre marketing relacional, cujo preço normal seria de US$ 45 cada um. Mas minha liquidação tinha um bom motivo!*

Nas primeiras "encomendas" que recebi, não mencionei as despesas de correio. Naquela época, meu orçamento era apertado, mas decidi pagar também pelo envio do material, mesmo quando alguns dos destinatários se ofereceram para pagar o frete. Deliberadamente, saí de casa e fui até uma drogaria onde também funcionam um Centro Postal e uma sala de jogos. Achei que poderia usar meus pontos positivos em matéria de karma para que os Deuses do Jogo me deixassem ganhar algum dinheiro. Antes de chegar lá, planejei exatamente qual seria a máquina, qual seria o jogo e o resultado. Despachei os pacotes no Centro Postal e comecei a jogar.

Fiz tudo de acordo com o meu plano, e em pouco tempo consegui acertar o Royal (grande prêmio) com meus US$ 20 iniciais. Isso me rendeu US$ 800! Eu já tinha ganho no jogo, inclusive quantias maiores, mas alguma coisa no modo como tudo estava

AS PROVAS

acontecendo — exatamente como eu imaginara — era muito excitante e inesperado, e era também o ponto de partida da felicidade que gozo atualmente na vida... pois a melhor coisa que podia ter acontecido — e que talvez vocês considerem a pior — ainda estava por vir.

No decorrer das seis horas seguintes, perdi todos os US$ 800 que tinha ganho, mais o dinheiro que trouxera comigo. Por que isso foi bom? Porque sou viciada em jogo. Embora a lógica me dissesse que seria impossível usar o Marketing Espiritual para ganhar no jogo, aquela experiência me libertou de todos os vícios de pensamento. Alguns dias depois, em 15 de junho de 2003, entrei para um grupo de Jogadores Anônimos e decidi que nunca mais faria uma aposta na minha vida. (Aliás, o fato de ingressar nos Jogadores Anônimos obedecia ao seguinte princípio: "Atraio pessoas excepcionais para minha realidade, para que se associem a mim para o nosso mútuo benefício".) E, em vez de sonhar com os ganhos ou sofrer com as perdas num cassino, derramando dinheiro pelas máquinas adentro, consegui atingir uma renda de cerca de US$ 200 mil por ano, além de ter mais tempo livre para mim mesma, um marido que amo e uma vida que realmente vale a pena.

O detalhe mais incrível é que realmente não me importo se o texto que acabo de escrever e as ideias que acabo de explicar vão me levar ou não ao auge da felicidade e das realizações. Costumo falar muito sobre minhas decisões, mas aprendi a confiar nas forças do Universo!

Há uma enormidade de outras coisas que eu poderia acrescentar a essa história, por exemplo:

- *Como planejei me associar a Joe e como essa parceria aconteceu sem que eu me desse conta disso.*
- *Por que Adventures Within é o último livro de autoajuda que pretendo ler na vida; e uma última dúvida:*
- *P. T. Barnum seria capaz de usar a coroa da glória?*

Mas já que a essa altura escrevi mais de 500 palavras, sou obrigada a contar o resto quando vocês também chegarem ao auge!

Felicidades a todos!

— Christy Hoffman

Num domingo pela manhã, dia 23 de maio de 2004, decidi reler Marketing Espiritual. Acho que já li o livro cinco vezes. A cada leitura, descubro uma coisa na qual ainda não havia reparado. Ultimamente, ando me sentindo insatisfeita com a empresa que abri há oito anos. Acho que já é hora de passar para uma nova atividade, algo que me dê mais prazer. Não sou alguém que se apegue eternamente às coisas. Sou uma pessoa criativa.

Pensei em manter a empresa e deixar que alguém a dirigisse no meu lugar, mas a ideia não me pareceu correta. Depois de reexaminar os cinco passos, fiz uma lista dos meus desejos. Então, imaginei um "filme" sobre o dia em que venderia minha empresa e tudo o que aconteceria em seguida. Imaginei a sensação de me livrar das responsabilidades e a alegria de ter um sábado livre para conviver com meu marido. Foi um "sonho" maravilhoso.

A campainha do telefone me arrancou desse devaneio e me trouxe de volta à realidade. Eu não tinha ideia de quem estaria me ligando tão cedo numa manhã de domingo. Era um de meus amigos. Depois de trocarmos alguns gracejos, ele me disse que queria indicar meu nome para um amigo que poderia estar interessado em comprar minha empresa. Respondi que era ótima ideia. Cinco minutos depois que desliguei, o telefone tocou novamente. Dessa vez, era a pessoa interessada na empresa. Vamos nos encontrar na semana que vem. Não sei se a compra vai acontecer realmente, mas eu nunca teria pensado naquela pessoa, pois simplesmente não a conhecia. PUXA! Impossível imaginar um resultado mais rápido!

Tenho seguido esse caminho por muito tempo, mas os princípios explicados no livro Marketing Espiritual *são realmente fáceis de seguir: É a atitude de entrega ao momento presente e de confiança na sua própria intuição o que faz as coisas mudarem. Os milagres também acontecem comigo o tempo todo, Joe. E esse que contei é apenas o mais recente!*

— Becky Hutchens

Meu querido amigo Bill Hibbler escreveu o seguinte:

Nunca me esquecerei do papel que Marketing Espiritual *exerceu em minha vida. Encomendei o livro em agosto de 2001, mas só depois da tragédia de 11 de Setembro comecei a praticar os exercícios que ele continha.*

Depois de quase 25 anos trabalhando no ramo musical, decidi que era tempo de procurar outra coisa. Eu gostava de lecionar e também tinha um projeto de escrever dois livros, mas precisava fazer alguma coisa para que o dinheiro continuasse entrando enquanto eu escrevia.

AS PROVAS

Juntei-me a um amigo meu que tinha um serviço de limusines e comecei a trabalhar como motorista, levando executivos para os aeroportos de Houston e trazendo-os de volta num sedã de luxo, comprado em sistema de leasing. *Eu já tinha andado no banco de trás de limusines, mas dirigir uma delas foi uma mudança e tanto. Aquele serviço me proporcionava uma renda fixa e, sobretudo, muito tempo livre para escrever no meu* laptop.

Comecei a me interessar pelo marketing, o que me levou a descobrir o método de áudio que Joe Vitale publicou pela editora Nightingale-Conant, The Power of Outrageous Marketing. *Encontrei muitas ideias boas naquelas gravações, e um livro incluído no pacote, chamado* Turbocharge Your Writing, *me ajudou imensamente a escrever o meu primeiro livro.*

O serviço de limusines não estava indo bem no ano de 2001. A estagnação da economia estava afetando os negócios e eu acumulei uma dívida enorme no cartão de crédito. Mal conseguia manter o pescoço para fora d'água. Então, decidi que o único caminho era vender minha casa, liquidar minhas dívidas e encontrar uma solução para me dedicar à escrita e ao marketing em tempo integral.

Tomei a decisão de dirigir sete dias por semana, para economizar o máximo de dinheiro possível. Depois disso, eu poria minha casa à venda na primavera de 2002. Justo no momento em que eu ia pôr esse plano em prática, aconteceu a tragédia de 11 de setembro.

Fiquei assistindo aos noticiários em estado de choque, exatamente como o resto do mundo. Além de ter de lidar com a tragédia em si, eu também ficara desempregado da noite para o dia. Não tínhamos mais clientes, pois todos os voos foram cancelados. Mas ainda faltava pagar uma grande quantia para a concessionária que me vendera o Lincoln em sistema de leasing, *assim como várias parcelas de um seguro comercial caro. Eu não tinha condições de cobrir aquelas despesas. Tinha perdido o emprego e meu carro, e de repente me vi numa situação calamitosa.*

Antes disso, meu crédito era excelente. Acho que cheguei a ter vários cartões de crédito. De repente, meu telefone começou a tocar o tempo todo, com credores que me ligavam nas datas de vencimento. Como se não bastasse, meu relacionamento amoroso estava terminando num mar de conflitos, minha taxa de glicose no sangue disparou e passei a ter problemas de visão.

A essa altura, eu estava disposto a tentar qualquer coisa. Peguei um exemplar de Marketing Espiritual *e comecei a praticar os cinco passos. Esclareci meus pensamentos a respeito do que eu desejava alcançar na vida e relacionei essas metas por escrito. Escrevi que queria me mudar para Wimberley, Texas, uma cidadezinha bonita e tranquila perto de Austin.*

O FATOR DE ATRAÇÃO

Pedi também um relacionamento saudável, positivo e carinhoso com uma moça atraente, que fosse inteligente e tivesse senso de humor. Eu queria morar num lugar onde pudesse continuar a expandir meus conhecimentos sobre marketing e ganhar a vida como redator publicitário e escritor. Também queria me livrar das dívidas e comprar um carro novo, em dinheiro vivo. Era uma ambição e tanto, dada minha situação. Lembrem-se, naquele momento eu estava desempregado e não tinha sequer um carro.

Naquele dia, machuquei meus joelhos e usei a oração do livro para pedir ajuda. Dentro de 48 horas, uma amiga com quem eu não tinha falado nos últimos tempos me telefonou. Expliquei minha situação. Ela me disse que recentemente tinha recebido um carro da empresa onde trabalhava e que me emprestaria com muito prazer seu carro pessoal pelo tempo que eu necessitasse. Ela preferia que o carro ficasse trancado na minha garagem todas as noites e não estacionado na vaga do prédio dela.

Eu já estava motorizado. No dia seguinte, outro amigo me ligou e me ofereceu um emprego temporário que serviu ao menos para cobrir as despesas mais urgentes. Além disso, uma pessoa da qual eu nunca tinha ouvido falar telefonou perguntando se eu estava disponível para redigir um material publicitário para um projeto na Internet.

Fiquei estupefato com aqueles resultados tão rápidos. Eu seguira os passos simples de Marketing Espiritual e encontrara exatamente aquilo de que estava precisando.

Mas não era tudo. Meu estado de saúde também mudou. Os novos óculos que eu tinha comprado ficaram guardados na gaveta. Sem medicação, minha taxa de glicose no sangue caiu de 245 para 165 em um mês. Meu médico não sabia o que dizer.

O passo seguite era pôr minha casa à venda. Mas naquele momento o mercado de imóveis estava em baixa. Aconselharam-me a esperar pelo menos até a primavera seguinte, quando deveria haver uma ligeira recuperação da economia. Mas eu não tinha condições de esperar, e assim procurei uma imobiliária. Em pouco tempo, não apenas vendi a casa como ainda consegui um valor US$ 25 mil superior ao que estava pedindo!

Enquanto tudo isso acontecia, recebi algumas encomendas de redação publicitária. Por incrível que pareça, uma dessas encomendas era para uma agência de casamentos na Rússia. A empresa tinha designado uma de suas funcionárias, que falava inglês fluentemente, como minha parceira no projeto.

O nome dela era Elena, e imediatamente nos sentimos atraídos um pelo outro. Quanto mais eu a conhecia, mais me apaixonava. Eu tivera tantos relacionamentos ruins que já quase perdera a esperança de algum dia encontrar a pessoa certa. Mas minha Lena transformou tudo isso em cinzas do passado. Ela é tudo o que posso desejar e mais ainda. Nunca conheci uma pessoa tão carinhosa e solidária.

AS PROVAS

Menos de cinco meses depois da tragédia de 11 de setembro, eu me mudei para Wimberley. Perto de minha nova casa, os cervos selvagens vagueiam pelas ruas. Moro diante de um campo de golfe, com rios e riachos ao redor. A comunidade que vive ali é constituída de artistas, músicos e empresários bem-sucedidos.

Cheguei a Wimberley num Toyota Rav4 novinho em folha, comprado à vista. Meu escritório fica exatamente a nove passos de distância do meu quarto de dormir. Está equipado como todo tipo de material de informática de última geração e uma enorme coleção de livros sobre marketing. A dívida no cartão de crédito já foi paga há muito tempo.

Agora, o marketing pela Internet é minha ocupação em tempo integral. Também procuro ajudar outras pessoas a realizarem seus sonhos de atuar profissionalmente na Internet, assim como aconteceu comigo. E o melhor de tudo: Elena e eu nos casamos no dia 8 de setembro de 2002.

Agora faço parte de um grupo de amigos íntimos interessados em questões de espiritualidade e planejamento estratégico. Uma vez por semana, nós nos reunimos para discutir ideias do mundo dos negócios ou para ajudar outras pessoas. Um desses amigos queridos é Joe Vitale, cujas palavras levaram à realização de vários sonhos meus.

Relendo agora a lista de desejos que escrevi quando estava praticando os cinco passos de Joe, vejo que os únicos objetivos que não atingi são aqueles que, depois de pensar bem, decidi que não eram importantes. Tenho de agradecer a meu próprio poder interior pelas coisas que conquistei, mas provavelmente nunca teria pedido aquilo que desejava se não fosse pela leitura de Marketing Espiritual. *Sem dúvida, as técnicas descritas no livro de Joe operaram milagres na minha vida.*

Agora, leia o testemunho de uma pessoa fanática por carros, assim como eu, que conseguiu criar a máquina de seus sonhos:

Tantas coisas incríveis têm acontecido na minha vida desde que li e pratiquei a fórmula comprovada de Joe Vitale!

Eu gostaria de narrar aqui apenas um GRANDE milagre que alcancei graças à fórmula de cinco passos. No verão de 2003, quando o livro Marketing Espiritual *veio parar nas minhas mãos, eu estava desgostosa com minha própria vida e precisava desesperadamente de mudança.*

Um de meus sonhos era comprar um carro novo. Sou uma grande fã do Maxima, e assim queria o Nissan Maxima modelo 2004, azul, totalmente equipado, com estofamento em couro preto e teto solar.

O FATOR DE ATRAÇÃO

Imediatamente, comecei a praticar os passos: descrevi meu sonho por escrito, em todos os detalhes, senti aquele sonho dentro de mim, esclareci meus pensamentos e comecei a confiar na minha própria inspiração.

Naquela época, meu crédito era limitado e eu não sabia como iria me virar para pagar o carro. Mas não deixei que isso prejudicasse meu sonho. Sempre que o medo se insinuava nos meus pensamentos, eu recitava a prece de esclarecimento e agradecia a Deus por minhas bênçãos e meu carro novo.

Dois meses depois, minha renda aumentou e consegui um desconto de US$ 5 mil no carro dos meus sonhos. Agora, estou rodando com ele, desfilando por aí com um GRANDE, GRANDE sorriso no rosto, sentindo os deliciosos raios de sol que caem através do teto solar.

Obrigada, Joe Vitale, por contar sua trajetória e suas descobertas ao longo do livro Marketing Espiritual!!!

— Missi Worcester

Este leitor encontrou uma "escada rolante" para uma nova editora que publicasse seu livro e para uma boa distribuição nas redes de livrarias:

Meu objetivo era vender para uma grande editora um ou vários dos livros que escrevi.

Primeiro Passo: Descubra o que você não quer. — O que eu não queria era ter de mandar propostas para muitas editoras e ficar me digladiando com elas. Eu não queria esperar uma eternidade. Não queria lidar com uma multidão de agentes literários para ouvir um "não" depois de trinta dias.

Segundo Passo: Descubra o que você quer. — Eu queria uma editora respeitada e íntegra, capaz de dar ao livro o destaque que ele merece nas estantes das livrarias. Eu queria que tudo acontecesse de maneira fácil e natural. Queria um adiantamento decente e algum tipo de marketing para a divulgação do livro. Queria alguém que acompanhasse o lançamento o tempo todo, em todas as suas fases.

Terceiro Passo: Esclareça seus pensamentos. — Eu queria uma nova editora para o meu livro porque acredito que é realmente muito bom e merece um público maior: Eu queria ajudar outras pessoas, vender mais livros, ganhar mais dinheiro e ter mais prazer na vida. Queria constar do catálogo de uma editora de prestígio. Queria uma distribuição maciça.

AS PROVAS

Quarto Passo: Sintonize suas emoções. — *Eu queria me sentir um escritor de sucesso, respeitado e lido por muita gente, animado com a perspectiva de ter mais um livro lançado por uma "grande" editora. Eu queria me sentir uma pessoa especial, a grande "estreia" do momento.*

Quinto Passo: Confie em sua intuição e entregue-se ao momento presente. — *Um de meus atos inspirados foi mandar três faxes com a seguinte mensagem: "já vendi um bocado de livros na vida, mas acredito que uma editora como a sua pode fazer mais ainda...".*

A coisa mais incrível aconteceu quando eu estava revirando a Internet em busca de uma editora. Totalmente por acaso, reencontrei uma agente literária que já tinha lido meu livro em 1996, quando trabalhava para outra editora (coincidência?). Naquela época, não me encontrei pessoalmente com o patrão dela, de modo que a publicação nunca aconteceu. Mas agora a agente tinha mudado para uma editora melhor e ali usou de toda a sua influência para vender meu livro. Não houve absolutamente nenhum esforço de minha parte, com exceção dos três faxes. Tudo aconteceu num piscar de olhos. Depois de pouco tempo, encontrei-me com o dono da editora na BookExpo America (Feira do Livro Norte-Americano) em Nova York e trocamos um aperto de mãos.

A nova edição, revista e ampliada, de Handbook to a Happier Life *foi lançada menos de dez meses depois, e agora pode ser encontrada em todas as estantes do país. Um verdadeiro recorde no mercado editorial. A tradução alemã também já saiu.*

Tudo de bom e Deus o abençoe.

— Jim Donovan, escritor e consultor

Minha jornada começou cerca de dois anos atrás, quando li Marketing Espiritual *pela primeira vez. O livro me pareceu muito fácil de entender e conquistou meu coração. Vez ou outra, aproveitei aquelas informações para conseguir bons resultados.*

Cerca de um ano depois, comecei a pôr em prática com mais regularidade aquilo que aprendera no livro. Desde então, minha vida deslanchou como nunca acontecera antes.

Agora, estou numa fase em que frequentemente deixo de lado o Primeiro Passo (Descubra o que você não quer) e passo diretamente para o Segundo (Descubra o que você quer).

O primeiro ano de "experimentação" com os cinco passos foi exatamente aquilo de que eu precisava. Aprendi a esclarecer melhor meus pensamentos, sintonizar minhas emoções e, principalmente, viver o momento presente, confiando na minha própria intuição.

O FATOR DE ATRAÇÃO

Neste último ano, encontrei a verdadeira prosperidade na minha vida. Tenho "criado" várias coisas incríveis e excitantes, inclusive férias no Havaí, participação em vários seminários, encontros pessoais com pessoas que admiro e até parceria com algumas delas em projetos comuns. Criei minha própria série de telesseminários sobre temas como Abundância e Prosperidade, e as oportunidades literalmente se multiplicam diante de mim.

Esclarecendo meus pensamentos e confiando na minha intuição, abri minha vida para oportunidades e experiências com as quais nunca tinha sonhado.

Obrigada, Joe. Você me ajudou a mudar minha vida e sou eternamente grata por isso.

Sua amiga agora e sempre,

— Velma Gallant
Consultora de Prosperidade,

Aqui vai a mensagem de um leitor do outro lado do mundo:

Prezado sr. Joe,

Na verdade, eu pretendia lhe mandar uma carta de agradecimento pelo que o senhor fez por mim e pelos progressos (para dizer o mínimo) que estou experimentando na minha vida. Mas o senhor se antecipou e me pediu um relato pessoal sobre o modo como Marketing Espiritual *me afetou.*

Marketing Espiritual *simplesmente salvou minha vida. Eu estava me afundando cada vez mais depressa. Absolutamente nada funcionava a meu favor. Estive desempregado nos últimos três anos. Era como se todas as portas do mundo se fechassem para mim. As pessoas que eu conhecia, inclusive meus pais e meus amigos, tinham me abandonado. Eu não conseguia me adaptar às normas da sociedade, nem podia dar às pessoas o que elas esperavam de mim. Cheguei à conclusão de que estava totalmente sozinho neste mundo e não tinha para onde ir.*

Nessa situação desesperadora, li a versão eletrônica de Marketing Espiritual *e depois disso minha vida nunca mais foi a mesma. Agora tenho várias ofertas de trabalho. Minha vida financeira se fortaleceu. Meu futuro parece promissor e já comecei a restabelecer o relacionamento com minha família e meus amigos.*

Atualmente moro em Karachi, no Paquistão. A vida nesta região do mundo é totalmente diferente. Morei nos Estados Unidos por cinco anos e meio e me formei pela

AS PROVAS

Universidade do Kansas. Assim, tenho condições de comparar as duas coisas. O maior desafio para mim são as condições de vida no Paquistão. Há tanta negatividade na vida social que não é fácil manter uma mentalidade positiva e praticar a fórmula dos cinco passos, especialmente o passo que ensina a esclarecer os pensamentos. Acredito que minhas chances de sucesso sejam boas, mas tenho de lutar o tempo todo devido ao ambiente em que me encontro. No entanto, estou fazendo o melhor que posso.

Também tenho encontrado ajuda valiosa nos boletins eletrônicos de Carol Tuttle e no site do TUT Adventurer's Club (www.tut.com), que conheci por indicação do senhor. Além disso, li The Power of Your Subconscious Mind, *do dr. Joe Murphy. Aliás, sr. Vitale, caso o senhor conheça alguém em Karachi que possa me ajudar neste projeto, eu lhe agradeço desde já. Na verdade, não tenho conhecimento de ninguém que esteja praticando esses conceitos aqui em Karachi.*

Minha intenção é ler todos os seus livros que puder encontrar, pois também me interesso por técnicas de marketing pela Internet. Sei que seu tempo é precioso, mas também precisava lhe contar este desejo. Não tenho palavras para agradecer por tudo aquilo que o senhor e seu livro fizeram por mim e tantas outras pessoas. Obrigado por me mostrar um "admirável mundo novo".

— Faisal Iqbal

Esse leitor queria — e conseguiu — algo "incrível":

Alguns meses atrás, fui assistir a uma apresentação do parapsicólogo conhecido como "The Amazing Kreskin" [O Incrível Kreskin]. Eu já tinha estado em outras apresentações e ficara impressionado com os poderes de Kreskin, mas ele nunca me escolheu entre as pessoas da plateia para "ler meus pensamentos".

Se isso acontecesse, eu teria uma prova decisiva do poder da mente. Assim, dessa vez formulei a intenção consciente de que ele me escolheria entre as pessoas da plateia e me convenceria de que essas coisas realmente funcionam.

O local da apresentação ficava a uma hora e meia de distância, de carro. Por isso, saí de casa com bastante antecedência.

Bem, durante o trajeto aconteceu um acidente de trânsito que me atrasou um bocado e consumiu todo o meu tempo extra.

Eu estava ficando muito nervoso com o atraso. Mantive minha intenção no pensamento, mas as dúvidas me invadiam. Quando cheguei, o estacionamento do cassino

O FATOR DE ATRAÇÃO

estava lotado. Tentei conseguir uma vaga com o guardador de carros, o que me tomou mais meia hora.

Nesse momento, eu estava atrasado.

Gritei algumas vezes para aliviar a tensão e mantive minha intenção firme. Finalmente, estacionei a 400 metros de distância e corri até a entrada do show, que já tinha começado havia 10 minutos.

Consegui a melhor poltrona ainda disponível. Ficava bem em frente ao palco, como eu tinha decidido em outra de minhas intenções.

Relaxei e comecei a prestar atenção no espetáculo. Kreskin pediu às pessoas presentes que pensassem em três coisas diferentes. Um pouco antes de sair de casa, eu visitara o site www.MrFire.com (homepage de Joe Vitale, conhecido como Mr. Fire). *Assim, mentalizei as chamas e o rosto de Joe, depois pensei nas minhas cores favoritas e, por fim, pensei num boneco de neve. Enquanto mantinha essas imagens na cabeça, continuei "sintonizando" minhas intenções.*

Depois de algum tempo, Kreskin exclamou: "Quem é Mr. Fire?".

Levantei-me diante de mil pessoas. Ele me perguntou se eu era Mr. Fire. Respondi que não. Kreskin quis saber quem era aquela pessoa. Respondi que era o endereço do site de Joe Vitale. Então, Kreskin me perguntou por que estava vendo as cores azul e verde, minhas favoritas. Por fim, contou que viu um boneco de neve.

Uma coisa realmente impressionante!

Depois do show, falei pessoalmente com Kreskin e posei para uma foto ao lado dele (outra de minhas intenções).

Quando Kreskin foi se juntar à multidão do cassino, eu estava a cerca de 20-30 metros de distância. Disse a mim mesmo: "Preciso tentar mais uma coisa para me convencer totalmente de que tudo isso é verdadeiro".

Mentalizei a intenção de que ele se virasse e acenasse para mim. Ele ia se afastando enquanto conversava com outras pessoas, mas de repente parou e começou a olhar ao redor, como se alguém estivesse chamando seu nome. Esse alguém era eu. Nos meus pensamentos, repeti o nome dele aos gritos. Finalmente, ele se virou na minha direção e olhou para mim. Nós dois acenamos ao mesmo tempo.

Agora estou convencido de que esse princípio funciona. Tudo isso é incrível!!!!

Obrigado,

— Mark Ryan

AS PROVAS

Este leitor usou os cinco passos para realizar grandes projetos em Istambul:

Olá, Joe.

O site que você criou em http://www.IntentionalMeditationFoundation.com *(explicado no último capítulo deste livro) é simplesmente genial!*

Depois de ler os textos que você apresenta ali, tentei responder mentalmente à lista de perguntas formuladas por David Ogilvy:

1. *O site me fez "vibrar de emoção" quando o vi pela primeira vez? — Pode acreditar nisso!*

2. *Eu "gostaria" de ter criado algo parecido? — Sim, com certeza. Mas nunca criei nada parecido, e é por isso que sou seu fã!*

3. *O site é "único" no gênero? —* Não há dúvida de que é 100% original. Como costuma dizer Dan Kennedy quando alguém *lhe conta que teve uma "ideia totalmente nova": "Tenho outras cinco delas no meu escritório". Parabéns!*

4. *A forma "condiz" perfeitamente com o conteúdo? — Sem dúvida!*

5. *O conteúdo do site ainda será válido daqui a "trinta anos"? — Ele vai sobreviver a todos nós. Vai mudar o mundo. E acredite que já mudou minha vida!*

Por tudo isso, decidi representar suas ideias aqui em Istambul. Na verdade, quero fundar grupos desse tipo aonde quer que eu vá.

O senhor tocou meu coração. Muito obrigado!

E, sim, já comecei a pôr em prática os cinco passos delineados em Marketing Espiritual, *com os seguintes resultados:*

1. *Quando meu banco me pareceu impessoal, usei os cinco passos para criar uma comunidade de clientes que são pequenos empresários como eu e convenci o banco a nos dar uma série de vantagens!*

2. *Quando Terapia Familiar era um conceito conhecido apenas por uma "elite" na Turquia, quando pessoas carentes precisavam desesperadamente de formação profissional, criei um serviço de treinamento em prestação de serviços públicos que hoje é reconhecido oficialmente.*

3. *E, quando um grupo de voluntários que trabalhavam com os sobreviventes do terremoto de 1999 "perdeu o pique" depois de alguns anos de atividade, usei as regras para ajudá-los a contar suas histórias num livro publicado pela Associação Turca de Psicologia.*

O FATOR DE ATRAÇÃO

Outros detalhes de todas essas realizações podem ser encontrados no endereço http:// www.quietquality.com.

Mas eles não se comparam ao que você realizou.

Joe, na minha cidade natal havia um homem muito simpático chamado sr. Parker, que vendia querosene de porta em porta. Acho que você já teve um emprego parecido, e veja só aonde chegou.

O sr. Parker forneceu querosene até o fim da vida e sua atividade morreu com ele.

Você fornece combustível para todos os nossos pensamentos, Joe, e por isso é um homem abençoado.

Os cinco passos contidos em Marketing Espiritual *são formidáveis. Eles valem muito mais do que eu ou você. Você os apresenta com clareza e amor, e todos nós lucramos com isso.*

Por favor, avise-me quando surgirem novas edições do livro.

Atenciosamente,

— Stephen Bray

Uma leitora preocupada em agradar aos outros encontrou o caminho da afirmação pessoal usando minha fórmula de cinco passos:

Meu maior desafio sempre foi perseguir meus próprios objetivos e não aceitar os planos que outras pessoas faziam para mim. Eu ansiava por viver minha própria vida, mas não tinha ideia de como realizar algo que valesse a pena.

Mesmo assim, comecei a praticar a fórmula de Joe em Marketing Espiritual, *sem esperar grandes resultados. Gosto de todos os livros de Joe Vitale e acreditei que ele não me daria ensinamentos inúteis. Pratiquei todos os exercícios. O passo que ensina a "confiar em sua intuição e entregar-se ao momento presente" me pareceu fácil. De qualquer modo, eu não tinha tempo para pensar muito no que queria fazer. Então, começaram a acontecer coisas estranhas. Surgiram oportunidades que eu não queria perder, e assim outro conflito teve início... minha vontade pessoal contra os planos de outras pessoas com relação a mim e ao meu dinheiro.*

Como diz Joe, o mais difícil é acreditar que você não precisa fazer nada para descobrir a melhor maneira de atingir seus objetivos. Assim, prometi a mim mesma que seguiria esse passo, fielmente e em segredo. Quando surgia mais um sonho na minha vida, eu usava os

passos novamente! Depois de algum tempo, ela se tornou uma espécie de segunda nature-
za. Querem saber se a fórmula funciona? Nossa família criou uma empresa on-line muito
bem-sucedida que ajuda outras pessoas com problemas de saúde. É uma maneira muito
gratificante de usar meus talentos.

Marketing Espiritual *é um livro prático. Ele me ajudou a concentrar meus pensa-*
mentos e fortaleceu minha autoconfiança. A partir do momento em que eu apliquei a fór-
mula e comecei a obter resultados, o livro se tornou uma de minhas ferramentas básicas.
Agora, eu me sinto aberta a novos projetos e me alegro quando aparecem, em vez de te-
mê-los ou rejeitá-los. Mesmo hoje em dia, sabendo que a fórmula funciona e acreditando
nela, eu a uso e fico surpresa ao ver que minha resposta aparece! Marketing Espiritual
ajuda você a encontrar e valorizar sua força interior. É realmente um prazer ver sua vida
crescendo do jeito que você queria. Conforme fui tendo sucesso, decidi que iria usá-lo de
maneira coerente em todas as áreas. E não me arrependo.

Os vários exemplos que Joe relata em seu livro atiçam a criatividade. Joe nos dá ideias
que podem funcionar em todos os tipos de situação. Embora o livro seja relativamente
pequeno, a fórmula é repetida a cada passo. É tão divertido SABER que você vai conse-
guir o que deseja! SABER que você pode realizar seus sonhos sem se matar por isso! Eu
suspeitava que havia algo mais dentro de mim além do nível físico, mas não tinha ideia
de como encontrar meu VERDADEIRO eu. Pois bem, aqui estou!

Joe, sei que seu livro vai mudar muitas outras vidas, assim como aconteceu comigo.
Obrigada pela sua coragem e pela sua fórmula.

— Karin Henderson

Você ainda tem dúvidas? Leia este relato:

Situação / Antecedentes

Ao longo dos anos, perdi contato com duas pessoas das quais ainda me lembrava
com frequência. Esses dois indivíduos eram meus velhos amigos, mas um não conhecia
o outro. Um deles foi meu colega de faculdade, o outro entrou na minha vida durante
minha primeira experiência com o câncer em 1993. (Ele tinha o mesmo tipo de linfoma
que eu e, aparentemente, conseguira vencer a doença.) A ultima vez que vi meu ex-cole-
ga de faculdade foi em 1993, na nossa reunião de dez anos da turma de formatura. Por
coincidência, em 1993 também vi pela ultima vez meu amigo sobrevivente de câncer.

O FATOR DE ATRAÇÃO

No final de 1993, mudei para Austin, casei-me e comecei a trabalhar na Dell Computer Corporation. Os ventos da mudança já estavam impelindo nossas vidas em direções diferentes.

Darei um salto de nove anos, até 2002. Por alguma razão, eu costumava pensar bastante nos meus velhos amigos e queria sinceramente restabelecer contato com eles. Comecei a vasculhar a Internet como um detetive, usando todas as ferramentas de busca para localizar o paradeiro deles. Depois de tentar muitas vezes ao longo de três semanas, não consegui absolutamente nada. No início eu me irritei com aquilo, depois me senti frustrado e, finalmente, comecei a me preocupar. Sempre que me desaponto com as coisas, sei que o medo está por perto de mim.

Comecei a imaginar todo tipo de coisas ruins que podiam ter acontecido aos meus velhos amigos. Meu ex-colega de faculdade podia ter aceitado outra missão no Oriente Médio e podia ter tido um destino terrível no nosso mundo pós-11 de setembro. Meu amigo sobrevivente de câncer podia ter tido uma recaída, sendo derrotado pela doença. Afinal de contas, meu próprio câncer voltara a me atormentar seis anos depois do primeiro incidente, e nós tínhamos o mesmo tipo de linfoma. Se meu câncer quase me matara da segunda vez, talvez meu amigo tivesse morrido.

Bem! Acho que não é difícil imaginar aonde isso ia dar. Os pensamentos gerados pelo medo são como ovelhas desgarradas longe do olho do pastor. Eles se dispersam em todas as direções e, às vezes, despencam no abismo. Não demorou muito para que eu chegasse à conclusão "óbvia" de que meus dois amigos estavam mortos — um deles nas mãos de terroristas no Oriente Médio, o outro depois de uma recaída fatal do câncer Seguindo essa lógica, é claro que cheguei à conclusão de que também morreria em breve. Provavelmente, o câncer estava planejando uma terceira visita para acabar comigo. É impossível imaginar um raciocínio mais pessimista, não é?

Passo agora para o final de 2002, quando estava trabalhando para o governo no centro de Austin. Não tenho paciência para enfrentar o trânsito, por isso costumava usar o ônibus para fazer o trajeto entre minha casa e meu trabalho. A vantagem é que eu tinha tempo de ler livros e ouvir gravações a caminho do trabalho e de volta para casa. Um dos livros que li foi Marketing Espiritual.

Gostei da aparente simplicidade da fórmula de cinco passos. Eu já estava cansado da minha confusão mental e decidi usar aquela situação deprimente como um teste do Método Vitale. Para falar a verdade, era apenas curiosidade. Não levei a fórmula realmente a sério. *Simplesmente segui os cinco passos sem envolvimento emocional, em parte porque sentia tédio e em parte porque não tinha certeza se o método iria funcionar. Mas, talvez exatamente por esse motivo, ele funcionou — e depressa.*

Tentei praticar os cinco passos no caminho para casa.

A fórmula em ação

Primeiro Passo: *Descubra o que você não quer*

É fácil. Não quero acreditar que meus dois amigos estejam mortos.

Segundo Passo: *Descubra o que você quer*

Quero que meus amigos entrem em contato comigo, ou quero dar um jeito de localizar e contactar meus velhos amigos.

Terceiro Passo: *Esclareça seus pensamentos*

Minha intenção era simples e clara. Eu queria conversar com meus velhos amigos como se nunca tivéssemos perdido o contato. Concentrei-me nesse objetivo e apaguei todos os pensamentos dispersos em minha mente.

Quarto Passo: *Sintonize suas Emoções*

Imaginei que estava segurando meu telefone sem fio, andando pela casa (como sempre faço quando estou ao telefone) e conversando com meus dois amigos.

Quinto Passo: *Confie em sua intuição e entregue-se ao momento presente*

Isso também foi fácil (pelo menos daquela vez). Meu ônibus tinha acabado de chegar ao estacionamento onde costumo deixar o carro. Fui obrigado a pensar no momento presente, pois tinha de me concentrar para dirigir para casa na hora do rush. Esqueci completamente o exercício nos 15 minutos que durou o trajeto até minha casa.

Os resultados

Depois que estacionei o carro na garagem, meus pensamentos se voltaram automaticamente para todas as coisas que eu tinha de fazer naquela noite. No dia seguinte começavam minhas férias anuais e eu pretendia viajar para Las Vegas, a Meca do mundo ocidental. Tinha de fazer as malas e preparar tudo para a viagem. Quando entrei em casa, minha primeira providência foi checar a secretária eletrônica. Encontrei três mensagens. A primeira era de minha mãe. Ela dizia que estava a caminho de Austin e chegaria em breve para cuidar da casa e dos cachorros.

O FATOR DE ATRAÇÃO

As outras duas mensagens me assustaram. Uma delas era do meu amigo sobrevivente de câncer, a outra era de meu ex-colega de faculdade. Fiquei pasmo. Eu lutara em vão durante três semanas para realizar o meu desejo, e de repente era o meu desejo que vinha me perseguir. Usando uma técnica desconhecida que eu acabara de aprender e aplicara às pressas, os dois amigos que eu não via há nove anos ligaram para mim no mesmo dia!

Telefonei primeiro para o veterano de câncer. Trocamos endereços e combinamos um encontro para dali a um mês. Descobri que ele estivera morando na Indonésia e agora voltara para Houston. Assim como tentei achar o paradeiro dele, ele também tentou achar o meu. Procurou meu nome no site do Google e topou com uma série de notícias de imprensa que descreviam o sucesso de nosso último projeto, Ticker Tape Toilet Paper ["Papel Higiênico para Investidores"]. (Na verdade, o projeto era uma espécie de provocação bem-humorada, com uma lista impressa em papel higiênico de empresas on-line cujas ações tinham despencado no mercado.) Os artigos mencionavam que eu fora empregado da Dell Computer de Austin, Texas. Então, meu amigo ligou para a secretaria da empresa, conseguiu meu telefone e deixou a mensagem.

Como se não bastasse, descobri que ele havia deixado o emprego anterior e agora trabalhava como advogado especialista em patentes. E eu estava justamente procurando um novo especialista em patentes! Desde então, temos atuado juntos em várias ocasiões.

Depois disso, liguei para meu ex-colega de faculdade. Trocamos o número de nossos celulares e conversamos por alguns minutos sobre nossas experiências. Nos últimos anos, ele mudara de cidade em cidade em função dos diferentes empregos. Era por isso que eu não pudera encontrá-lo com as ferramentas da Internet. O mais estranho é ele ter mencionado que estava indo para Las Vegas naquele fim de semana e que ficaria hospedado no Stardust Hotel. Respondi que no dia seguinte ia viajar para Las Vegas e ficaria no Bellagio Hotel. Duas pessoas que não tinham se encontrado em nove anos viajavam ao mesmo tempo para uma cidade distante. Incrível!

Combinamos um encontro à noite para tomarmos um drinque num dos cassinos que gostamos de frequentar. E foi justamente o que fizemos. Eu me diverti bastante!

Concluindo, tudo o que posso dizer é que essa fórmula me parece assombrosa. Todas as pessoas que me conhecem sabem que sou um sujeito cético. Estou sempre disposto a experimentar coisas novas ao menos uma vez. Mas quando elas não funcionam, nunca mais volto atrás para uma segunda tentativa.

AS PROVAS

A fórmula de Joe Vitale é simples, mas você precisa de disciplina para usá-la. Sei que ela funciona, mas admito que às vezes sou preguiçoso ou egoísta demais para aceitar seus benefícios. A culpa é minha, não da fórmula. Ela só funciona se você se esforçar também.

— John Zappa

E essas são apenas *algumas* das provas de que o Fator de Atração realmente funciona.

Agora, vamos trabalhar para que você possa criar seu próprio testemunho.

Mas primeiro...

CAPÍTULO 6

O Que Você Está Desprezando?

Recentemente, almocei com um amigo querido. Embora tenha gostado da companhia e da comida, deixei o restaurante um pouco abatido.

Quando refleti a esse respeito, cheguei à conclusão de que meu amigo sempre achava argumentos brilhantes para desfazer de qualquer livro, conceito, guru, método de autoajuda ou técnica terapêutica sobre os quais tinha lido ou dos quais ouvira falar.

A atitude dele não era francamente negativa ou propositalmente crítica. Ele desejava sinceramente encontrar algo que funcionasse na sua vida. Mas de maneira inconsciente, descartava ou rejeitava tudo o que cruzasse seu caminho.

A certa altura, falei sobre um mestre espiritual que eu estudara duas décadas antes. Contei que as pessoas costumavam dizer: "Meu mestre era obviamente um iluminado. Ele irradiava sabedoria".

A reação do meu amigo foi uma verdadeira "ducha fria": "Tenho certeza de que outras pessoas viram esse guru e não o acharam mais inteligente do que um anão de jardim".

Bem, meu amigo estava certo.

Mas ele é uma pessoa infeliz.

Acho que essa história dá o que pensar. Quando rejeitamos pessoas e ideias só porque o mundo inteiro não concorda com elas, podemos ter toda a razão. Mas também podemos acabar com uma sensação de vazio interior. Desprezando aquilo que teria condições de funcionar, estamos descartando nosso próprio crescimento. Estamos restringindo o universo das possibilidades.

O QUE VOCÊ ESTÁ DESPREZANDO?

Não importa se o livro que você leu e apreciou também foi lido e apreciado por outras pessoas. Não importa se o mestre que você admira também é admirado por outras pessoas. Não importa se o método terapêutico que funcionou para você não funcione invariavelmente para outras pessoas.

O que importa é você. Sua própria felicidade. Sua própria saúde. Sua própria cura. Seu próprio bem-estar.

A verdade é que nenhum método funciona para todo mundo. Nenhum mestre tem razão para todo mundo. Nenhum livro é capaz de inspirar todo mundo.

Tudo vem de dentro. Quando se trata da sua própria vida, você tem direito à primeira e à última palavra.

Em vez de desprezar as possibilidades que se abrem só para ter certeza de não errar, que tipo de coisa você é capaz de aceitar para investir no seu próprio crescimento?

Muitas vezes, rejeitar uma mensagem é uma maneira de se esquivar dela. É um mecanismo de autodefesa. Quando você rejeita um livro, uma ideia ou um método que lhe foram oferecidos, pode ter toda a razão — mas pode acabar exatamente onde estava antes.

O dr. Richard Gillett, no seu maravilhoso livro *Change Your Mind, Change Your World*, diz o seguinte: "A desaprovação é, surpreendentemente, o indicador mais seguro de um sistema oculto de convicções. Muitas vezes, as convicções disfarçadas só se mostram à luz do dia em momentos de juízo emocional ou de desaprovação".

Todas as pessoas bem-sucedidas que conheço aceitaram novos métodos para gerir suas vidas ao longo dos anos, investiram milhares de dólares em crescimento pessoal e autoanálise, e nunca se arrependeram de nenhuma dessas coisas.

O segredo não é rejeitar ou desaprovar, e sim *assimilar* aquilo que merece ser assimilado.

Por exemplo, Nerissa e eu jantamos recentemente com alguns amigos. Uma amiga presente ao jantar começou a se queixar do seu emprego. Do ponto de vista dela, o mal-estar que sentia no ambiente de trabalho não tinha escapatória. Patrão antipático. Horário incômodo. Salário baixo. E por aí afora.

O FATOR DE ATRAÇÃO

Mais tarde, outros amigos se juntaram a nós. Como por simples "acaso", um dos novos amigos tinha contatos na empresa em que trabalhava a amiga queixosa. Ele mencionou um nome para nossa amiga descontente, dizendo que aquela pessoa poderia ajudar a resolver seus problemas. Explicou que se tratava de um supervisor, chefe de vários departamentos, alguém que provavelmente teria condições de solucionar qualquer dificuldade.

Fiquei chocado. E Nerissa também. O que estava acontecendo diante de nossos olhos era um passe de mágica.

Mas como reagiu nossa amiga descontente diante daquela nova pista e daquela nova esperança?

Ela a desprezou.

Ela não anotou o nome ou o número de telefone e não deu sinais de que algo maravilhoso acabava de acontecer.

Você entende como isso funciona?

Às vezes, podemos boicotar por conta própria as coisas que dizemos desejar. Simplesmente, damos as costas a tudo o que é bom.

Muitas vezes, pessoas me escrevem perguntando qual o único método que deveriam adquirir para transformar a própria vida. Quando respondo que sou fã incondicional do programa de áudio do dr. Robert Anthony, a ponto de ter financiado, produzido e divulgado a coleção de CDs *Beyond Positive Thinking*, que agora é vendida, as pessoas acessam o site www.BeyondPositiveThinking.com e adquirem o método.

Mas algumas delas se queixam: "O método não é gratuito". Bem, é claro que há um custo. E esse custo é incrivelmente baixo para uma coleção de seis CDs de áudio com qualidade de estúdio, capazes de mudar a vida de muita gente. Você prefere gastar algum dinheiro e conseguir o que deseja, ou vai acabar desprezando o melhor material de autoajuda de todos os tempos? Você quer ou não quer as coisas boas que diz estar procurando?

Deixe-me terminar este capítulo com mais um exemplo.

Recebi pelo correio um folheto publicitário sobre um novo programa de áudio que ensina as pessoas a superar suas próprias ilusões. Li o folheto e joguei-o no cesto de papéis. Achei que simplesmente já conhecia aquele tipo de coisa, e provavelmente tinha até mesmo produzido algo semelhante.

O QUE VOCÊ ESTÁ DESPREZANDO?

Mas no dia seguinte chegou outra correspondência. Dessa vez vinha de uma fonte diferente, embora anunciasse exatamente o mesmo programa de áudio. Li o texto com atenção. Pensei: "É um projeto interessante, mas aposto que não tem quase nada de novo". Então, coloquei o folheto de lado.

Cerca de uma hora depois, enquanto eu fazia a revisão deste mesmo capítulo que você está lendo agora, percebi de repente que cometera o mesmo erro que aconselhei você a evitar: eu desperdiçara uma oportunidade de aprender.

Revirei meus papéis até achar o folheto, preenchi o formulário e coloquei-o na caixa de correio. O programa de áudio deve chegar nos próximos dias.

A moral da história não é comprar tudo o que você vê pela frente, mas simplesmente não desprezar automaticamente tudo o que você vê pela frente. Às vezes, a rejeição serve como disfarce de outros sentimentos. É um ato de boicote contra nós mesmos, para continuarmos exatamente no mesmo lugar. Se quisermos crescer, precisamos manter o coração e a mente abertos.

Mais uma vez, quando se trata da sua própria vida, você tem direito à última palavra. Concentre-se nas suas próprias necessidades e faça o que lhe parece certo. Mas, nesse processo, fique atento àquelas ocasiões em que você pode estar rejeitando uma dádiva inestimável que foi colocada no seu caminho.

Esqueça suas defesas e entregue-se à vida de peito aberto.

No espaço abaixo, anote coisas que estejam tentando chamar sua atenção, mas que você tem desprezado. Isso servirá apenas para que você tome consciência de um padrão de comportamento:

O FATOR DE ATRAÇÃO

Quando o que acontece conosco no mundo
exterior não nos agrada, tudo o que temos de fazer
é mudar nossa própria consciência —
e o mundo lá fora também começa a mudar!

— Lester Levenson. *Keys to the*
Ultimate Freedom, 1993

CAPÍTULO 7

Como Atrair Dinheiro

— O que você faz na vida? — perguntei.

Eu estava de pé numa fila de setecentas pessoas num hotel de Seattle, esperando minha vez para participar de um seminário de um dia inteiro conduzido por um escritor e mentor espiritual.

— Trabalho com a energia das pessoas — respondeu a mulher ao meu lado. — É difícil explicar. É uma coisa diferente para cada uma.

— Tem um cartão de visitas?

— Não — respondeu ela, ligeiramente constrangida.

Fiquei pasmo.

— Deixe-me fazer uma pergunta — comecei. — Diante de você estão mais de setecentos clientes potenciais. Por que não carrega pelo menos alguns cartões de visitas?

Outra mulher ao lado da primeira sorriu e lhe disse: — Você acaba de ser aconselhada pelo seu anjo da guarda.

Bem, não sou um anjo. Mas fiquei curioso em saber por que aquela mulher de negócios estava perdendo uma oportunidade fantástica de divulgar seus serviços. Depois de conversar com mais alguns participantes entre os mais de setecentos presentes ao evento, percebi que todas aquelas pessoas atuavam sozinhas. E todas elas precisavam de ajuda para divulgar seus serviços.

O FATOR DE ATRAÇÃO

Foi então que uma luz se acendeu na minha mente. Percebi que poderia escrever um manual conciso sobre promoção pessoal com base em princípios espirituais. Ninguém parecia mais qualificado do que eu para aquela tarefa. Afinal, escrevi o *The AMA Complete Guide to Small Business Advertising* para a Associação Norte-Americana de Marketing. Fui conselheiro da PBS e da Cruz Vermelha e tenho mais de 25 anos de experiência em metafísica e espiritualidade. Entrevistei muitos especialistas em autoajuda e alguns deles se tornaram meus clientes. Além disso, eu já tinha criado e testado uma fórmula secreta de cinco passos para atrair qualquer coisa que uma pessoa deseje.

Eu também sabia que aqueles setecentos frequentadores do seminário representavam um grupo ainda maior de pessoas que precisam de ajuda em seus negócios e em suas vidas. Além disso, sabia que todos eles cultivam algo dentro de si mesmos que acaba determinando seus resultados no mundo exterior. Em outras palavras, é o estado de espírito de cada um que cria o sucesso ou o insucesso na vida profissional.

Para citar um exemplo concreto, a mulher que não tinha cartão de visitas cultivava uma insegurança íntima a respeito de sua atividade que se manifestava no fato de não ter cartões de visitas. Seu "Fator de Atração" não estava "atraindo" bons negócios.

E, indo mais longe nessa mesma lógica, em uma direção que pretendo explicar em detalhes mais adiante neste livro, se aquela mulher esclarecesse seus pensamentos a respeito de sua atividade, talvez nem mesmo precisasse de cartões de visitas. Seu estado de espírito — seu Fator de Atração — criaria todo o marketing de que ela precisava.

É isso o que pretendo revelar neste livro. Aprendi que somos seres humanos, não máquinas projetadas para uma determinada função. Quando você atinge um estado de clareza interior a respeito dos benefícios que pode prestar ao mundo, o mundo quase sempre vem até você. Quando você esclarece seus pensamentos sobre o carro, a pessoa, a casa, o emprego ou qualquer outra coisa que deseje, você começa a atrair aquela coisa na sua direção.

Como disse outra pessoa bem-sucedida: "Agora, são os anjos que se encarregam de entregar meus cartões de visitas". Essa frase lhe parece confusa? Não se preocupe. Minha amiga Mandy Evans, terapeuta e escritora, costuma dizer: "A confusão é aquele maravilhoso estado de espírito que antecede a clareza".

Fundamentos da Prosperidade

Talvez o relato a seguir possa lhe dar uma ideia do que quero dizer e servir como introdução ao que será discutido mais adiante.

Certa vez, li um livro antigo e muito interessante, publicado em 1920. Trata-se de *Fundamentals of Prosperity*, de Roger Babson. No final do livro, ele perguntava ao presidente da República Argentina por que a América do Sul, com todos os seus recursos naturais e toda a sua exuberância, estava tão atrasada em matéria de progresso e marketing, em comparação com a América do Norte.

O presidente respondeu: — Cheguei à seguinte conclusão. A América do Sul foi colonizada pelos espanhóis, que vieram para cá em busca de ouro, mas a América do Norte foi colonizada pelos puritanos ingleses, que foram para lá em busca de Deus.

Qual é sua prioridade?

O dinheiro ou o plano espiritual?

Os objetivos que você quer atingir ou o fundamento espiritual capaz de "atraí-los"?

A verdade é que o dinheiro é apenas um símbolo. Se você tiver como foco a energia que ele representa, será capaz de "atraí-lo".

Como se Tornar um Milionário

Anos atrás, o dr. Scrully Blotnick realizou um estudo para o qual entrevistou 1.500 pessoas. Elas foram separadas em duas categorias. Os integrantes da Categoria A disseram que, em primeiro lugar, pretendiam ganhar dinheiro na vida, e em seguida fariam aquilo que realmente desejavam. Mais de 1.245 pessoas couberam neste grupo. Os integrantes da Categoria B, com 255 pessoas, disseram que pretendiam perseguir primeiro seus interesses, na esperança de ganhar dinheiro depois.

O que aconteceu?

O FATOR DE ATRAÇÃO

Vinte anos depois, havia 101 milionários nos dois grupos. Só um deles pertencia à Categoria A. Todos os outros cem milionários pertenciam à Categoria B, o grupo das pessoas que antes de tudo pretendiam realizar suas paixões, confiando que o dinheiro chegaria mais cedo ou mais tarde. Eis aqui mais uma pista sobre a melhor maneira de atrair dinheiro.

Dinheiro ou paixão — qual é sua prioridade?

Bem-vindo ao Fator de Atração

Este livro oferece um novo caminho para que você, sem sofrimento e sem desgastes, aumente sua renda, encontre o amor da sua vida, tenha mais saúde, ganhe mais dinheiro ou realize qualquer outro objetivo que possa imaginar. Trata-se de um método baseado em princípios espirituais que valem agora e sempre.

Meu objetivo é provar que o estado de espírito de cada um "atrai" e cria resultados no mundo exterior — e que basta cultivar seu estado de espírito para ser, fazer ou possuir qualquer coisa que você deseje. Chamo esse método de Fator de Atração. É uma fórmula infalível para o sucesso, baseada em princípios espirituais.

São técnicas que funcionam? Se quiser uma prova, trate de pôr a mão na massa. Experimente e julgue por si mesmo. Posso lhe contar tudo o que já realizei na vida — e neste livro você vai encontrar vários exemplos do meu sucesso pessoal —, mas nenhum argumento é mais convincente do que pôr em prática essas ideias simples e observar os resultados assombrosos na sua própria vida.

Posso lhe garantir que esse método vai ajudar você a "manifestar" tudo o que você quiser. Nas páginas deste livro, você vai ler relatos de pessoas que "atraíram" carros e casas, curaram-se de câncer, construíram novos relacionamentos e conquistaram mais riqueza e prosperidade. Mas vou me concentrar em atrair sucesso profissional, pois acredito que a carência de espiritualidade no mundo dos negócios é gritante. E vou deixar que você descubra por si mesmo o poder mágico do marketing baseado na espiritualidade. A própria experiência é sempre o argumento mais poderoso.

COMO ATRAIR DINHEIRO

Pegue uma cadeira. Acomode-se. Respire fundo. Relaxe. Vamos conversar sobre dinheiro e prosperidade — ou qualquer outra coisa que você quiser — e vamos aprender a criá-los graças ao poder mágico do Fator de Atração.

O primeiro passo é entender o seguinte...

Espírito: Segundo crenças tradicionais, princípio vital ou força anímica no interior dos seres vivos.
Espiritual: Pertencente, relativo, semelhante ou idêntico ao espírito; incorpóreo, imaterial.

— *American Heritage Dictionary*
(Boston: Houghton Mifflin, 1980)

CAPÍTULO 8

Poderia Ser de Outra Maneira

Antes de me tornar escritor e especialista em marketing, trabalhei por mais de dez anos como jornalista de assuntos ligados à espiritualidade, escrevendo para várias publicações que ditam tendências em matéria de comportamento. Como resultado, presenciei milagres com meus próprios olhos. Por exemplo:

- Entrevistei Meir Schneider, um homem que os médicos diagnosticaram como cego. Ele recebeu um atestado de cegueira incurável, mas hoje em dia consegue enxergar, ler, escrever e dirigir carros — e, além disso, já ajudou centenas de pessoas a recuperarem a visão.

- Estive com Barry e Suzi Kaufman, fundadores do Option Institute. Ali presenciei milagres e ouvi relatos milagrosos. O filho deles sofria de autismo desde o nascimento. Os médicos diziam que o caso era sem esperanças. Mas os pais do menino não desistiram. Continuaram cuidando do filho, amando-o, acalentando-o, aceitando-o tal como era. Por fim, conseguiram fazer com que o filho se curasse da doença. Hoje, ele é um adulto acima da média, feliz e bem-sucedido.

- Tomei parte em dezenas de sessões de terapia em grupo e conheci pessoas que conseguiram salvar o relacionamento com os parceiros, os pais e os filhos. Entrevistei gurus e guias espirituais, conversei com pessoas que resolveram problemas "insolúveis" e testemunhei milagres na minha própria vida. Cheguei à conclusão de que nada — absolutamente *nada*! — é impossível.

O Terapeuta dos Terapeutas

Por mais de dez anos, trabalhei com Jonathan Jacobs, um homem que já foi chamado de "terapeuta dos terapeutas", pois seu histórico de pacientes "incuráveis" que ele conseguiu curar é tão impressionante que muitos médicos costumavam encaminhar seus próprios pacientes para uma consulta com ele. Vi Jonathan curar pessoas com todo tipo de problemas, desde dificuldades financeiras a dores de coluna e até câncer, muitas vezes em uma única sessão de terapia.

Experimentei isso na própria pele. Lutei com sérios problemas de dinheiro na maior parte da vida. Quando morei em Dallas, cerca de trinta anos atrás, não tinha onde morar nem o que comer. Cheguei a furtar comida em supermercados. E quando me mudei para Houston, há 25 anos, passei pelo pesadelo frustrante de trabalhar duro todos os dias, ganhando US$ 200 por mês e vivendo numa espelunca. Era o inferno. Mas tive de aguentar aquela situação por quase quinze anos. *Anos*!

Então, depois de algumas sessões com Jonathan, consegui finalmente me livrar de minhas velhas convicções sobre dinheiro, substituindo-as por outras mais sensatas. Agora, minha vida financeira mudou radicalmente e muitas vezes eu mesmo me assombro por possuir tantas coisas: carros novos, casa nova, viagens pelo mundo, mais clientes do que sou capaz de atender e um fluxo constante de dinheiro que mantém meu saldo positivo em todos os momentos. Pago todas as contas que chegam, no momento em que chegam, e nunca sinto falta de nada. Aprendi a atrair dinheiro sem grandes desgastes e sem sofrimento.

O que aconteceu?

Como Meir conseguiu curar sua cegueira? Como o casal Kaufman curou o filho autista? Como Jonathan consegue ajudar pessoas com todo tipo de problemas? Como posso ser um homem rico, se por mais de uma década não tinha praticamente nada?

O primeiro passo é convencer-se de que "poderia ser de outra maneira". É isso o que você precisa entender desde já. Não importa o que esteja acontecendo na sua vida. Não importa o que você acha que vai acontecer. O fato é que, em qualquer circunstância, poderia ser de outra maneira. A direção para a qual você se sente irremediavelmente atraído pode mudar. Nada é definitivo. Poucas coisas são inamovíveis.

Na verdade, como você verá, os acontecimentos da vida são maleáveis. Você pode moldar essa matéria-prima para que ela se adapte a seus interesses ou aos seus objetivos. Mesmo agora, no exato momento em que você está lendo estas palavras, novas possibilidades podem surgir. O que você quer ser, fazer ou possuir? Ganhar na loteria? Por que não? Ampliar sua empresa? Por que não? Curar uma doença? Por que não? Ganhar mais dinheiro imediatamente? Por que não?

Um amigo meu perguntou: — Como você distingue as coisas possíveis das coisas impossíveis?

Respondi: — Acha mesmo que existe uma diferença?

Permissão para Desembarcar

Acredito que nosso planeta é semelhante ao descrito num episódio da série de televisão *Jornada nas Estrelas,* em sua versão original. Nesse episódio, intitulado "Permissão para Desembarcar", o capitão Kirk e sua equipe pousam num planeta para examinar o terreno, antes de dar o sinal verde para que a nave aterrisse e o resto da tripulação possa descansar e relaxar um pouco. Então, coisas estranhas começam a acontecer. McCoy vê um enorme coelho branco. Sulu vê um velho samurai que sai em sua perseguição. Kirk vê uma antiga namorada e um colega de classe que era seu rival. Depois de vivenciar as alegrias e as tristezas desses acontecimentos, a tripulação finalmente se dá conta (graças ao dr. Spock, é claro) de que aquele planeta lê os pensamentos deles e materializa no mundo exterior tudo o que lhes passa pela cabeça.

Acho que a Terra é esse planeta. Tudo o que você cultiva em seus pensamentos com a energia e a concentração necessárias tende a se tornar realidade. Você passa a atrair essas coisas. Os resultados podem demorar um pouco mais, pois estamos sempre mudando de ideia. Imagine a seguinte situação: você vai a um restaurante e pede espaguete ao sugo. Mas, antes que o pedido esteja na mesa, você muda de ideia e pede lasanha. Por fim, antes que o prato fique pronto, você se arrepende e volta a pedir espaguete ao sugo. Passa-se um bom tempo e você começa a se queixar, dizendo: "Nunca consigo o que quero!". Mas na verdade é você mesmo o motivo do atraso.

PODERIA SER DE OUTRA MANEIRA

A maioria de nós faz esse tipo de coisa todos os dias. Nossa indecisão torna praticamente impossível atrair aquilo que desejamos. Não admira que, no final, a realização de nossos desejos pareça condenada ao fracasso. Mas não precisa ser dessa maneira.

Pense naquilo que Frances Larimer Warner escreveu em *Our Invisible Supply: Part One*, em 1907: "O Espírito é uma substância que se molda de acordo com as necessidades de cada pessoa, e para isso ele segue um determinado padrão. A massa fabricada com farinha, fermento e água não se importa com o fato de ser transformada em pão ou em biscoito. Do mesmo modo, o Espírito se conforma a cada uma de nossas necessidades, sejam elas quais forem".

Esse é o fundamento da fórmula de cinco passos que vou explicar neste livro. A vida de cada um de nós pode ser diferente, e a própria vida pode servir como alavanca para a realização de nossos desejos. Esse é o Fator de Atração.

Aqui vai mais uma pista de como funciona o Fator de Atração, nas palavras de Genevieve Behrend em seu livro *Your Invisible Power*, publicado em 1921: "Tente se lembrar de que as imagens que você pensa, sente ou vê passam a se refletir na Consciência Universal, e pela lei natural de ação recíproca devem retornar a você mais cedo ou mais tarde, quer seja em forma espiritual ou física".

No espaço abaixo, anote uma visão de como você gostaria que fosse sua vida. Faça de conta que este livro tem um "poder mágico" que dá a qualquer pessoa que o segure o poder de "atrair" tudo o que ela for capaz de formular claramente e aceitar de maneira aberta. Se você pudesse ter uma vida nova, como seria ela? Anote abaixo:

O FATOR DE ATRAÇÃO

Os fenômenos que observamos no mundo exterior
não passam de réplicas do que acontece em nosso
mundo interior, em nossos pensamentos e sensações...

— Charles Brodie Patterson. "The Law of Attraction"
["A Lei da Atração"], *revista Mind, 1899.*

CAPÍTULO 9

Um Jeito Simples de Atrair Tudo o Que Você Deseja

Vou lhe contar um pequeno segredo.

Você não precisa praticar os cinco passos descritos neste livro para "manifestar" seus desejos no mundo exterior ou atrair mais riqueza e prosperidade. Nada disso. Há um jeito mais fácil. Eu o conto a você se prometer que não vai sair por aí espalhando o nosso segredinho.

Combinado?

Aqui vai o segredo, aquilo que chamo de um jeito simples de criar a vida que você sempre quis: *Seja feliz agora.*

É só isso. Se você conseguir ser feliz agora, neste exato momento, terá realizado tudo o que queria. Por quê? Porque o desejo de felicidade é subjacente a tudo o que dizemos querer. Em 1917, Ralph Parlette escreveu em seu livro *The Big Business of Life*: "Quer estejamos conscientes disso ou não, nossos atos sempre visam à felicidade pessoal".

Você quer um carro novo para ser feliz.

Você quer mais dinheiro para ser feliz.

Você quer mais saúde para ser feliz.

Você quer um relacionamento mais carinhoso ou mais duradouro para ser feliz.

A felicidade é o nosso objetivo.

E aqui vai outro segredo: você não precisa de mais nada para ser feliz neste exato momento. A felicidade é uma opção pessoal.

O FATOR DE ATRAÇÃO

Sei que não é fácil aceitar esse tipo de ideia. Hoje mesmo, recebi um telefonema de uma enfermeira que está cuidando do meu melhor amigo. O telefonema me deixou abatido, para dizer o mínimo. Meu amigo teve uma recaída e pode precisar de um tratamento intensivo à base de remédios. A notícia me fez "entrar em parafuso". Comecei a me sentir cada vez mais infeliz.

Algumas horas depois, saí de casa para uma sessão de acupuntura. Dirigindo meu carro pela bela região das colinas texanas, onde moro agora, percebi que poderia ser feliz apesar de tudo. Minha infelicidade não me ajudaria em nada, nem ajudaria meu amigo, nem me ajudaria a dirigir. Eu podia *decidir* ser feliz.

Esse pensamento lhe parece maluco? A sociedade sempre nos ensina que as circunstâncias externas ditam nossos sentimentos. O que aprendi na minha vida é que o mundo exterior é simplesmente uma ilusão. Bem, é claro que ele parece real. Concordo inteiramente. Mas o que cria a exterioridade é nossa interioridade. E é aqui que o Fator de Atração entra em jogo.

Como escreveu Paul Ellsworth no seu livro clássico de 1924, *The Mind Magnet*: "A consciência é a causa".

Deixe-me falar mais um pouco a esse respeito depois do exercício seguinte...

No espaço abaixo, anote algumas coisas pelas quais você sente gratidão. A gratidão é uma ferramenta excelente para apreciar cada momento da vida e ativar o Fator de Atração. Quanto mais você se sentir grato, mais conseguirá "atrair" novos momentos para sentir ainda mais gratidão. O que o faz se sentir grato neste exato momento?

UM JEITO SIMPLES DE ATRAIR TUDO O QUE VOCÊ DESEJA

Se agora você não paga mais por um par
de sapatos do que costumava gastar com um carro,
precisa aperfeiçoar sua noção de prosperidade.

— Randy Gage. *101 Keys To Your Prosperity,*
www.MyProsperitySecrets.com

CAPÍTULO 10

Introdução ao Fator de Atração

Certo dia, eu estava almoçando com um amigo na minha cidade natal, Niles, Ohio. Eu tinha viajado até lá para visitar meus pais. Meu amigo queria saber o principal segredo da felicidade: como fazer para criar sua própria realidade e atrair mais riqueza. Meditei por um instante e respondi:

— O conceito que as pessoas têm mais dificuldade de entender é o seguinte: somos a única razão de tudo o que acontece na nossa vida. Somos totalmente responsáveis.

Percebi que meu amigo inclinava a cabeça para trás, em atitude incrédula.

— Mas como isso é possível? — Ele estava quase gritando. — Não sou responsável por um acidente de trânsito na estrada, ou pelo fato de perder meu emprego, ou por qualquer outra coisa que a vida ponha no meu caminho.

Respirei fundo. Eu sabia que não seria fácil explicar o que queria dizer, mas decidi me esforçar ao máximo.

— A condição básica da espiritualidade é assumir responsabilidade total por tudo o que acontece na nossa vida — comecei. — Bom ou mau, tudo parte de nós e volta para nós. Joseph Murphy costumava dizer que a vida de cada pessoa é a projeção das imagens que ela carrega dentro de si mesma.

— Mas eu não dirijo por aí imaginando acidentes de carro — protestou meu amigo.

— Talvez não de maneira consciente — respondi. — Mas você assiste ao noticiário da televisão?

—Sim.

INTRODUÇÃO AO FATOR DE ATRAÇÃO

— Você não acha que as notícias sempre abordam assuntos negativos? De mega-acidentes a assassinatos, a crises políticas em países dos quais nunca ouvimos falar?

— Sim, mas...

— Sua mente está absorvendo toda essa programação — expliquei. — E você já reparou até que ponto os filmes influenciam suas ideias?

— Que tipo de ideias?

— Bem, já reparou que, nos grandes sucessos de Hollywood, o vilão é sempre o grande empresário ou o homem mais rico da história?

— Você quer dizer em filmes como *Wall Street*?

— Exatamente! Filmes como esse nos ensinam que o dinheiro é algo ruim, ou que é um fator de corrupção, ou que as pessoas ricas são más — prossegui. — A conclusão é que tudo isso está programando sua mente para atrair exatamente o que você preferiria evitar.

Por alguns instantes, meu amigo ficou em silêncio.

— Acho que isso quer dizer — começou ele — que todos nós somos robôs, ou talvez máquinas.

— Admito que a explicação é exata, mas evidentemente no sentido figurado. Até acordarmos de fato para uma vida plena, nossa tendência inconsciente é atrair acontecimentos em nossa existência e depois declarar que não temos nada com isso.

— Ainda não estou convencido — resmungou meu amigo. — Não estou convencido. Isso significa que eu escolhi frequentar os Alcoólicos Anônimos e deixar que minha vida virasse uma bagunça?

— Bem, é exatamente o que significa — disse eu. — E você tomou esse caminho por suas próprias razões. Talvez precisasse desse desafio para se fortalecer. Talvez quisesse essas experiências para entender melhor a vida em certos sentidos. Não sei. Mas *você* sabe, em algum lugar da sua personalidade.

— Mas o que dizer de todas essas pessoas que vêm transtornar minha vida e discutir comigo, ou daquelas que prejudicam a comunidade e até seus vizinhos?

— Meu ponto de vista é que todos os acontecimentos da vida são projeções exteriores das imagens que carregamos dentro de nós mesmos.

O FATOR DE ATRAÇÃO

— Hein?

Sorri, pois sabia que não era fácil explicar aqueles conceitos. Muitas vezes, tive de reler meus próprios livros, ou vários outros livros de autoajuda, para entender todas as implicações do conceito de manifestação inconsciente ou atração involuntária.

— Veja — comecei. — Conheço uma mulher que tem uma sensibilidade muito feminista. Ela sempre acha que os homens estão tentando arrancar dinheiro dela ou prejudicá-la de algum modo. Quando ela entra numa loja e um funcionário vem atendê-la, ela já começa a suspeitar que se trata de um porco chauvinista.

— Talvez o sujeito seja *mesmo* um porco chauvinista.

— É provável. Mas imagine agora uma mulher que não tivesse essa convicção de que os homens estão aí para prejudicá-la. Se essa mulher entrasse na mesma loja, o funcionário não viria atendê-la, ou ela não se incomodaria com a personalidade do funcionário, ou simplesmente não se importaria com qualquer coisa que ele fizesse.

— Então, o que você está dizendo é que tudo isso é criado por nós — tudo o que acontece lá fora?

— É isso mesmo — comecei. — Até mesmo a conversa que estamos tendo agora é uma espécie de parceria. Você queria que alguém lhe explicasse os segredos do universo. Eu queria articular esses segredos porque estou preparando um novo livro. Nós criamos tudo isso "a quatro mãos".

Meu amigo assentiu com a cabeça, mas disse: — Posso até concordar quando se trata de uma situação simples como esta, mas o que você diria se estivéssemos em conflito, ou se começássemos a brigar por causa de nossas ideias?

O que eu podia responder? Sei aonde ele queria chegar. Provavelmente, você deve estar fazendo a mesma pergunta: o que pensar quando outras pessoas se opõem a você, ou quando você briga com um parente ou com sua esposa ou com um vizinho? Você "criou" isso também?

— Você "criou" tudo isso — expliquei. — O que você vê é uma projeção no mundo exterior de suas convicções interiores. Chamo a isso o Fator de Atração.

INTRODUÇÃO AO FATOR DE ATRAÇÃO

— Não entendo.

— Por exemplo, esta conversa entre nós reflete aquilo que penso sobre a noção espiritual do sucesso.

— Então, você me criou?

— Criei este momento e criei nossa conversa — respondi. — Eu precisava dela para o meu novo livro. Atraí você para este local, para que juntos pudéssemos criar esta realidade.

— Fico feliz por ter sido útil — resmungou ele. — Bem, e o que me diz de eu ter discordado de você? Você também criou a *nossa* discordância?

— É um fato difícil de aceitar, mas é verdade. Sua descrença reflete setores dentro de mim que ainda não acreditam em tudo o que estou dizendo.

— Que coisa mais estranha, Joe — disse ele. — Se isso for verdade, no momento em que você tiver certeza absoluta de suas convicções, minhas próprias dúvidas também vão desaparecer?

— Ou isso, ou simplesmente você não as contará para mim.

— Tenho de pensar sobre tudo isso — disse ele.

— É o Fator de Atração — expliquei. — Ele significa que você é a origem das experiências que está presenciando. Você cria essas experiências em parceria com outras pessoas, e cada uma age por seus próprios motivos. O mundo é um espelho das nossas convicções.

— Acho que preciso "criar" urgentemente um mundo mais agradável.

— Bem, *agora* você pode — afirmei. — Agora você tomou conhecimento do seu poder interior e pode começar a criar conscientemente certas circunstâncias. Talvez elas não aconteçam da noite para o dia. Talvez você nunca consiga dominar totalmente o processo. Mas você pode começar agora.

— Como?

Ah, a pergunta que eu esperava!

— Tudo começa com uma fórmula de cinco passos que desenvolvi — expliquei. — É uma fórmula muito fácil, e você pode até abreviar os passos quando dominar o processo. Mas o começo de tudo são os cinco passos.

— Você vai me dizer que passos são esses, ou será que tenho de comprar seu livro?

O FATOR DE ATRAÇÃO

— Vou lhe dizer que passos são esses agora mesmo — respondi —, e *depois* você pode ir à livraria e comprar o meu livro.

A mente funciona com base no conceito
que faz de si mesma.

— A. K. Mozumdar

CAPÍTULO 11

Qual é seu QI de Prosperidade?

Antes de mergulhar nos próximos capítulos, faça uma pequena pausa. Responda às perguntas deste teste criado por Randy Gage, consultor financeiro e especialista em prosperidade, e verifique se você foi infectado pelo vírus da "escassez", da limitação e da dificuldade. Os resultados do teste podem mostrar o uso que você faz atualmente do seu Fator de Atração. Se quiser, tire cópias do teste para dá-las a seus amigos e entes queridos.

1. Você sente um temor secreto de perder o afeto de seus amigos e o amor de sua família caso você se torne uma pessoa rica?

2. Na sua infância e adolescência, você ouviu afirmações do tipo: "Nós não somos ricos, mas pelo menos somos honestos!"?

3. Sua educação religiosa lhe ensinou que as pessoas devem se sacrificar agora para merecer uma recompensa na vida após a morte?

4. Você se sente (ou se sentiu) culpado quando começou a ganhar mais dinheiro do que seus pais ganhavam?

5. Você foi educado para se adaptar às circunstâncias e não fazer nada para se destacar e sair da "normalidade"?

6. Na sua infância e adolescência, você gostava de séries televisivas como Dallas, Dinastiay, a Ilha dos Birutas, MASH e A Família Buscapé, nas quais as personagens ricas sempre eram inescrupulosas, coniventes, antipáticas ou arrogantes?

O FATOR DE ATRAÇÃO

7. Você tem problemas crônicos de saúde que nenhum médico parece capaz de resolver?

8. Você já sentiu inveja de pessoas que usam roupas caras, dirigem carros de luxo e vivem em lindas mansões — inveja que pode ter criado em você uma mentalidade subconsciente de "ódio aos ricos"?

9. De algum modo, você acredita que a pobreza pode ser uma condição nobre, romântica ou poética?

10. Já lhe aconteceu de romper um relacionamento negativo — e imediatamente começar outro relacionamento muito parecido com o anterior?

11. Você costuma usar expressões sobre pobreza e/ou riqueza que implicam juízo de valor, tais como "ele é pobre como Jesus Cristo", "ele é podre de rico" ou "ele gasta dinheiro a rodo"?

12. Você costuma inventar desculpas para suas dificuldades financeiras, dizendo coisas como "É preciso ter capital para ganhar dinheiro", "Sem um pistolão, nada feito" ou "Tenho de esperar um pouco mais até chegar ao topo da carreira"?

13. Você encontra algum tipo de satisfação inconsciente no papel de "pobre-coitado" ou de alguém que vive lutando contra todo tipo de dificuldades?

14. Caso você esteja experimentando problemas de saúde, apuros financeiros e/ou fracassos profissionais, acha que eles poderiam servir de alguma maneira para despertar a simpatia ou atrair a atenção das pessoas que lhe são próximas?

15. Você tem um relacionamento amoroso estável, ganha dinheiro suficiente para suas necessidades e goza de boa saúde — mas, mesmo assim, sente que sua vida está passando em branco?

QUAL É SEU QI DE PROSPERIDADE?

Confira sua Pontuação

Verifique suas respostas e preencha os campos abaixo:

☐ Sim   ☐ Não

Se você respondeu "Não" a treze perguntas de um total de quinze: Sua consciência de prosperidade é muito sólida. O teste é desnecessário; se quiser, passe-o para outra pessoa.

Se você respondeu "Sim" a três ou quatro perguntas: É provável que você alimente dúvidas em nível subconsciente sobre seu próprio valor enquanto pessoa. Talvez cultive atitudes de defesa e/ou recuse e tenha medo de deixar a zona de segurança. Provavelmente, você não se sente radicalmente infeliz, mas não há paixão e emoção na sua vida. Alguma coisa está lhe faltando, mas talvez você não saiba o quê.

Se você respondeu "Sim" a cinco ou seis perguntas: É bem provável que sua vida esteja num ciclo de estagnação. Você faz pequenos progressos, mas também experimenta reveses, e no final não consegue transpor as barreiras para o verdadeiro sucesso e a felicidade que você deseja e merece.

Se você respondeu "Sim" a sete ou mais perguntas: Parece claro que sua vida tem tendência a despencar, ou já está despencando, em direção a sérios problemas emocionais, físicos e/ou financeiros. Foi nesse tipo de "ciclo catastrófico" que Randy Gage se viu metido quando perdeu tudo o que tinha, aos 30 anos de idade, antes de transformar sua vida e se tornar um multimilionário. É imperativo que você tome providências imediatas para romper o padrão e interromper o ciclo de fracassos. Para isso, você precisa pôr um fim às convicções limitadoras que possam existir no nível subconsciente, substituindo-as radicalmente por convicções positivas.

© MMIV Randy Gage & Prosperity Power Institute. Todos os direitos reservados. Usado aqui com a devida autorização.

Caso você se enquadre em uma das três últimas categorias, o programa de Randy Gage conhecido como "Prosperity Power Experience" [Experiência Total de Prosperidade] pode lhe ser útil. Visite o site www.MyProsperitySecrets. com para mais detalhes sobre consciência de prosperidade.

CAPÍTULO 12

Primeiro Passo: O Trampolim

Visite um bar qualquer. O que se ouve ali?

Fofocas. Queixas. Amargura. Negatividade.

Visite o refeitório de qualquer grande empresa na hora do almoço. O que se ouve ali?

Fofocas. Queixas. Amargura. Negatividade.

Dê uma espiada em qualquer reunião de família na hora do jantar. O que se ouve ali?

Fofocas. Queixas. Amargura. Negatividade.

Eu poderia continuar. O que quero dizer é que a vasta maioria dos seres humanos está presa a um determinado nível de consciência. É o nível dos meios de comunicação. É o nível da maioria das conversas. É o nível da energia baixa. E é esse patamar de consciência que mantém as pessoas exatamente no lugar onde estão.

Será que preciso ser mais claro?

Muitas pessoas com quem converso todos os dias sabem perfeitamente o que *não* desejam para si mesmas:

"Não quero estas dores nas costas".

"Não quero esta dor de cabeça".

"Não quero estas contas para pagar".

"Não quero conflitos com meus colegas de trabalho".

Você conhece queixas como essas. É provável que também tenha as suas.

PRIMEIRO PASSO: O TRAMPOLIM

Infelizmente, a maioria de nós não vai além das queixas. O teor de nossas conversas, as reportagens de nossos jornais, nossos programas de rádio e televisão vivem nos cercando com todo tipo de ideias sobre as coisas que não queremos. Queixar-se é um alívio. Quando nos queixamos, não nos sentimos tão sós. Sentimos que alguém nos escuta. Sentimos que estamos nos livrando de um peso. E às vezes ouvimos respostas que ajudam a amenizar nossos problemas.

Mas o que não percebemos é que, com esse tipo de atitude, estamos acionando o Fator de Atração com efeitos negativos. Quando dizemos: "Não quero estas contas para pagar", estamos concentrando nossos pensamentos justamente em... sim, você adivinhou... contas para pagar! O Espírito da vida entrega a você qualquer coisa que ocupe sua mente com regularidade. Portanto, se você vive conversando sobre contas para pagar, vai receber mais contas. Você vai "atrair" essas contas, pois elas estão consumindo sua energia.

Muitas pessoas vivem sob o domínio do medo. Como disse Elinor Moody no seu livro *You Can Receive Whatsoever You Desire*, de 1923: "Lembrem-se de que o medo é apenas um sentimento de fé na direção errada. Quando sentimos medo, estamos tendo fé nas coisas que NÃO queremos, em vez de acreditar naquelas que de fato desejamos".

Mais uma vez, esse é o nível de consciência da maioria das pessoas. Não é algo trágico, mas tampouco é positivo. E, provavelmente, é o tipo de mentalidade que não vai lhe dar a saúde, a prosperidade ou a felicidade que você deseja.

Raramente conseguimos ultrapassar esse nível de consciência. Raramente conseguimos dar um passo além. Poucas pessoas abrem mão de suas queixas, conflitos e temores para concentrar seus pensamentos justamente no oposto daquilo que estão vivenciando. No entanto, é nesse nível que começam a ocorrer os milagres e as manifestações que desejamos. Saber o que você *não* deseja é um verdadeiro "trampolim" para a realização dos seus desejos. Saber o que você *não* deseja é um requisito para que você supere sua realidade atual. Pois a realidade pode mudar a qualquer momento.

Elimine a Negatividade

Um expediente para se proteger das influências negativas do mundo exterior é abster-se de entrar em contato com elas. Lembro-me de ter lido em algum livro que os empresários Mark Victor Hansen e Jack Canfield costumavam proibir qualquer tipo de negatividade em suas empresas. Gosto dessa ideia. Não assista ao noticiário da televisão e não leia jornais. Depois de algum tempo, você começará a se dar conta de que tem sido bombardeado com notícias tendenciosas, parciais, chocantes, sensacionalistas e, de modo geral, negativas. Nenhuma delas vai ajudar você a conquistar mais bem-estar.

Mas você também precisa levar em conta seus amigos. As pessoas ao redor costumam compartilhar ideias sobre o mundo. Às vezes, não é fácil separar os pontos de vista delas dos seus próprios pontos de vista.

O segredo é dar um passo além, afastando-se do mundo das causas externas para começar a criar um mundo de atração com base na energia. Uma das maneiras de atingir esse objetivo é lembrar que quase todas as pessoas não ultrapassam o nível das queixas.

Tente se elevar um pouco mais acima.

Diz-me com Quem Andas e Eu Te Direi Quem Tu És

Anos atrás, frequentei grupos de autoajuda e aconselhamento para pequenos empresários. Normalmente, eles se reuniam para um café da manhã ou um almoço e trocavam cartões de visitas, tentando ajudar-se uns aos outros com o objetivo de conquistar novos clientes.

Tomei a palavra em vários desses eventos. Mas percebi rapidamente que eram sempre as mesmas pessoas que pareciam frequentar as reuniões. Um amigo perspicaz me disse: "São sempre as mesmas pessoas — e todas elas estão passando fome!".

Foi então que entendi pela primeira vez o conceito de "níveis de consciência". Esse conceito ensina que as pessoas tendem a permanecer no mesmo nível de sua carreira profissional ou de seu *status* social. Quando elas se encontram com amigos, é geralmente em sua esfera de atividades, quer seja a igreja, o trabalho, a escola ou o clube. O resultado é que raramente elas têm uma oportunidade de enxergar o mundo "com outros olhos" e ultrapassar seu nível de consciência.

PRIMEIRO PASSO: O TRAMPOLIM

Isso não é mau. Você pode continuar no mesmo nível e sentir-se perfeitamente bem. Mas, se quiser ir além, ou se estiver passando fome no nível em que se encontra agora, não há alternativa. Você precisa dar um passo à frente.

Quando eu tomava a palavra naquelas reuniões de autoajuda, sentia-me um pouco acima de todas as outras pessoas na sala. Não que eu fosse egocêntrico ou pretensioso. Tratava-se de uma percepção social. O público me considerava uma pessoa de nível ligeiramente mais alto simplesmente porque era eu quem estava falando. Eu encarnava a autoridade. No papel de mentor, meu *status* se elevava automaticamente em comparação com os demais.

Mas isso não é suficiente. Se você quiser realizar grandes sonhos na sua carreira, terá de ampliar ou até reformular totalmente seu círculo de relacionamentos e/ou sua rede de colegas e sócios. Terá de procurar relações mais extensas, mais fortes e mais valiosas.

Você terá de passar para o próximo nível.

E como se consegue isso?

No meu caso em particular, foram os livros que publiquei que me trouxeram a atenção de outros círculos de pessoas e níveis mais elevados de relacionamento. Por exemplo, quando escrevi o *The AMA Complete Guide To Small Business Advertising* para a Associação Norte-Americana de Marketing, no ano de 1995, conquistei imediatamente um novo *status*. Então, eu era autor de um livro importante, patrocinado por uma organização de prestígio.

O resultado é que novas pessoas procuraram entrar em contato comigo. Todas elas tinham suas próprias redes de relacionamento. Quase sempre, essas redes estavam situadas num nível mais alto do que tudo o que eu experimentara até então.

Aqui vai outro exemplo: quando meu livro sobre P. T. Barnum, intitulado *There's a Customer Born Every Minute*, foi publicado em 1997 pela Associação Norte-Americana de Gestão Empresarial, consegui chamar a atenção de magnatas famosos como Donald Trump e Kenneth Feldman. É óbvio que, desde então, novas portas começaram a se abrir para mim.

Se você quiser alcançar um sucesso fora do comum nos dias de hoje, terá de avançar um ou dois degraus na sua escala de relacionamentos. A boa notícia é que o e-mail permite iniciar esse processo sem grandes dificuldades.

O FATOR DE ATRAÇÃO

Todas as pessoas vivas podem ser contatadas por e-mail, com alguma persistência e habilidade. Foi assim que entrei em contato pela primeira vez com Jay Conrad Levinson, uma estrela no mundo do marketing, ou Joe Sugarman, legendário especialista em mala-direta, e até mesmo Evel Knievel, famoso aventureiro e motociclista. Todos esses contatos aconteceram por e-mail.

As pessoas me escrevem o tempo todo para pedir favores. Atualmente, sou encarado como um *expert*, uma autoridade, um pioneiro em marketing pela Internet. Muita gente quer associar seu nome ou seus produtos a mim. Gosto de prestar ajuda e costumo pelo menos dar uma oportunidade àqueles que me escrevem. Mas só aprovo ou divulgo um produto com a condição de vê-lo, usá-lo e avaliar seus resultados. Isso é importante para que eu possa manter o *status* que alcancei.

E agora, pessoas de um nível mais alto que o meu também procuram entrar em contato comigo. Por exemplo, o dr. Robert Anthony é um homem cuja obra estudei vinte anos atrás. Depois de ler o meu livro *Marketing Espiritual*, ele me escreveu uma carta. Atualmente, somos coautores. Produzi e gravei seu legendário método de áudio *Beyond Positive Thinking*. Duas décadas atrás, eu estava num nível muito abaixo do dele. Agora, somos sócios!

Não se esqueça de que evoluir para um nível mais elevado é diferente de cultivar ideias originais. Você pode ser uma pessoa criativa e continuar no mesmo nível em que está. Trocar ideias com seu vizinho deve dar resultados muito diferentes de trocar ideias com, digamos, Richard Branson, o "badalado" proprietário da gravadora Virgin Records.

O cerne da questão é: *para atingir objetivos que você nunca atingiu antes, é provável que você tenha de procurar esferas mais altas de relacionamento e conviver com novas pessoas em um novo patamar.*

Assim, a lição sugerida neste capítulo é avaliar seu nível atual de relacionamentos, avaliar seus objetivos e avaliar que tipo de pessoas fora do seu círculo habitual poderia ajudar você a concretizá-los. Talvez você tenha de dar um passo ou dois para fora de seus domínios conhecidos, onde se sente seguro. Mas acredite que esses passos podem valer a pena.

Para explicar de outra maneira, as pessoas que lhe são mais próximas são aquelas que vão puxar você para baixo ou ajudar você a subir. Como observou Randy Gage, as cinco pessoas com as quais você mantém contato mais estreito vão influenciar seu sucesso. Elas estarão gravitando em torno do Primeiro

Passo — o estágio em que você se conscientiza daquilo que não deseja — ou do Segundo Passo — o estágio em que você tenta identificar seus verdadeiros desejos. As pessoas ao seu redor vão ajudar você a encontrar essa sintonia.

E então, que tipo de futuro você está disposto a "sintonizar"?

O Conselho de Sócrates

Gosto desta anedota, atribuída ao pensador grego Sócrates, que nos ensina a lidar com pessoas negativas.

Certo dia, um homem foi correndo ao encontro de Sócrates, dizendo: "Tenho uma notícia para lhe dar!".

Sócrates levantou a mão para deter o homem excitado.

"Primeiro, deixe-me perguntar três coisas", disse Sócrates.

"Sim, está bem", respondeu o homem.

"Você comprovou pessoalmente a notícia que pretende me contar?"

"Não", respondeu o homem. "Mas eu a ouvi de boa fonte."

"Então, vamos para a segunda pergunta", prosseguiu Sócrates. "A notícia que você pretende contar é sobre alguém que você conhece pessoalmente?"

"Não", disse o homem. "Mas acho que o senhor conhece essa pessoa."

"Entendo", disse Sócrates. "Então, deixe-me fazer a pergunta final: a notícia é positiva ou negativa?"

"Bem, é negativa."

"Deixe-me ver", disse o sábio Sócrates. "Você quer me dar uma notícia que não comprovou pessoalmente, sobre alguém que nunca viu na vida, e que ainda por cima é uma notícia negativa?"

"Bem, colocando desta maneira, não parece coisa boa."

"Acho que vamos deixar para outra vez", concluiu Sócrates.

Onde Estão seus Pensamentos?

Volto a insistir que o Fator de Atração está sempre em ação. O Espírito da vida nos dá as coisas que ocupam um lugar preponderante em nossos pensamentos. Se você se concentrar em dívidas, vai receber mais dívidas. Se você se

O FATOR DE ATRAÇÃO

concentrar em dores nas costas, vai receber mais dores nas costas. Portanto, se quiser praticar o Primeiro Passo, tudo o que você tem de fazer é observar atentamente como costuma ocupar seus pensamentos.

O que você está pensando agora?

Sobre o que está conversando?

Suas respostas se tornarão um "trampolim" para a próxima etapa, neste processo que vai levar você a realizar milagres.

Anote abaixo algumas das coisas sobre as quais você está sempre se queixando. Estas são suas "pedras no sapato" e elas serão úteis para o próximo passos:

_____

_____

_____

_____

_____

_____

_____

_____

O ser humano é um ímã. Os acontecimentos
de sua vida, nos mínimos detalhes de cada circunstância
concreta, são causados pelo seu próprio poder de atração.

— Elizabeth Towne. *The Life Power and How To Use It, 1906.*

CAPÍTULO 13

Segundo Passo: Escolha um Desafio que Valha a Pena

Puxe uma cadeira e deixe-me contar algumas histórias que vivi ou presenciei. Elas valem como introdução ao Segundo Passo, nesta fórmula miraculosa que vai transformar seus sonhos em realidade.

Dê Um Passo Além

Na minha adolescência, um de meus heróis era Floyd Patterson. Floyd foi campeão mundial de boxe na categoria de pesos-pesados — por duas vezes. Também foi o campeão mais jovem em toda a história do título.

Floyd era um bom rapaz num esporte que muitas vezes só tem lados ruins. Quando escreveu sua autobiografia, escolheu um título que sempre me intrigou: *Victory Over Myself*. Gosto desse título por causa do ideal que ele sugere. Em vez de tentar derrotar o mundo, é mais proveitoso tentar ser uma pessoa melhor. Os atletas de corrida usam a expressão "superar seu recorde pessoal". Em outras palavras, se você não está contente com sua vida, encontre uma maneira de "vencer a si mesmo".

Não há competição. Não há adversários. Só há o desejo de ser uma pessoa cada vez *melhor*. E, à medida que você for progredindo, o mundo ao seu redor progride também.

Floyd Patterson sabia disso. E foi assim que se tornou um dos mais famosos e idolatrados campeões de boxe do mundo.

Acho que eu tinha 16 anos de idade quando estive pessoalmente com Floyd. Foi logo depois de uma luta em Cleveland, Ohio. A duras penas, consegui rastejar ao longo de uma arquibancada, pulei uma grade e esperei no corredor por onde Floyd passaria de volta para o vestiário. Ele olhou para mim com seu sorriso meigo e gentil. Fiquei na ponta dos pés e dei um tapinha em suas costas compactas, dando-lhe parabéns pela sua vitória naquela noite.

Nunca me esqueci disso. Floyd era boxeador porque aquele esporte o tinha tirado da pobreza. Mas ele sabia que, em todo o mundo, seu único adversário de verdade eram as coisas dentro dele das quais ele não gostava. Floyd se esforçou para "vencer a si mesmo". E conseguiu.

Agora, pergunte a si mesmo: "O que devo mudar dentro de mim para ser uma pessoa melhor?".

Anote a resposta aqui:

_____

_____

_____

_____

_____

_____

_____

Peregrina da Paz

Peregrina da Paz pode ter sido a Madre Teresa ou o Gandhi dos Estados Unidos. Essa mulher gentil passou 28 anos de sua vida caminhando pela paz. Abriu mão do seu verdadeiro nome. Abriu mão de todas as suas posses, com exceção da roupa do corpo. Só comia ou dormia quando alguém em seu caminho lhe oferecia comida ou abrigo.

SEGUNDO PASSO: ESCOLHA UM DESAFIO QUE VALHA A PENA

Ela caminhou mais de 40 mil quilômetros pela paz. Caminhou com a convicção inabalável de que sua atitude causaria impacto no mundo. Foi entrevistada pelos meios de comunicação, foi vista na televisão, foi ouvida nas rádios e saiu nos jornais.

No entanto, o tempo todo ela só estava seguindo uma vocação íntima. Ela precisava de um desafio que realmente valesse a pena.

Ela escreveu: "O aspecto mais importante de nossas preces é aquilo que sentimos, não as palavras que usamos. Costumamos dedicar muito tempo para dizer a Deus o que achamos que deveria ser feito, e pouco tempo para esperar em silêncio até que Deus nos diga o que fazer".

A Peregrina da Paz morreu em 1981. Mas seu espírito continua vivo. Em seu endereço www.peacepilgrim.net/pphome.htm, sua história e suas palavras podem ser lidas on-linc.

Ela foi e continua sendo uma fonte de inspiração para milhões de pessoas. Agora, vou lhe pedir que pergunte a si mesmo: "De que modo a Peregrina da Paz pode servir de exemplo para mim?".

Ou: "Qual é minha motivação mais profunda? Quais são as coisas que me sinto obrigado a realizar?".

Anote a resposta aqui:

_____

_____

_____

_____

_____

_____

_____

Seja um Trilionário

Como você verá neste capítulo, identificar seus verdadeiros desejos — sua vocação, seus objetivos, seus ideais, seus desafios, seus sonhos — é o próximo passo para atrair tudo o que você quiser.

A maioria das pessoas não tem ideia do que quer. Ou então, quando quer alguma coisa, contenta-se com pouco. Mas este livro vai ensinar você a "pensar grande". Como diz o provérbio latino: *"Aude aliquid dignum"*, ou "Ouse algo que valha a pena".

Por exemplo, por que você não se torna um trilionário? De acordo com meu amigo Brad Hager, CEO da revista *Millionaire*, há US$ 22 trilhões de riqueza pessoal circulando pelo mundo. No entanto, pelo menos até agora, não existem trilionários.

Por que você não decide ser o primeiro trilionário deste mundo? (Na verdade, este é *meu* objetivo. Mas pode ser o seu também.)

Uma das coisas que você vai aprender neste livro é que sua mente pode ser condicionada para encontrar respostas. Quando você faz uma pergunta — por exemplo, "Como posso me tornar o primeiro trilionário deste mundo?" —, sua mente se encarrega da missão de encontrar uma resposta. A pergunta dirige a mente para a solução do problema.

Na fórmula do Fator de Atração, o Segundo Passo consiste em descobrir o que você deseja, de tal maneira que sua mente se ponha em ação para transformar seus desejos em realidade.

Deixe-me explicar.

O Que Você Quer de Fato?

Quando você se dá conta de que pode ter o que quiser, ser o que quiser ou fazer o que quiser, a pergunta que se coloca é: afinal de contas, o que você quer de fato?

E aqui vai um conselho: *O segredo é inverter todas as suas queixas e dirigi-las para algo que você DE FATO deseja.* Comece a concentrar seus pensamentos no objetivo que você quer alcançar, e não nas condições passadas ou atuais.

SEGUNDO PASSO: ESCOLHA UM DESAFIO QUE VALHA A PENA

"Não quero esta dor de cabeça" se transforma em: *"Quero alívio para minha enxaqueca"*.

"Não quero esta dor nas costas" se transforma em: *"Quero uma coluna saudável"*.

"Não quero estas contas para pagar" se transforma em: *"Quero dinheiro sobrando para comprar tudo o que desejo"*.

"Não quero conflitos no meu ambiente de trabalho" se transforma em: *"Quero ter sucesso na minha carreira sem desgastes e preocupações"*.

Há uma arte de "reescrever" os pensamentos, transformando o que você não quer naquilo que você quer. Basta "inverter" a queixa, ou seja, revirar a frase 180 graus. Se eu disser: "Estou cansado de interrupções quando escrevo", a frase oposta seria: "Quero escrever num local seguro e silencioso, onde não seja interrompido".

Você deve estar imaginando qual a utilidade de tudo isso. Por que reescrever essas frases se elas não vão ajudar você a pagar as contas ou curar seus problemas de saúde ou atingir qualquer outro objetivo?

Boa pergunta. A resposta é: *"Concentrar seus pensamentos no objeto real dos seus desejos vai colocar você na direção certa para que esses desejos se realizem"*.

Como escreveu Deepak Chopra no seu livro *The Spontaneous Fulfillment of Desire*: "A clareza da intenção é tudo de que realmente precisamos. Então, se conseguirmos deixar o ego de lado, as intenções se realizam por si mesmas".

Releia as queixas que você anotou no capítulo anterior e transforme-as em declarações de intenção:

O FATOR DE ATRAÇÃO

_____

_____

_____

_____

_____

_____

_____

O Poder Mágico da Intenção

Meu amigo Kent Cummins, professor de mágica, grande orador e coautor do livro *The Magic of Change*, conhece o poder da intenção no mundo dos negócios.

Durante quinze anos, ele dirigiu uma cadeia de lanchonetes (chamadas "the SamWitch shops") em Austin, Texas. Certo dia, ele decidiu pôr um anúncio na rádio local, oferecendo uma porção grátis de feijões para cada compra de um "Po-Boy" (para incentivar os clientes a comprar aquele sanduíche tamanho família). Não perguntem a Kent por que ele achou que os "feijões grátis" seriam um bom chamariz para sua lanchonete. Tudo de que ele se lembra é que tinha encontrado um fornecedor de feijões realmente deliciosos.

Kent fez um estoque de feijões e em seguida mandou o anúncio para uma estação de rádio de grande audiência na região. No dia da inauguração da lanchonete Sam Witch, surgiram tantos clientes que ele teve de colocar alguns para fora. Houve filas na porta. Os negócios dispararam. Kent não conseguiu atender a todos os pedidos.

Mas essa história tem um detalhe curioso. Quando Kent ligou para a estação de rádio para agradecer pelo sucesso do anúncio, ficou atônito ao ouvir:

SEGUNDO PASSO: ESCOLHA UM DESAFIO QUE VALHA A PENA

"Nós já íamos ligar para o senhor para pedir desculpas. Infelizmente, o anúncio não foi ao ar".

Como Kent conseguiu atrair tantos clientes com um anúncio que nunca fora ao ar?

— O segredo é a clareza de intenção — disse-me ele durante um jantar. — Eu tinha a intenção de abrir um novo negócio, e foi esse sinal o que atraiu as pessoas. Aparentemente, a intenção foi mais importante do que o anúncio!

Essa não foi a única vez que Kent comprovou o poder da intenção no mundo dos negócios. Recentemente, ele decidiu criar uma campanha publicitária para seu acampamento de férias para crianças e adolescentes, "The Kent Cummins Magic Camp" ["O Acampamento Mágico de Kent Cummins"]. Com esse objetivo em mente, ele leu livros. Inscreveu-se num seminário. Traçou um plano. Sua intenção era conseguir publicidade para o acampamento. Mas Kent acabou enredado nos detalhes operacionais e nunca pôs o plano realmente em prática. A campanha acabou sendo esquecida.

Mas isso não fez diferença. Por acaso, o pai de uma das crianças que já tinham estado no acampamento era colaborador do jornal *American-Statesman*, de Austin. O jornalista ligou para Kent e pediu permissão para escrever um artigo que seria publicado na seção de editoriais do jornal. Dali a algumas semanas, saiu uma matéria muito bem escrita sobre o acampamento de Kent e seu programa de treinamento de supervisores, que aprendem truques de mágica para ensiná-los às crianças. Uma das emissoras de TV locais ligou em seguida e convidou Kent para participar de um programa matinal, para promover o acampamento como ideia interessante para seus telespectadores. Kent compareceu ao programa, demonstrou alguns truques de mágica e respondeu a várias perguntas sobre o acampamento.

Então, ele soube que O Acampamento Mágico recebera uma indicação de honra ao mérito da BIG Austin, organização sem fins lucrativos de apoio à pequena empresa, patrocinada pelo poder municipal. Para sua surpresa, em 2004 ele ganhou o troféu de Criatividade em Pequenas Empresas da Cidade de Austin, reconhecimento que incluía cerca de US$ 4 mil em prêmios.

O Centro de Sucesso Empresarial já o tinha convidado para uma palestra sobre o espírito de iniciativa nos negócios. Kent falou sobre o acampamento no Lakeway Breakfast Club. A revista *Austin Family* comunicou que, com base numa enquete entre seus leitores, O Acampamento Mágico tinha sido indica-do como o Melhor Acampamento Especializado de Austin.

Por fim, Kent soube que um de seus supervisores enviara um truque de mágica ensinado no acampamento para o famoso programa de entrevistas de Jay Leno, *The Tonight Show*. O truque foi usado no programa e o supervisor ganhou US$ 100 pela colaboração.

Como você está vendo, são resultados fantásticos para uma campanha pu-blicitária que nunca aconteceu!

Kent chama isso de "o poder *mágico* da intenção".

Este livro pretende mostrar que a clareza dos pensamentos a respeito do que você realmente deseja torna mais fácil atrair esses objetivos e incorporá--los à sua vida.

Por exemplo...

Como Ganhei US$ 22.500 Num Único Dia

Certo dia, estacionei meu carro ao lado de um caminhão-cegonha que estava transportando carros novos. Um dos veículos na plataforma fez meu coração disparar e meu sangue ferver. Nunca antes em minha vida uma sim-ples máquina me deixara tão excitado. Mas aquele carro era especial. Eu me apaixonei.

Era um BMW Z3. Um *roadster*. Um carro-esporte de luxo. Um dos veículos mais *sexy* de toda a história da indústria, projetado por deuses. OK, talvez eu esteja exagerando. Mas o fato é que o carro tinha mexido comigo. Eu o queria para mim. A qualquer preço.

Eu também sabia que os BMWs são caros. Assim, a primeira coisa que fiz foi tentar ganhar um deles. Inscrevi-me em dois concursos cujo grande prêmio era um Z3. Eu sabia que tinha de ganhar. Meu destino era possuir aquele carro. Mas não ganhei. Que pena. Desisti de depender das leis da sor-te. Já era tempo de criar meu próprio futuro atraindo uma daquelas máquinas maravilhosas.

Assim, decidi que simplesmente compraria o carro e pagaria em dinheiro vivo. Eu acabara de terminar um *audiobook* que ensina a criar milagres, cha-mado *Marketing Espiritual*. Resolvi provar a mim mesmo que seria capaz de

SEGUNDO PASSO: ESCOLHA UM DESAFIO QUE VALHA A PENA

criar um Z3. Usei minha própria fórmula de cinco passos para conseguir o carro mais *sexy* de meus sonhos mais ousados.

Comecei a "construir" minha intenção de possuir aquele carro. A apresentadora Oprah Winfrey disse certa vez que "A intenção governa o mundo". Sei disso muito bem. O suporte da placa do meu carro tem gravada a seguinte frase: "Sou o poder da intenção". Quando você declara a si mesmo que alguma coisa vai acontecer desta ou daquela maneira, você manda um "sinal" para o universo que começa a movimentar aquela coisa em direção a você, ou você em direção a ela. É uma espécie de passe de mágica. Eu o chamo de Fator de Atração. Considero-o uma das ferramentas mais poderosas no processo de manifestação de nossos desejos. Com o simples uso dessa ferramenta, milagres podem acontecer.

Depois de "construir" a intenção de ter aquele carro, comecei a prestar atenção nos pressentimentos que borbulhavam dentro de mim e nas oportunidades que cruzavam meu caminho. Para ser mais exato, o que aconteceu foi o seguinte.

Certo dia, tive a ideia de oferecer um seminário a respeito do meu livro novo. Resolvi alugar um hotel. Escrever uma carta-convite. Mandá-la para todas as pessoas que eu conhecia, listadas na minha agenda eletrônica e fora dela. Num fim de semana, eu podia ganhar uma "bolada". Seria o passaporte para a minha felicidade.

Então, ponderei que não gosto de fazer propaganda de seminários, não tinha certeza se iria encontrar interessados, a impressão dos folhetos e a franquia poderiam custar uma fortuna, e de qualquer modo não morro de amores pela ideia de falar em público.

Mas foi aqui que a situação ganhou outro rumo.

Comecei a brincar com a ideia de oferecer um seminário on-line. Eu simplesmente ia anunciar um curso on-line para as pessoas listadas no meu programa de e-mail. Isso não me custaria absolutamente nada. E, caso não surgissem interessados, não haveria prejuízo.

Porém, se *realmente* surgissem interessados, todo o curso seria conduzido por e-mail. Eu mandaria uma lição a cada semana. Os participantes receberiam tarefas e testes de avaliação. Depois de preenchidos, as tarefas e os

O FATOR DE ATRAÇÃO

testes seriam encaminhados de volta por e-mail. Então, eu comentaria os resultados e o aproveitamento de cada um. Tudo se daria de maneira agradável e rápida, fácil e conveniente. Pareceu-me uma ideia realmente muito boa.

Decidi oferecer um curso de cinco semanas, em grande parte porque o livro original continha cinco capítulos. Cada capítulo seria transformado numa lição semanal. As tarefas e os testes de avaliação seriam acrescentados para justificar a obtenção de um certificado final.

Por fim, só faltava resolver o seguinte: "Quanto vou cobrar pelo curso?".

Pensei muito a esse respeito. A maioria das pessoas que oferecem cursos on-line não cobra nada por isso, e muitas vezes o curso nem acontece de fato. Outras pessoas cobram honorários baixos. Mas eu queria comprar um BMW Z3. É um carro de luxo, que custa entre US$ 30 mil e US$ 40 mil.

Que enrascada!

Bem, decidi que queria quinze participantes no meu curso. Era um número arbitrário. Simplesmente imaginei que, se quinze pessoas escrevessem tarefas semanais num período de cinco semanas, eu conseguiria corrigir e comentar todas elas. Assim, como tudo o mais no planejamento desse primeiro curso on-line, eu simplesmente "inventei" o número de participantes.

Então, dividi o preço de meu Z3 pelo número de participantes. Se quinze pessoas me pagassem US$ 2 mil cada uma, eu teria dinheiro vivo suficiente para comprar o carro. Mas aquela taxa me pareceu muito alta. Assim, resolvi cobrar US$ 1.500 por pessoa.

Em seguida, criei um folheto promocional para inscrição no curso e enviei às pessoas listadas no meu e-mail. Naquela época, eu tinha cerca de oitocentos nomes na minha lista de e-mails. Não tinha ideia se alguém morderia a isca. Pelo contrário, achei que só receberia protestos e críticas. Mas decidi correr o risco. Mandei a carta por e-mail.

O que aconteceu?

Imediatamente, dezesseis pessoas se inscreveram para o curso.

Impossível imaginar dinheiro mais fácil. Eu tinha ganho US$ 24 mil num único dia.

O curso também correu às mil maravilhas. Os participantes adoraram as lições, minhas tarefas e meus comentários de avaliação. Só uma pessoa pediu

SEGUNDO PASSO: ESCOLHA UM DESAFIO QUE VALHA A PENA

imediatamente para sair do curso, por falta de interesse. Assim, acabei ficando com 15 participantes. Ganhei US$ 22.500. Fiquei muito feliz.

Mas não parei por aí. Algumas semanas mais tarde, anunciei outro curso on-line. Dessa vez, o curso visava ensinar os interessados a escrever, publicar e divulgar os próprios *e-book*. Eu me limitei a copiar o modelo que já tinha funcionado antes: mandei uma carta-convite para minha lista de e-mails, na esperança de encontrar 15 interessados, e cobrei US$ 1.500 por pessoa para um curso de cinco semanas. Recebi 12 inscrições. Isso me rendeu um total de US$ 18 mil.

Naquela altura, eu estava pensando em escrever uma continuação para meu *best-seller Hypnotic Writing*. Mas eu não queria escrever o livro novo e simplesmente esperar o resultado das vendas. Eu queria receber *adiantado*.

Assim, criei outro curso on-line. O título seria *Advanced Hypnotic Writing* [A Escrita Hipnótica Avançada]. O curso deveria durar três semanas, e não cinco, porque eu queria reduzir meu ritmo de trabalho. (Estava ficando preguiçoso.) Mantive o preço de US$ 1.500 e, mais uma vez, a meta de encontrar 15 interessados. Então, anunciei o curso para as pessoas na minha lista de e-mails.

Mas aqui aconteceu uma coisa realmente estranha.

Imediatamente, cerca de 18 pessoas se inscreveram no curso. Mas, quando cobrei a taxa de US$ 1.500, todas elas, sem exceção, disseram ter imaginado que o curso era gratuito! Fiquei atordoado. Reli minha carta-convite. Ela estipulava claramente uma taxa. A única explicação que me ocorreu é que as pessoas leram a carta às pressas, ficaram excitadas e devolveram o e-mail, contentes de tomar parte no curso. Ou talvez o *layout* da carta-convite fosse confuso. Realmente não sei.

Mas esse não foi o único acontecimento estranho com relação àquele curso. Não consegui achar interessados em número suficiente na minha lista de e-mails. Assim, procurei um especialista em marketing digital e lhe pedi que divulgasse meu curso. Ele aceitou — mas sua comissão seria de 50%. Era uma fatia e tanto, mas eu queria dinheiro adiantado para escrever minha continuação de *Hypnotic Writing*, e mesmo assim acabaria com uma boa quantia no bolso. Portanto, concordei.

O FATOR DE ATRAÇÃO

Bem, 20 pessoas se inscreveram. E o detalhe mais estranho é que nenhuma delas — nenhuma delas! — fez suas tarefas. Assim, embolsei o dinheiro (isto é, metade do dinheiro: US$ 15 mil), fui pago para escrever meu *e-book Advanced Hypnotic Writing* e não precisei avaliar nem comentar nenhuma das tarefas que eram requisito do curso.

Um negócio e tanto!

Mais recentemente, anunciei outro curso on-line. Eu estava prestes a comprar uma grande propriedade rural e precisava de mais dinheiro rapidamente. O novo curso giraria em torno de minha fórmula patenteada de marketing, chamada *Guaranteed Outcome Marketing* [Marketing de Efeitos Garantidos]. Dessa vez, aumentei o valor da taxa para enfatizar o valor do curso, que deveria durar cinco semanas. Pedi US$ 2.500 por pessoa. Como costumo cobrar US$ 50 mil para criar uma estratégia empresarial de Marketing de Efeitos Garantidos, achei que US$ 2.500 era um preço justo para um curso que ensinaria todos os detalhes dessa estratégia.

Reduzi o número de participantes, pois queria ter certeza de oferecer aos alunos uma atenção individualizada. Divulguei o curso só para as pessoas da minha própria lista de e-mails. Recebi cinco inscrições. Isso significa que ganhei US$ 12.500. Nada mau para um "serviço" que durou um mês. E, sim, comprei minha propriedade rural. É nela que estou escrevendo este capítulo.

Continuei nesse caminho e ensinei para várias pessoas meu método de criar cursos on-line. Yanik Silver, redator publicitário e especialista em marketing via Internet, já ganhou US$ 90 mil. O consultor executivo Paul Lemberg faturou mais de US$ 100 mil. E Tom Pauley, autor de *I'm Rich Beyond My Wildest Dreams, I Am, I Am, I Am*, ganhou mais de US$ 250 mil — até agora. E, em quase todos os casos, cobrei uma comissão de 50% dos lucros para ajudar essas pessoas a divulgar seus cursos on-line.

E tudo isso começou quando pus em prática o Segundo Passo na fórmula do Fator de Atração!

Qual é a moral da história? Há várias:

1. *O que conta é a intenção.* Você pode vaguear ao sabor das circunstâncias que a vida lhe traz, ou pode criar sua própria direção e suas próprias

SEGUNDO PASSO: ESCOLHA UM DESAFIO QUE VALHA A PENA

circunstâncias. Tudo começa com uma decisão. O que você quer? Decida. Escolha. Declare. Meu lema é: "Escolha um desafio que valha a pena". Este é o poder do Segundo Passo na fórmula do Fator de Atração.

2. *Saia do padrão.* Só porque outras pessoas vendem seus serviços por uma ninharia, você não precisa fazer a mesma coisa. Respeite a si mesmo. Quanto você vale? A maioria das pessoas desvaloriza a si mesmas e suas habilidades. Obviamente, você precisa oferecer valor real, mas não precisa desistir dele. Se você tem certeza de que o dinheiro é uma ferramenta para o bem, você deve ser capaz de cobrar o que o mercado suportar.

3. *Não pense apenas no dinheiro.* Eu queria comprar meu Z3, e isso fez com que minha mente partisse em busca de outros caminhos para levantar a quantia necessária. Se eu estivesse pensando apenas no dinheiro, minhas ideias não seriam tão ousadas e eu não teria como justificar meus honorários. O que você *realmente* deseja?

4. *Você também pode ensinar outras pessoas.* Procure, em sua experiência de vida, os conhecimentos que outras pessoas pagariam para aprender. Então, transforme-os num curso on-line, com lições, tarefas, avaliação e certificado final. Quando o curso terminar, você pode até reunir o material e publicá-lo em forma de livro. Ou em formato audiovisual. Pense grande! O que você ensinaria se não sentisse medo? Só as pessoas destemidas atraem riqueza. Sua prosperidade pode estar à espera justamente por trás daquilo que você tem medo de fazer.

5. *O plano espiritual não se distingue do plano material.* Nos exemplos que dei, meu objetivo era ganhar dinheiro. Assim, seria fácil concluir que meu único critério são os lucros. Mas isso não é verdade. Utilizei princípios espirituais — como veremos ao longo deste livro — para atrair prosperidade. Quando você se dá conta de que os planos espiritual e material são duas faces da mesma moeda, tem condições de conquistar a felicidade e ao mesmo tempo "engordar" a conta bancária. Como está escrito nas notas de dólares: "*In God we trust*" ("Nós confiamos em Deus"). Você tem fé?

Finalmente, sim, consegui atrair um BMW Z3 até a minha garagem. Fui escolher o carro no *showroom* da concessionária. É um modelo 1999, na cor azul Montreal, uma joia sobre rodas. A fábrica BMW não fabrica mais esse modelo, por isso também é uma peça para colecionadores. Faz anos que ando com ele. Nunca na vida senti tanto prazer em dirigir. Na verdade, acho que vou dar uma volta com ele agora mesmo, subindo e descendo pelas estradas do interior do Texas.

O Erro Que Quase Todas as Pessoas Cometem

Tenho de admitir. Estou frustrado. Estou cansado de receber e-mails de pessoas que escrevem: "Não consigo chegar aonde o senhor chegou porque...", ou: "Não consigo atrair riqueza e prosperidade na minha vida porque..."

Complete as frases com qualquer desculpa que lhe ocorrer. As pessoas dizem que não conseguem escrever tantos livros quanto eu porque não têm tempo, ou são velhas demais, ou são jovens demais, ou são casadas demais, ou são solteiras demais. As pessoas dizem que não conseguem escrever *best-sellers* como eu porque seus livros são diferentes, ou elas próprias são diferentes, ou o momento histórico é diferente. As pessoas dizem que não conseguem pedir o apoio de celebridades, tal como fiz, porque se sentem insignificantes, ou intrometidas, ou ridículas.

A lista de desculpas é infinita. Aqui vão algumas desculpas concretas que recebi:

"O senhor é mais famoso do que eu. Eu nunca teria condições de escrever às pessoas para pedir ajuda, pois elas não me dariam um segundo de seu tempo".

Eu era adolescente quando comecei a procurar outras pessoas para pedir ajuda, conselhos, informações, sugestões e dicas. Tenho cartas do chefão do FBI J. Edgar Hoover, do campeão de boxe Jack Dempsey, do célebre mágico John Mulholland. Naquela época, eu era totalmente desconhecido. Mas as pessoas que procurei sempre me ajudaram. Consegui entrar em contato com Evel Kneivel, Donald Trump, Jimmy Carter, autores de *best-sellers* e outras celebridades — muito antes de me tornar um autor conhecido. Simplesmente *pedi* ajuda. Aquelas pessoas foram gentis e responderam. Hoje em dia, tento agir da mesma maneira com todos aqueles que me escrevem, quando a solicitação me parece sincera e respeitosa.

"O senhor tem uma grande rede de contatos para pedir favores".

SEGUNDO PASSO: ESCOLHA UM DESAFIO QUE VALHA A PENA

Sim, é verdade. Mas essa rede não surgiu do nada, e certamente não existia quando comecei. Construí minha rede de contatos em função de minhas atividades. Procurei outras pessoas, ajudei-as, elas me ajudaram, e aos poucos foi surgindo entre nós uma relação de confiança. Cultivei relacionamentos na Internet por quase dez anos, até formar vínculos. Quando anuncio que estou procurando contribuições para o meu novo livro, meus amigos respondem. Quando eles querem alguma coisa, eu respondo. Em menos de sete dias, consegui reunir toda a informação necessária para o meu livro mais recente, *The E-Code: 47 Surprising Secrets for Making Money Online Almost Instantly* — tudo porque pedi ajuda à minha rede de contatos.

"O senhor tem uma lista grande de mala-direta, por isso consegue vender as coisas mais depressa."

Comecei minha atividade on-line sem uma lista de mala-direta. *Nenhuma.* Nem mesmo reconhecia a importância de ter minha própria lista, até oferecer meu primeiro curso on-line e faturar US$ 22.500 num único dia. Então, entendi o recado. Até hoje, continuo trabalhando para ampliar e atualizar minha lista de e-mails. Qualquer um pode fazer isso. E, enquanto você não tiver condições de fazê-lo, pode se associar com pessoas que já possuem listas grandes de mala-direta. Como? Simplesmente *pergunte*. Certa vez, um programador na Noruega me mandou um e-mail, perguntando se eu podia ajudá-lo a vender seu novo programa de computador. Gostei do programa e concordei. Ele não tinha uma lista de mala-direta. Eu tinha. Ele havia criado um programa. Achei o programa interessante. Criei material publicitário e dividi os lucros com o programador. Nós dois saímos ganhando.

"O senhor tem muito talento para a redação publicitária, por isso consegue vender melhor do que eu."

Aprendi redação publicitária investindo tempo, dinheiro e esforço para estudar os clássicos e entender o mercado e conhecer os truques da profissão. Meus primeiros textos publicitários eram um lixo. Até hoje, escrevo e reescrevo meus textos para torná-los tão hipnóticos quanto possível. Não nasci escrevendo, nem lendo, nem mesmo andando. Tive de aprender tudo isso. Por que você não aprende também?

"Não tenho nada para oferecer gratuitamente, a fim de atrair clientes para os meus produtos."

O FATOR DE ATRAÇÃO

Há um milhão de itens gratuitos na Internet. Você pode encontrar milhares — milhares! — de *e-books* totalmente grátis. Colecione alguns e ofereça-os como incentivo às pessoas que comprarem seus produtos ou seus serviços. Qualquer um pode fazer isso. Basta pesquisar um pouco na Internet. Os frutos estão ali para serem colhidos. Conheço pessoas que colecionaram clássicos da literatura — atualmente em domínio público e disponíveis em *e-books* — e os ofereceram como bônus para os clientes que comprassem seus produtos. É um truque que funciona. Como achar esses *e-books*? *Procure.*

"Não posso oferecer cursos on-line como o senhor porque não tenho as credenciais necessárias."

Suas credenciais são você mesmo. São suas experiências de vida, mais do que qualquer outra coisa. Hoje em dia, poucas pessoas se importam com diplomas, títulos ou certificados. Elas querem saber se você tem condições plenas de prestar o serviço que prometeu. Nos próximos dias, minha companheira Nerissa dará início a um curso on-line sobre edição de vídeos. Tudo o que você pode ensinar ao vivo, em uma sala de aula, também pode ser ensinado na Internet. Com imagens de vídeo, gravações de áudio, gráficos, textos, salas de bate-papo, você tem condições de criar uma sala de aula virtual sobre *qualquer* assunto possível e imaginável. Por que não?

"Não consigo ganhar dinheiro vendendo meus produtos na Internet."

Dê uma olhada. A Internet é tão grande e vasta, e até ininteligível, que literalmente qualquer coisa pode ser vendida on-line. Já vi pessoas vendendo desde mudas de amaranto (planta ornamental) até chicotes usados para conduzir charretes, desde cartões de felicitações até obras de arte criadas em computador. Qualquer coisa vendida no comércio normal pode ser vendida on-line. Faça uma visita ao site do eBay. Ali, as pessoas vendem carros, roupas usadas, entulho, vestidos de casamento e até neve. Certa vez, vendi uma "Sereia Elvis" no eBay. (Trata-se de um bibelô *kitsch*, representando uma sereia com um penteado que lembra o de Elvis Presley. A foto deste bibelô pode ser vista no endereço www.mrfire.com.) Não há limites para o que pode ser vendido na Internet.

"Perdi a ocasião certa para vender minha ideia."

Tem certeza disso? Pense no título de um de meus livros: *There's a Customer Born Every Minute*. Toneladas de folhetos e prospectos surgem a

SEGUNDO PASSO: ESCOLHA UM DESAFIO QUE VALHA A PENA

cada dia. Você pode vender literalmente qualquer coisa, literalmente a qualquer momento, se descobrir o que as pessoas desejam e como chegar até elas. Às vezes, você terá de imaginar outros usos para o mesmo produto, ou procurar clientes diferentes dos que você tinha em mente no começo. Mas o melhor momento para vender seus produtos ou serviços é exatamente agora. O que você está esperando?

"O senhor mora nos Estados Unidos e eu moro no México. As vendas não funcionam aqui."

Ora, isso é bobagem. Amigos meus sempre vão ao México (e a outros países considerados menos "desenvolvidos" do que o nosso) e voltam para casa com caixas e mais caixas de coisas que compraram. Além disso, com a Internet, o país em que você vive quase não faz diferença. Ofereça seu produto on-line. Você não o estará vendendo para seus vizinhos pobres, e sim para consumidores de todo o planeta. Pense *grande*.

A lista de desculpas poderia continuar indefinidamente.

Para mim, desculpas são um equívoco que quase todas as pessoas cometem — na Internet e na vida real. Todas essas desculpas podem parecer legítimas para aqueles que as usam, mas no fundo não passam de tolices.

Desculpas são convicções. Se você acreditar nelas, não vai para lugar nenhum. Por outro lado, se você achar que sempre há um jeito de contornar as desculpas, sejam elas quais forem, terá condições de dar um passo adiante. Minha filosofia é: "*Sempre* existe um caminho".

Portanto, deixe-me tentar ajudar você.

Em primeiro lugar, quais são suas desculpas?

Quando comecei este capítulo com a frase: "Não consigo chegar aonde o senhor chegou porque...", qual foi sua reação imediata? Como você completou a frase? É nessa resposta que você vai encontrar algumas de suas desculpas. Anote-as aqui:

_____

_____

_____

O FATOR DE ATRAÇÃO

_____

_____

_____

_____

_____

Em segundo lugar, pergunte a si mesmo se há alguma maneira, qualquer que seja, para contornar suas desculpas. Em outras palavras, as desculpas que você mencionou são reais ou imaginárias? Você já tentou superar uma delas? Outra pessoa, qualquer que seja, já conseguiu superar as mesmas desculpas? Escreva suas respostas aqui:

_____

_____

_____

_____

_____

Por fim, o que você faria se não tivesse desculpas? Anote sua resposta aqui:

_____

_____

_____

_____

_____

SEGUNDO PASSO: ESCOLHA UM DESAFIO QUE VALHA A PENA

A resposta, seja qual for, encerra uma pista sobre seus principais objetivos.

Deixe as desculpas para trás e você começará a "atrair" prosperidade.

Deixe as desculpas para trás e você também terá sucesso.

Deixe as desculpas para trás e sua vida começará a decolar.

Se você não agir desde já, qual o motivo?

Seja qual for a resposta, trata-se de uma desculpa.

Você vai deixar que uma desculpa interrompa seu caminho?

Quem Dirige a sua Vida?

Aparentemente, nossa vida é condicionada pelas nossas percepções. Se focalizarmos nossos pensamentos na falta de dinheiro, teremos cada vez menos dinheiro. Se focalizarmos os pensamentos na riqueza, seremos cada vez mais ricos. Se focalizarmos os pensamentos nas desculpas, atrairemos mais obstáculos em nosso caminho. Nossa percepção se torna um ímã que nos "puxa" na direção que queremos ir.

Se você não escolher conscientemente para onde quer ir, é o inconsciente que vai ditar a direção a seguir. Para parafrasear o famoso psicólogo suíço Carl Gustav Jung: "Até que você incorpore seu inconsciente no plano consciente, ele vai dirigir sua vida e você vai chamá-lo de destino".

Nesse sentido, muitos de nós usamos uma espécie de "piloto automático" para conduzir nossa vida. Simplesmente, não nos damos conta de que podemos assumir o controle. Saber o que você realmente quer ajuda a orientar sua vida na direção que você deseja seguir.

Mas há outras coisas a serem levadas em consideração...

Com Que Objetivo?

Acabo de almoçar com uma amiga minha, uma pessoa adorável. Na semana passada ela teve uma sessão com Jonathan Jacobs e isso a deixou radiante. Seus olhos estavam límpidos e bem abertos, cheios de paixão pela vida. Durante a conversa, ela observou que, mesmo quando julgamos conhecer nossos desejos, às vezes temos de esquadrinhar mais fundo dentro de nós mesmos para descobrir o que realmente queremos.

121

O FATOR DE ATRAÇÃO

Minha amiga procurou Jonathan com a intenção de criar uma empresa bem-sucedida. Jonathan perguntou: "Com que objetivo?". Depois de se esquivar da pergunta por algum tempo, ela percebeu que queria uma empresa bem-sucedida "para provar meu próprio valor como pessoa".

Quando estive com Jonathan, lembro-me de ter dito que queria escrever livros e queria que esses livros fossem *best-sellers* de grande sucesso. Jonathan me dirigiu a mesma famosa pergunta: "Com que objetivo?". No início, fiquei desconcertado e disse coisas como: "Eu mereço ter sucesso", ou: "Preciso do dinheiro", ou: "Meus livros são realmente bons". Mas a verdadeira razão, o fator subjacente que me motivava a escrever *best-sellers* era "para que as pessoas me amem e me admirem". Quando disse essa frase, senti uma mudança de rumos dentro de mim. Eu tinha desnudado meu desejo. Meu verdadeiro objetivo, minha verdadeira intenção era sentir amor.

A vida de muitas pessoas é condicionada por uma necessidade inconsciente. Elas atravessam a vida procurando algo que não conseguem confessar a si mesmas. O político pode ser uma criança que nunca recebeu a atenção e o carinho que queria. A mulher de negócios pode ser uma adolescente que não se sente igual aos rapazes de sua idade. O autor de *best-sellers* pode estar tentando provar que é um homem inteligente, espirituoso ou admirável.

A liberdade e o poder começam quando você descobre o que realmente quer e age em função disso, mas sem ser prisioneiro dos próprios desejos.

Mas há outro motivo para descobrir e declarar sua intenção. Quando você diz claramente o que deseja, começa a identificar todos os obstáculos que se interpõem no caminho. Por exemplo, você diz que quer terminar de pagar sua casa para se ver livre de todas aquelas parcelas mensais. De repente, as objeções vêm à tona: "Não ganho dinheiro suficiente para terminar de pagar minha casa!", ou: "Ninguém consegue fazer esse tipo de coisa!", e talvez até: "O que meus pais vão pensar?".

Você sabe o que quero dizer. É fácil apresentar uma lista de objeções. O truque é analisar e resolver essas objeções até alcançar a clareza de pensamentos. Quando você tiver clareza, será mais fácil "manifestar" seus desejos, quaisquer que sejam, no mundo exterior.

Deixe-me explicar...

SEGUNDO PASSO: ESCOLHA UM DESAFIO QUE VALHA A PENA

Como Criar Realidades

Uma mulher foi procurar Jonathan porque ia fazer uma cirurgia de câncer na segunda-feira seguinte. Jonathan a recebeu na sexta-feira. Ela estava apavorada com a cirurgia e queria se livrar dos seus temores. Jonathan ajudou-a a dissolver o medo. Duas horas mais tarde, quando ela se levantou da mesa de massagem, sentiu que estava curada. Mesmo assim, compareceu ao hospital para a cirurgia. Na segunda-feira, quando os médicos abriram o corpo dela, não conseguiram encontrar nenhum sinal de câncer. O tumor havia desaparecido.

O que aconteceu?

Volto a insistir que nossas convicções são poderosas. A mulher acreditou que seria capaz de remover as convicções causadoras do medo, e foi o que ela fez. Mas ela não sabia que, em última análise, o medo era a verdadeira causa do câncer. Quando ela afastou o medo, o câncer se foi. Já não havia lugar para ele no corpo da mulher. No momento em que ela decidiu procurar Jonathan e livrar-se de suas convicções negativas, passou a controlar conscientemente sua vida. Então, descobriu que sua vida podia tomar outro rumo.

As convicções são ferramentas que criam realidades. Não tenho certeza se consigo explicar isso a você de maneira razoável. Talvez você já tenha notado que muitas pessoas parecem ter problemas recorrentes. Você já se perguntou por que cada uma padece do mesmo problema? A pessoa com problemas financeiros sempre tem problemas financeiros. A pessoa com problemas de relacionamento sempre tem problemas de relacionamento. É como se cada uma se especializasse num determinado comportamento doentio.

São as convicções, inconscientes ou não, que criam esses acontecimentos. Até que as convicções subjacentes sejam liberadas, os acontecimentos vão continuar se manifestando periodicamente. Conheço um homem que já se casou sete vezes. Mas ainda não se sente inteiramente feliz com a companheira atual. Esse homem vai continuar transitando de um casamento para um divórcio e para um novo casamento até se livrar das convicções subjacentes que provocam esses acontecimentos. E, enquanto ele continuar com seus casamentos e divórcios, vai culpar outras pessoas pelos seus problemas e talvez até ponha a culpa no destino, ou em Deus. Porém, como você já leu anteriormente: "Até que você incorpore seu inconsciente no plano consciente, ele vai dirigir sua vida e você vai chamá-lo de destino".

Quais são suas Convicções?

Pare um pouco e examine sua vida. Tudo o que ocorre com você é resultado direto de suas convicções. Não se sente feliz? Tem dívidas? O casamento vai mal? Dificuldades no trabalho? Problemas de saúde? Há convicções que criam essas experiências para você. Literalmente, uma parte de sua personalidade — ainda que inconsciente — deseja de fato o que se passa ao seu redor, com problemas e tudo o mais.

Lembro-me de uma palestra do guru motivacional Tony Robbins em que ele mencionou o caso de uma mulher esquizofrênica. Uma das personalidades daquela mulher sofria de diabetes, mas a outra personalidade era saudável. São as convicções que constroem a nossa personalidade. A mulher com diabetes tinha convicções que criavam o diabetes. É óbvio que, se você conseguir mudar suas convicções, sua situação concreta vai mudar também.

Como mudar as convicções? O primeiro passo é decidir o que você deseja para sua vida. Assim que você descobrir o que deseja ser, fazer ou possuir, começará a identificar as convicções que se interpõem no caminho. Elas virão à tona. São suas desculpas. Isso nos remete ao que eu estava dizendo mais acima: você pode reescrever suas queixas, isto é, inverter a formulação dessas queixas, para que elas se tornem objetivos ou intenções na sua vida.

Portanto, o que você deseja?

O que faria seu coração palpitar de alegria?

O que faria você dançar em plena rua?

O que lhe poria um sorriso no rosto, agora mesmo, só de pensar nisso?

O que você faria se soubesse que a realização dos seus sonhos não pode falhar?

O que você escolheria ser, fazer ou possuir — se pudesse escolher qualquer coisa neste mundo?

Anote suas respostas aqui:

_____

_____

_____

SEGUNDO PASSO: ESCOLHA UM DESAFIO QUE VALHA A PENA

Pedi e Recebereis

Peguei um exemplar de *Ask and You Shall Receive*, um livro do físico Pierre Morency. É um livro curto, mas estimulante. Pierre afirma que você precisa pedir aquilo que deseja. O ato de pedir aumenta seu foco e dirige a energia do universo para ajudar você a "manifestar" seu desejo. A capa do livro exibe a seguinte pergunta: "O que você pediu ao acordar hoje de manhã?".

Gosto dessa pergunta e agora eu a formulo a mim mesmo toda manhã ao acordar. É como se fosse meu "café da manhã". Outra pergunta do livro pode ajudar você a encontrar sua paixão. Morency pergunta:

"O que você faria se possuísse todo o dinheiro do mundo? O que você faria se pudesse fazer surgir dinheiro com um simples estalar de dedos? O que você faria se tivesse doze casas, fizesse quatorze viagens exóticas e comprasse 28 carros de luxo?"

Esse é o tipo de perguntas que meus instrutores fazem no meu programa Miracles Coaching [O *Coaching* dos Milagres].

Que respostas você daria?

Suas respostas são uma pista importante para você entender as tendências que norteiam sua vida. Anote-as aqui:

Você Pode Mesmo Conseguir Tudo o Que Deseja?

Quais são os limites para seus desejos?

Não tenho certeza se existem limites. Você poderia argumentar que há determinados limites físicos ou científicos, mas acredito que eles se baseiam no atual estágio de nossos conhecimentos. Até algum tempo atrás, estava "provado" cientificamente que nenhum ser humano podia correr 1,6 quilômetro em quatro minutos. Agora, vários atletas já atingiram essa marca. Até algum tempo atrás, estava "provado" que o chumbo afunda na água. Agora, já se usa chumbo para construir navios. Até algum tempo atrás, estava "provado" que o homem não podia chegar à Lua. Pois aconteceu exatamente o contrário. Até algum tempo atrás, estava "provado" que os deficientes não podiam praticar esportes. Hoje em dia, já existem Paralimpíadas.

E a lista continua. Mais uma vez, não tenho certeza de que existem coisas impossíveis. Não tenho certeza de que você não pode conseguir tudo o que deseja. É claro que os objetivos, intenções e desejos da maioria das pessoas se enquadram em limites razoáveis. Talvez você não saiba *como* atingir um objetivo, mas sabe que, de algum modo e por algum caminho, o objetivo é factível.

Enquanto escrevo isto, atores, atrizes, diretores e investidores de Hollywood querem que eu apresente meu próprio programa de televisão semanal. O nome do programa seria *Expect Miracles* [Espere Milagres]. A ideia é que, quando você espera milagres, você os "atrai". Toda semana encontro alguém que alcançou o impossível ou curou o incurável. Quando você presencia essas histórias reais, começa a entender que nada é impossível. Literalmente, você pode ter, fazer ou ser qualquer coisa que imagine.

A única coisa contra a qual você deve se precaver é aquilo que os budistas chamam de "espectros famintos". São desejos que controlam sua vida, quando o ideal é o contrário — você é que deveria controlar seus desejos. Desejar sapatos novos quando você já tem muitos pares e não precisa de um novo pode ser um espectro faminto. Desejar mais propriedades quando você já possui várias delas pode ser um espectro faminto. Desejar mais comida quando você acabou de comer pode ser também um espectro faminto.

"Os espectros famintos são suscitados por um desejo intenso de caráter neurótico", escreve Dominic Houlder no livro *Mindfulness and Money*. "É uma ânsia de caráter neurótico porque, muitas vezes, resulta de um desejo

SEGUNDO PASSOS: ESCOLHA UM DESAFIO QUE VALHA A PENA

disfarçado ou fora de lugar. Na verdade, a pessoa atacada pelo espectro faminto deseja outra coisa — mesmo sem estar consciente disso."

Não estou tentando impedir você de desejar seja o que for. Desejar é bom. São os desejos que servem de motivação para levantar-se da cama, viver, trabalhar, crescer, amar. Eles são parte integrante da vida humana. Você pode usar o desejo até mesmo para transcender o desejo. Mas também precisa tomar cuidado com a mente. A mente pode se transformar numa serpente da Bíblia, sempre criando tentações, incitando você a possuir isto e mais aquilo. É claro que você nunca terá paz ao longo desse percurso.

Tome cuidado com os espectros famintos. Mas reconheça e aceite os desejos profundos que jorram do seu mundo interior, os desejos que constituem sua essência. Quando o desejo é sincero e vem de dentro, nada é impossível e você pode ter tudo o que imaginar. Neste momento, você estará em sintonia com o próprio universo. Em vários sentidos, os desejos do universo serão seus desejos.

A verdade é que você *pode* "atrair" tudo o que deseja. Mas a pergunta que fica é: você quer atingir esses objetivos como uma criança mimada numa loja de doces, ou um general sedento de poder, ou um alcoólatra que sonha com todas as coisas boas deste mundo? Ou os desejos vêm de dentro e são parte integrante da sua essência íntima?

Conheço uma mulher que usou os cinco passos descritos neste livro para ganhar dinheiro em Las Vegas. A euforia dela foi indescritível. E o resultado veio em moeda sonante. Mas ela acabou fazendo mau uso do dinheiro e hoje frequenta os Jogadores Anônimos. Essa mulher aprendeu a tomar cuidado com seus espectros famintos, e agora só usa a fórmula de cinco passos para criar coisas válidas e praticar o bem neste mundo.

Certa vez, usei o Fator de Atração para ganhar dinheiro numa loteria do Texas. Investi muita energia nisso, ganhei pouco dinheiro e percebi que o "empreendimento" era vazio de sentido. Hoje em dia, sinto grande prazer em escrever livros, desenvolver cursos e produzir gravações que me proporcionam renda constante e ao mesmo tempo me permitem ajudar outras pessoas. Ganho muito dinheiro e acho isso maravilhoso. Estou seguindo minha vocação. Estou dando uma contribuição positiva. E estou atraindo riqueza e prosperidade.

Quais são as coisas boas que *você* gostaria de fazer para si mesmo e para as outras pessoas?

O FATOR DE ATRAÇÃO

Feche os Olhos

Cerca de vinte anos atrás, tomei parte num seminário de Stuart Wilde, autor de *The Trick to Money Is Having Some,* e muitos outros livros. Eu havia entrevistado Stuart durante um café da manhã e ele me pareceu uma pessoa fascinante. Posteriormente, Stuart me convidou para aquele evento. Um dos exercícios apresentados no seminário ficou gravado na minha memória e me parece relevante para o Segundo Passo na fórmula do Fator de Atração.

O exercício foi uma experiência inesquecível de mentalização. Stuart nos pediu que delineássemos o nosso corpo num raio de luz branca. — Usem um dedo ou um facho de luz — sugeriu Wilde. — Tracem os contornos do corpo com a luz branca.

Consegui me concentrar com uma rapidez que me surpreendeu. Relaxei o corpo e os pensamentos, centrado no aqui e no agora. Todas as tensões deslizaram para fora de mim. Entreguei-me ao momento presente. Nunca antes me sentira tão leve.

— Agora, tracem um raio de luz do alto da cabeça até o chão diante de seus pés.

Foi o que fiz. Vi o chão à minha frente iluminado como uma passarela. Por alguma razão, lembrei-me de uma piada sobre dois doentes mentais que querem fugir do manicômio. Um deles diz que vai acender a lanterna e que o outro poderá fugir caminhando sobre o raio de luz. Mas o outro doente responde: "Pensa que estou louco? E se você desligar a lanterna quando eu estiver na metade do caminho?".

Então, Wilde nos pediu que criássemos uma imagem mental de nós mesmos em miniatura.

— Agora, façam com que essa imagem desça pelo raio de luz, desde o alto da cabeça até o chão.

Fiz o que ele dizia. O "Pequeno Joe" desceu pelo meu facho de luz e chegou até o chão. Observei-o mentalmente, enquanto aquela imagem diminuta caminhava ao redor dos meus sapatos e tentava se localizar na sala do seminário.

— Observem o que a imagem de vocês está fazendo — disse Wilde.

SEGUNDO PASSO: ESCOLHA UM DESAFIO QUE VALHA A PENA

Meu homenzinho parecia um pouco confuso. Por fim, decidiu que não sabia para onde ir ou o que fazer. Assim, sentou-se na ponta do meu sapato e ficou olhando para Stuart Wilde, assim como eu.

Depois de alguns minutos, Wilde nos pediu que trouxéssemos o homenzinho de volta para o facho de luz, aumentando-o para o tamanho natural e integrando-o de novo ao nosso corpo.

— O que você achou da experiência? — perguntou Wilde a cada um de nós.

Um homem alto se levantou e disse: — Fiquei um pouco confuso. Minha imagem em miniatura não sabia o que fazer.

— E *você*, por acaso sabe o que quer fazer? — perguntou Wilde.

— Bem, sim, acho que sim.

— Mais alguém? — perguntou Wilde.

— Minha imagem em miniatura se divertiu bastante. Ela saiu correndo, procurando moedas pelo chão!

— Muito bem! — disse Wilde. — Mais alguém?

Levantei-me.

— Minha imagem em miniatura se sentou na ponta do meu sapato e não fez nada — disse eu.

— Por que não fez nada? — perguntou Wilde.

— Acho que ela não sabia *o que* devia fazer.

— Você se sente preso aos conceitos de certo ou errado, Joe? — perguntou Wilde. — Se sua imagem não sabia o que fazer, talvez tivesse medo de dar um passo. Talvez só se atrevesse a dar um passo com a certeza de que era o passo certo. É assim que você vive a vida?

— Não sei — respondi.

— Pense nisso — disse Wilde. — Mais alguém?

O fato é que aquela simples técnica de mentalização foi bastante útil para os participantes do seminário. O que o homenzinho em miniatura fez — ou deixou de fazer — ao descer do facho de luz revelava algo sobre nós mesmos e nosso comportamento no dia a dia. Foi uma experiência singular que nos ensinou algo sobre nós mesmos. Depois daquele momento, cerca de vinte anos atrás, comecei a prestar mais atenção aos meus próprios desejos.

Use esse exercício de mentalização para descobrir como se comporta seu "eu em miniatura". Então, verifique se você está sendo sincero a respeito dos seus desejos. Como veremos até o final deste capítulo, no fundo você *sempre* sabe o que realmente deseja, mas nem sempre é capaz de admitir que desejo é esse.

O que a pessoa dentro de você realmente deseja? Anote aqui:

\
\
\
\
\
\
\
\
\
\

E se Você Ainda Não Souber?

Algumas pessoas me dizem: "Não sei o que desejo".

Conheço muitas pessoas assim. Eu era uma delas. Certa vez, perguntei ao dr. Robert Anthony, autor de vários *best-sellers* e do fantástico método de áudio *Beyond Positive Thinking*: — O que o senhor costuma dizer às pessoas que garantem não ter ideia do que realmente desejam? — Ele respondeu: — Digo que elas estão mentindo.

E ele tem razão.

SEGUNDO PASSO: ESCOLHA UM DESAFIO QUE VALHA A PENA

Você sabe o que quer. E o sabe neste exato momento. Se você for uma das poucas pessoas que afirmam não saber o que desejam, está mentindo para si mesmo. Seus desejos residem em algum lugar do seu mundo interior, numa camada logo abaixo daquilo que você tem condições de admitir. Só que esses desejos ainda não surgiram à luz do dia.

O dr. Robert Anthony observou certa vez: "Todas as pessoas sabem o que querem, mas têm medo de admitir esse fato. A partir do momento em que admitem o que de fato desejam, são obrigadas a confessar que os desejos ainda não se realizaram. São obrigadas a tomar providências para conseguir o que de fato desejam, ou têm de inventar desculpas por não tentar. As duas coisas podem ser incômodas. As pessoas mentem para se sentir seguras".

Você tem a oportunidade de realizar seus desejos. Este livro contém uma fórmula espiritual para o sucesso que simplesmente não pode falhar. Os cinco passos do Fator de Atração são comprovadamente eficazes. Com essa informação a seu favor, por que você não admite o que realmente deseja?

Ou será que ainda não chegou o momento?

O que você realmente deseja?

Faça de Conta Que Você é Deus

Há muitos anos, dei uma palestra com o título "How to Think Like God" ["Faça de Conta Que Você é Deus"]. Nela, contei histórias sobre pessoas que se curaram de cegueira, venceram o autismo ou conquistaram grande riqueza, quando nada disso parecia possível.

Então, pedi aos ouvintes que tirassem a venda dos olhos, afastassem as barreiras no interior da mente e imaginassem como seriam suas vidas se tivessem poderes sobre-humanos e até sobrenaturais. Foi uma experiência muito intensa. As pessoas presentes adoraram. Elas se sentiram livres das inibições e começaram a pensar com muito mais liberdade do que antes. Afinal de contas, Deus não pode sentir hesitação, dúvida, conflito, desânimo ou pessimismo. O que *você* faria se tivesse poderes divinos?

Não sei qual é sua formação religiosa e seu conceito de Deus. Mas provavelmente você imagina um ser todo-poderoso, que não conhece limites. Bem, se você pensasse como esse Deus, o que desejaria para si mesmo? E, o mais importante: o que desejaria para o mundo em que vivemos?

Comece Aqui

Use o espaço abaixo para anotar o que você deseja ser, fazer ou possuir. O escritor Brian Tracy realizou uma pesquisa entrevistando pessoas que simplesmente anotaram uma lista de desejos e guardaram essa lista. A pesquisa revelou que, um ano depois, 80% dos desejos tinham sido realizados.

Anote seus desejos!

SEGUNDO PASSO: ESCOLHA UM DESAFIO QUE VALHA A PENA

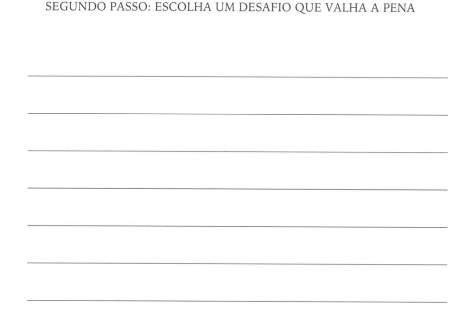

Anotou muitos objetivos?

Às vezes, pessoas que começam a formular desejos acabam se considerando prepotentes e egoístas. Elas sentem que estão tirando dos outros para que seus desejos se realizem. A melhor maneira de contornar essa convicção limitadora é ter certeza de que você também deseja o sucesso das pessoas ao seu redor.

Em outras palavras, se você quer uma casa nova, mas não quer a mesma coisa para seu vizinho, está deixando que o ego bloqueie seu progresso. Isso é ganância. Mas se você quer uma casa nova e acha que todas as outras pessoas podem conquistar a mesma coisa, você está em sintonia com o espírito criativo e terá condições de "atrair" essa casa ou ser conduzido para ela.

A verdade é que não há carência real neste mundo. O universo é maior do que o nosso ego e pode nos oferecer mais do que temos condições de pedir. Só o que precisamos fazer é formular nossos desejos com simplicidade e honestidade, sem tentar prejudicar ou controlar outras pessoas. Nunca deseje controlar uma pessoa em particular, nem queira que outra pessoa realize uma ação específica. Deixe que o universo, o poder que reside em todas as coisas, escolha a pessoa certa, no lugar certo e no momento certo. Formular uma intenção é tudo o que lhe cabe fazer.

O FATOR DE ATRAÇÃO

Os desejos dentro de você têm origem na sua espiritualidade interior. Nas linhas abaixo, deixe que sua espiritualidade interior se manifeste e escreva o que você realmente quer ser, fazer ou possuir:

_____

_____

_____

_____

_____

_____

_____

_____

_____

_____

_____

_____

Agora, tente imaginar objetivos ainda mais altos.

Suponhamos que você tenha escrito: "Quero ter US$ 50 mil no banco até começarem minhas férias". Bem, o que seria melhor do que isso? Por exemplo, que tal US$ 100 mil? A ideia é expandir um pouco sua imaginação, mas sem deixar de ser sincero a respeito de seus desejos.

SEGUNDO PASSO: ESCOLHA UM DESAFIO QUE VALHA A PENA

Anote abaixo objetivos ainda melhores do que os que você já apontou:

_____

_____

_____

_____

_____

_____

_____

_____

_____

_____

_____

_____

Agora, anote apenas *um* objetivo ou intenção, algo que você realmente gostaria de ser, fazer ou possuir.

Nosso poder é maior quando nos concentramos num único objetivo. Examine suas listas e descubra qual o desejo que mais se destaca, aquele que lhe parece mais carregado de energia. Um objetivo que realmente valha a pena pode até nos assustar um pouco, mas é extremamente excitante. E não se esqueça de que você sempre pode combinar objetivos. Não há nada

O FATOR DE ATRAÇÃO

errado em uma formulação como esta: "Até o próximo Natal, quero pesar 55 quilos, comprar um Corvette novo e acumular um saldo de US$ 50 mil na conta bancária".

No espaço abaixo, anote a intenção mais poderosa que você é capaz de imaginar:

_____

_____

_____

_____

_____

_____

_____

_____

_____

E agora, vamos para a próxima etapa.

Escreva sua intenção como se ela *já fosse* uma realidade.

Em outras palavras, o desejo: "Até o próximo Natal, quero pesar 55 quilos, comprar um Corvette novo e acumular um saldo de US$ 50 mil na conta bancária" se tornaria algo como: "Atualmente, peso 55 quilos, comprei um Corvette novo e tenho US$ 50 mil no banco!".

Se você quiser uma alternativa ainda mais eficaz, pense no conselho do dr. Robert Anthony no seu método de áudio *Beyond Positive Thinking*. Ali, ele

SEGUNDO PASSO: ESCOLHA UM DESAFIO QUE VALHA A PENA

afirma que uma formulação do tipo "Eu prefiro" é ainda mais poderosa. Por exemplo: "Eu prefiro pesar 55 quilos, comprar um Corvette novo e ter US$ 50 mil no banco!".

Faça isso agora. Reescreva seu objetivo no presente do indicativo, supondo que todos os seus desejos já se realizaram e usando eventualmente o verbo "preferir":

_____

_____

_____

_____

_____

_____

_____

Antes de seguirmos adiante, inclua mais uma linha no seu pedido. Acrescente a expressão: "Isso ou algo melhor".

"Isso ou algo melhor" é a brecha que lhe permite escapar das armadilhas do ego. Se você insistir em realizar seus desejos, estará apenas manifestando seu ego. Como veremos no Quinto Passo, confiar no momento presente é um fator importante do sucesso. O verdadeiro segredo da felicidade é *desejar alguma coisa sem depender da realização dos desejos*. Mais adiante voltaremos a este tema. Por enquanto, inclua a expressão libertadora "Isso ou algo melhor" no objetivo que você anotou anteriormente:

Faça isso aqui:

_____

_____

_____

_____

_____

_____

_____

_____

_____

_____

_____

Intenções Divinas

Passei o sábado passado com um pequeno grupo de pessoas maravilhosas de todas as partes do mundo que haviam acabado de completar meu Programa de Certificação em *Coaching* de Milagres, que dura um ano inteiro. Aquele dia foi alto-astral e fervilhante de energia. Mas durante o almoço uma pessoa me fez uma pergunta que talvez esteja também em sua mente.

— No filme *O Segredo* e em seu livro *O Fator de Atração* você disse que acredita em intenções, mas em seu livro *Limite Zero* você afirmou que não acredita mais nisso. Qual é sua posição atual?

SEGUNDO PASSO: ESCOLHA UM DESAFIO QUE VALHA A PENA

Eu compreendo que isso pode confundir as pessoas.

No meu novo programa em áudio da editora Nightingale-Conant, *The Missing Secret* [O Segredo Que Faltava], eu exponho minha visão de mundo de um jeito mais explícito. Vou tentar recapitular meu pensamento aqui:

Hoje em dia me dou conta de que muitas intenções são limitações.

Intenções provêm do ego e na verdade podem limitar aquilo que você tem condições de receber. As intenções são maravilhosas quando você está tomando consciência de seu próprio poder. É excitante definir objetivos e alcançá-los. Mas há uma maneira mais fácil, melhor, mais mágica e até mesmo mais milagrosa de progredir na vida. Eu explico isso em *Limite Zero* onde afirmo que há três estágios do despertar da consciência.

Estágio Um:

No primeiro estágio, você é uma vítima. Todos nós nascemos neste estágio e a maioria permanece ali. Com o *coaching* dos livros certos ou dos filmes certos, um dia você se liberta.

Estágio Dois:

No estágio seguinte você se dá conta de que tem mais poder do que jamais havia imaginado. Neste estágio, as intenções são divertidas, excitantes e úteis. Você traça objetivos para sua vida na direção que gostaria de ir. É estimulante "manifestar" coisas como carros novos ou uma casa nova ou qualquer outra coisa que você imaginar. Mas há outro estágio depois deste.

Estágio Três:

No terceiro estágio você percebe que tem as escolhas, mas não tem controle. Você se dá conta de que não tem *todo* o poder. Aqui, você entrega os pontos. Aqui, você deve buscar inspiração em algo maior do que a percepção de seu ego.

Eu fui filmado para mais dois filmes na semana passada. Um deles trata de como se deixar levar pela inspiração. Eu, por mim, desejo inspiração. Quando ela vem, *aquilo* se torna minha nova intenção. Mas a intenção vem da inspiração, não da limitação. A intenção vem da Dimensão Divina, não do meu ego insignificante.

O FATOR DE ATRAÇÃO

Em suma, quando recebo uma inspiração para fazer alguma coisa, é *ela* que se torna minha intenção.

Assim, eu ainda acredito em intenções, não aquelas do ego, mas as da Dimensão Divina.

As Intenções são para os Fracos

Quando defino uma intenção de fazer algo como, por exemplo, escrever um livro, uso minha vontade consciente e minha energia para alcançar esse objetivo. Mas quando *permito* que uma inspiração se torne minha nova intenção e combino minha energia com ela, então muitas vezes crio algo extraordinário e inesperado como, por exemplo, meu próprio programa de televisão.

A intenção também pode me levar a escrever outro livro, é claro, mas a questão é que a inspiração pode *me surpreender* com algo maior e mais ousado do que eu jamais imaginara antes.

Como disse P. T. Barnum: "Seja feita não a minha, mas a Vossa vontade".

Quando você segue sua inspiração, você se sente inclinado a dizer (como os Blues Brothers): "Minha missão vem de Deus".

Como distinguir uma intenção de uma inspiração?

Geralmente, pela sensação que elas causam.

Quando eu estava no programa da CNBC de Donny Deutch, chamado *The Big Idea* ["A Grande Ideia"], em 19 de novembro de 2007, contei a ele e a seu público que a diretriz para fazer qualquer coisa tem de vir do coração, ou dos intentinos, mas não da sua mente. Se você seguir esse chamado, seguirá o caminho divino.

É claro que isso varia de uma pessoa para outra. Talvez você se sinta inspirado para se inscrever no *Coaching* dos Milagres ou na Instrução Executiva para entender melhor meus métodos metafísicos e de marketing, mas talvez outra pessoa não sinta a mesma coisa. Eu ainda uso *coaches* hoje em dia, e acho que todo mundo deveria fazê-lo. Todos nós temos crenças e limitações a serem superadas.

Por exemplo, a inspiração me levou a criar meu próprio programa de televisão chamado *Expect Miracles* [Espere Milagres]. Mas meu ego estava resistindo contra isso. Era algo que expandia demais meus limites de autoimagem. Por

SEGUNDO PASSO: ESCOLHA UM DESAFIO QUE VALHA A PENA

causa disso, precisei do *Coaching* dos Milagres para limpar e clarear meus pensamentos. Enquanto eu tiver os pensamentos em ordem, os milagres acontecerão.

Agora, sinto clareza mental e estou pronto para que esse programa de tevê seja um megassucesso. E agora os investidores, atores, diretores, editores e escritores têm vindo me procurar. Por quê? Como? Porque afastei os bloqueios *dentro de mim*, com a ajuda de meus *coaches*, para permitir que isso acontecesse.

Então, vamos nos aprofundar no tema. Você tem um objetivo ou intenção que vem do fundo do seu ser. Talvez você se sinta assustado. Talvez você se sinta excitado. Talvez você se sinta confuso. Mas confie no fato de que o objetivo é um desejo da Dimensão Divina. Seja qual for o objetivo, mesmo que você não tenha certeza sobre como "atraí-lo", escreva-o aqui:

Agora, antes de encerrar esta etapa, vamos verificar se você escolheu o objetivo ou intenção que mais condizem com você. Há uma maneira de testar sua intenção. É o que veremos a seguir.

Tenho certeza de que você vai gostar do teste!

O FATOR DE ATRAÇÃO

Deixe Que seu Corpo Fale por Você

Muitas pessoas que praticam o chamado teste muscular não o fazem da maneira correta. Vou explicar em que consiste o teste e a seguir vou ensinar a maneira certa de aplicá-lo.

O teste muscular, ou cinesiologia comportamental, é uma maneira de "fazer perguntas" ao seu corpo. Em resumo, quando você faz uma pergunta e seu corpo dá sinais de fraqueza, quer dizer que isso não é bom para você. Quando seu corpo continua firme, isso significa que está tudo bem.

Talvez você já tenha visto alguém aplicar o teste. Geralmente, uma pessoa fica de pé, com um dos braços estendido para o lado na horizontal, enquanto outra pessoa se coloca diante da primeira. A pessoa que aplica o teste põe uma das mãos no ombro da primeira e a outra mão no braço estendido. Enquanto a primeira pessoa pensa em alguma coisa, a segunda pressiona o braço para baixo. Se o braço ceder, a primeira pessoa estava pensando em algo que a enfraquecia ou fragilizava. Se o braço continuar firme, a pessoa estava pensando em algo positivo e fortalecedor.

É uma explicação simplista de um procedimento complexo. Pessoas como o dr. David Hawkins escreveram inúmeros livros populares, como *Power vs. Force*, sobre suas experiências testando uma longa lista de assuntos, desde pessoas até teorias e até períodos inteiros da história da humanidade. Tudo isso é leitura fascinante. Essas experiências iniciaram um movimento que levou autores de *best-sellers*, como Wayne Dyer, a apregoar os benefícios do teste muscular.

Mas o fato é que os testes geralmente não são aplicados da maneira correta. Por exemplo, se uma das pessoas envolvidas sorrir, o teste não vale. Outras testam produtos segurando-os com a mão, mas o certo seria segurá-los sobre o plexo solar para uma resposta confiável. Outras pressionam com muita força, ou com a mão espalmada, e assim por diante. Se você aplicar corretamente o teste muscular, pode descobrir se seus objetivos são os mais adequados. Caso contrário, você pode se iludir e acabar seguindo o caminho errado.

Portanto, qual a maneira correta de aplicar o teste?

A Maneira Certa de Testar

Em primeiro lugar, as duas pessoas envolvidas precisam ter a mente clara. Ou seja, as duas pessoas têm de se sentir lúcidas, concentradas, serenas e receptivas. Como você pode imaginar, trata-se de uma dificuldade séria. No dia a dia, poucas pessoas se sentem lúcidas, concentradas, serenas e receptivas. Mas esse requisito é muito importante, caso contrário as pessoas envolvidas podem influenciar inconscientemente o resultado do teste. Há algumas maneiras fáceis de aclarar a mente:

- Beba um copo grande de água.
- Dê algumas pancadinhas no peito, logo acima do timo (parte superior do coração).
- Dê pancadinhas no lado inferior (ou seja, a superfície usada nos golpes de Karatê) da sua mão esquerda espalmada, repetindo a seguinte frase: "Eu me amo profundamente, eu me aceito e perdoo a mim mesmo".

Todos esses métodos aclaram os pensamentos para que você obtenha uma resposta confiável. As duas pessoas envolvidas no teste muscular têm de passar por essa preparação.

Em segundo lugar, é necessário um teste de controle. Em outras palavras, se você for a pessoa testada, aquela que pressiona seu braço tem de lhe fazer uma pergunta neutra; algo como: "Seu nome é Joe" (caso seu nome seja Joe), obviamente seu braço tem de opor resistência à pressão. Caso contrário, repita os exercícios para aclarar a mente.

Em terceiro lugar, a pessoa que pressiona o braço deve usar somente dois dedos, aplicando rapidamente um empurrão para baixo, de maneira suave, mas com firmeza. Lembre-se: este não é um teste de força. Não se trata de uma competição.

Método de Teste Individual

Você também pode se testar sem a ajuda de outra pessoa. Escrevi sobre esse método de teste individual no meu *e-book Hypnotic Marketing*. O procedimento é descrito a seguir.

O FATOR DE ATRAÇÃO

Levante a mão esquerda na altura do pescoço, deixando-a espalmada e com os dedos bem abertos, como se você fosse segurar uma bola de beisebol ou uma laranja grande.

Agora, pegue o polegar e o indicador de sua mão direita e toque com eles o polegar e o dedo mindinho da mão esquerda.

Está me acompanhando? Você deve manter a mão esquerda bem aberta, juntando o polegar direito ao polegar esquerdo e o dedo indicador direito ao dedo mindinho esquerdo. Conseguiu?

Agora, tudo o que você tem de fazer é pressionar o polegar e o dedo mindinho esquerdos, tentando resistir à pressão.

Vá em frente e faça isso agora.

Você não deve ter encontrado dificuldade para opor resistência.

Agora, pense em alguma coisa negativa (Hitler não falha nunca) e tente resistir à pressão da mão direita.

Seu polegar e mindinho devem ter enfraquecido.

Em seguida, pense em alguma coisa adorável (por exemplo, seu animal de estimação), continuando com a pressão.

Seu polegar e mindinho devem ter continuado firmes e abertos.

Vê como o teste funciona?

Sei que tudo isso pode lhe parecer maluquice. Mas o fato é que ninguém está vendo. Portanto, vamos em frente.

Teste seu Objetivo

Você já conhece as técnicas básicas do teste muscular. O próximo passo é testar o objetivo que você anotou por escrito. O corpo deve continuar firme e alerta, opondo resistência à pressão. Caso contrário, tente reescrever o objetivo e testá-lo novamente. É importante que você tenha certeza absoluta da adequação do seu objetivo. Desse modo, será mais fácil "atraí-lo" para a sua vida.

Escreva seu objetivo aqui, e em seguida aplique o teste muscular:

SEGUNDO PASSO: ESCOLHA UM DESAFIO QUE VALHA A PENA

_____

_____

_____

Se você precisar reescrever seu objetivo, faça-o aqui:

_____

_____

_____

_____

Carregue sua Intenção no Bolso

Agora, anote seu objetivo em um cartão ou bilhete e coloque-o no bolso, na bolsa ou na carteira. Carregue seu objetivo aonde quer que você vá. Desse modo, você se lembrará inconscientemente de sua intenção. Sua própria mente vai empurrar você na direção certa para que o objetivo se torne realidade.

Então, relaxe. Você acabou de plantar uma semente nos seus pensamentos. Nos próximos capítulos, vamos aprender a regar essa semente, expô-la aos raios de sol, protegê-la das ervas daninhas e deixá-la crescer.

Prepare-se para "atrair" milagres!

Prosperidade é ter condições de fazer
o que você quiser no instante em que quiser.

— Raymond Charles Barker. *Treat Yourself to Life*
[Prepare-se para a Vida], 1954

CAPÍTULO 14

Terceiro Passo: O Segredo que Faltava

Recentemente, conduzi uma teleconferência juntamente com um amigo meu, também especialista em marketing. Estávamos dizendo aos nossos ouvintes que é muito importante evitar qualquer tipo de boicote inconsciente à nossa própria vida. Eu e meu amigo ficamos bastante impressionados com nossas próprias palavras, ao explicar que as convicções inconscientes moldam a realidade de cada um e que é preciso aclarar os pensamentos para não "manifestar" insegurança ou malogro no mundo exterior.

No meio da teleconferência, apresentamos o nosso convidado especial daquela noite. Era um famoso especialista em autoajuda, um guru estrangeiro. O guru compareceu e começou contestando o que eu e meu colega tínhamos acabado de dizer.

— Podemos avançar um pouco nesta discussão? — perguntou ele.

— Bem, claro — respondemos. — O guru é o senhor.

— Não é necessário desenterrar o passado ou reeducar o inconsciente — começou ele. — Tudo o que você tem de fazer é concentrar os pensamentos naquilo que deseja e manter a concentração a todo momento.

Concordei totalmente com ele, mas também fiquei imaginando como ele esperava que as pessoas conseguiriam, sem algum tipo de preparação, ficar "centradas no momento presente" — o maior desafio espiritual de todos os tempos. Mas eu não disse nada e deixei que nosso convidado aprofundasse seus pontos de vista.

TERCEIRO PASSO: O SEGREDO QUE FALTAVA

— Eu era terapeuta, mas percebi rapidamente que era perda de tempo vasculhar o passado de uma pessoa, tentando encontrar a causa das coisas erradas no momento presente — explicou ele. — Tudo o que você tem de fazer é prestar atenção nos seus sentimentos. Se você se sentir bem, siga nessa direção. Caso contrário, pare.

Concordei com tudo o que o nosso guru convidado dizia, mas tive a impressão de que o ponto de vista dele era parcial. Comecei a sentir que ele cometia o mesmo equívoco de todos os outros gurus de autoajuda, integrantes do movimento Nova Era de busca de objetivos e aperfeiçoamento pessoal. Assim, senti-me obrigado a fazer algumas perguntas.

— O que acontece quando uma pessoa formula um objetivo, observa os próprios sentimentos a cada momento, e mesmo assim não alcança os resultados que queria?

— Então, há um conflito no subconsciente dessa pessoa — respondeu ele. — Ela deveria se afastar do seu objetivo e procurar alguma coisa mais verossímil.

— Nesse caso, voltamos à necessidade de expor as convicções inconscientes e aclarar os pensamentos — disse eu.

— Bem, isso não é realmente necessário. Basta conhecer sua própria intenção, seguir seus próprios sentimentos e ajustar o rumo a cada momento.

Nosso amigo guru não percebia um aspecto importante da questão. E, até onde sei, o mesmo se passa com praticamente todos os atuais porta-vozes das técnicas de desenvolvimento pessoal.

Que aspecto é esse?

Deixe-me explicar com um breve relato...

Vejam o Caso de Spot

Spot era um cão que encontrei perdido na rua e que adotei quando estava na universidade. Mas ele costumava fugir e arrancar as plantas do jardim do vizinho, ou atravessava a rua correndo, obrigando os motoristas a pisar no freio com toda a força. Ou seja, Spot fazia todo tipo de estripulias. Assim, prendi o cão com uma correia, que por acaso era bastante curta. Alguns dias mais tarde, senti-me culpado por deixar aquele amigo querido preso a uma correia de 90

centímetros. Comprei uma correia mais comprida, quase 2 metros de liberdade, e amarrei Spot nela. Então, afastei-me 2 metros e chamei o cão. Ele veio na
minha direção — mas parou depois de 90 centímetros. Não avançou nenhum
centímetro a mais do que a velha correia lhe permitia. Tive de ir até Spot, en-
volvê-lo com o braço e fazer com ele o percurso de 2 metros da correia nova. A
partir de então, ele passou a usar toda a extensão da correia.

Acho que todos nós temos um limite que impusemos para nossa própria
liberdade. Precisamos de um "consultor de milagres" para descobrir que, na
realidade, não temos limites. É o que Jonathan Jacobs costuma fazer com seus
pacientes. Mas suas técnicas podem parecer muito estranhas às pessoas que
não as conhecem. Se você permitir, vou tentar explicar algumas delas...

O Céu é o Limite

Antes de minha primeira sessão com Jonathan, eu não sabia o que esperar. Aquele homem me pareceu um pouco estranho, pois ele mesmo não
conseguia explicar suas técnicas. Mas durante muitos anos fui um jornalista
curioso. Assim, tomei coragem e agendei uma sessão com Jonathan.

— O que você pretende com esta sessão? — perguntou Jonathan.

— Como assim?

— Você pode ter o que quiser. Em que tipo de coisa gostaria de focar os
pensamentos?

Pensei na resposta por alguns instantes e disse:

— Quero ter clareza sobre o livro que estou escrevendo a respeito de
Bruce Barton.

— Que tipo de clareza?

— Quero saber em que direção devo seguir e qual o próximo passo na
redação do livro — respondi.

— Está bem. Siga-me, por favor.

Jonathan subiu as escadas e fez-me deitar em sua mesa de massagem.
Suavemente, pediu-me que fizesse um exercício de respiração, tentando visualizar várias cores.

TERCEIRO PASSO: O SEGREDO QUE FALTAVA

— Inspire a cor vermelha através do alto da sua cabeça e imagine que ela percorre todo o seu corpo, até sair pelos pés.

Fizemos a mesma coisa com diversas cores.

— Que outra cor você ainda precisa inspirar? — perguntou ele.

— O cinza — respondi. Então, ele me pediu que inspirasse aquela cor. Depois de vários minutos de respiração profunda e relaxamento em sua mesa de massagem, Jonathan pôs a mão no meu peito, na altura do coração, dizendo: — Abra isto.

Conscientemente, não fiz absolutamente nada. Mas senti uma descarga de eletricidade e energia dentro de mim. Quase fiquei cego. Uma luz branca e forte me invadiu, percorrendo meu corpo até explodir na cabeça, iluminando de algum modo o interior do meu crânio.

De repente, senti-me na presença de anjos, almas, guias espirituais. Não sei explicar. Mas eram seres reais. Eu sentia sua proximidade. Experimentava suas vibrações. Sabia que estavam ali. E aqueles seres, de alguma maneira, começaram a atuar dentro de mim, modificando minhas convicções e ajudando-me a perceber que minha "correia" era mais comprida do que eu imaginava.

Não sei ao certo quanto tempo durou aquele estado de êxtase. Vinte minutos? Uma hora? Não sei. Finalmente, sentei-me na mesa de massagem e percebi que uma lágrima escorria pelo rosto de Jonathan. Quando a energia começou a irromper dentro de mim, ele se afastou para deixar que ela fizesse efeito. Mas a beleza e o milagre que Jonathan presenciou o deixaram comovido. Ele estava chorando.

Quando minha mente se aclarou e consegui me orientar novamente, percebi que sabia o próximo passo para meu projeto de livro. Eu tinha de ir à cidade de Wisconsin e continuar minha pesquisa examinando os papéis pessoais de Bruce Barton no Museu Histórico. Por fim, eu tinha formulado uma intenção.

Mas isso não é tudo.

Logo depois de minha primeira sessão com Jonathan, comecei a notar outras mudanças na minha vida exterior. O livro que eu estava escrevendo tomou forma definitiva e se transformou em *The Seven Secrets of Success*. Encontrei um editor para ele. Consegui dinheiro para terminar minha pesquisa. Comprei um carro novo. Comprei uma casa nova. Meus rendimentos dispararam.

Como? Por quê?

Pedi ajuda ao outro lado de minha personalidade. E a ajuda não demorou a chegar.

Uma Decisão Sábia

Enquanto escrevo estas palavras, estou consciente de que você imagina que simplesmente enlouqueci. Afinal de contas, aqui estou eu, um homem adulto, escritor, palestrante bastante conhecido, especialista em marketing que presta consultoria a executivos sobre seu trabalho, falando em "espíritos".

Mas também sei que você sabe o que quero dizer. Até a pessoa mais ateísta que se possa imaginar já entrou em contato alguma vez com o miraculoso, o fantástico ou o inexplicável. Embora ninguém saiba o que nos espera no outro lado desta vida, todos nós temos tendência a acreditar que existe ali algum sinal de inteligência.

Talvez valha a pena mencionar que o livro que mais me ajudou nesse sentido foi *What Can a Man Believe?*, de Bruce Barton. Nele, o autor explica que existem poucas provas da vida após a morte, mas que acreditar no Além é uma decisão mais sábia do que não acreditar.

Em outras palavras, é verdade que não se pode provar a existência de anjos e guias espirituais, dispostos a nos prestar ajuda. Mas acreditar neles não é um pensamento muito mais delicioso e reconfortante e mágico do que não acreditar? Não há provas concretas para confirmar ou refutar sua existência. Mas, se você puder usar sua fé para operar milagres, não estará tomando uma decisão sábia?

Uma Força Misteriosa

Uma amiga minha me telefonou e contou que gostaria de acreditar em guias espirituais e anjos e mestres do Além, mas que uma parte de sua personalidade duvidava da existência deles.

— Tudo bem — disse eu. — Também tenho minhas dúvidas.

TERCEIRO PASSO: O SEGREDO QUE FALTAVA

— É mesmo?

— Claro — acrescentei. — Se eu tivesse de comparecer a um tribunal para provar que tenho guias espirituais, as pessoas ririam de mim e me expulsariam dali. Não há provas de que esses guias existam, mas o fato é que não há provas do contrário.

Então, lembrei-me de um artigo que li numa edição recente da revista *Reader's Digest*, no qual Larry Dossey discute o poder mágico das orações. Ele afirma que o ato de rezar já ajudou várias pessoas a se curarem de doenças. Em vários casos, elas se restabeleceram de doenças consideradas "incuráveis" pelos médicos. O que aqueles pacientes fizeram foi rezar por sua própria cura. Eles mesmos admitem que não sabem se suas preces foram atendidas. Mas a simples crença no poder da oração e o simples ato de rezar os ajudaram de maneira decisiva. Mais uma vez, como observou Barton, acreditar é uma decisão mais sábia do que não acreditar. A fé ajuda a criar milagres.

Barton escreveu a seguinte passagem em 1927, no seu livro *What Can a Man Believe?*. Sempre gostei destas palavras, pois elas parecem atiçar dentro de mim a força misteriosa que mencionam. Talvez você sinta a mesma coisa:

Em todo e qualquer ser humano, seja ele imperador ou *cowboy*, príncipe ou mendigo, filósofo ou escravo, há uma força misteriosa que ele não compreende nem controla. Essa força pode jazer adormecida por longo tempo, a ponto de ser quase esquecida; ou pode ter sido recalcada nas regiões mais profundas da personalidade, a ponto de parecer morta. Mas uma noite, aquele ser humano pode se encontrar sozinho no deserto, sob o céu estrelado; um dia, ele pode comparecer cabisbaixo, de olhos úmidos, diante de um túmulo aberto; ou pode chegar uma hora em que ele tenha de se agarrar, com instinto desesperado, à amurada de um barco sacudido pela tempestade. Então, de repente, aquela força misteriosa deixa as profundezas ocultas do ser e se arremessa para fora. Ela é mais forte do que o hábito; atropela a razão; e, com uma voz que não pode ser desmentida, clama na escuridão enchendo nossos ouvidos com suas indagações e suas preces.

Vamos supor que você não tenha acesso a um terapeuta como Jonathan. Nesse caso, o que você tem condições de fazer?

O FATOR DE ATRAÇÃO

É fácil. Concentre seus pensamentos naquilo que você deseja e enuncie a intenção de encontrar uma pessoa capaz de ajudá-lo a superar as convicções antigas, para que você possa criar a vida que deseja. A ajuda é possível neste mundo. Defina uma intenção clara e deixe que essa ajuda venha até você.

Acho importante procurar a assistência de um terapeuta ou consultor espiritual. É muito fácil regredir para os hábitos antigos de pensamento. É muito fácil sentir pena de si mesmo e comprazer-se no papel de vítima. Provavelmente, a grande maioria dos seus amigos atuais não tem condições de apoiar você no seu desejo de criar milagres. É por isso que eu criei meu programa de *Coaching* de Milagres. E treinei pessoalmente *coaches* para ajudá-lo a entender o processo para que você possa atrair de maneira fácil e rápida milagres.

Quando comecei a me tratar com Jonathan, eu o visitava uma vez por mês. Dentro de pouco tempo, ele e eu percebemos a necessidade de mantermos contato ao menos uma vez por semana. Jonathan e eu fizemos um pacto: "Sempre que eu me sentisse confuso, deveria telefonar para ele". A partir de então, quando algum acontecimento me fazia "entrar em parafuso", minha primeira providência era ligar para Jonathan.

Recentemente, outra mulher me perguntou o que significa "aclarar os pensamentos" ou "livrar-se das convicções antigas". Pensei no assunto por algum tempo antes de responder à pergunta. A imagem que me veio à mente foi a de um time de futebol. Se um dos jogadores do time estiver contundido, se ele se sentir aborrecido ou rejeitado, se ele achar que o técnico não lhe dá o devido valor ou se estiver abatido porque levou um "fora" da namorada, aquele único jogador pode comprometer ou boicotar o sucesso do time como um todo.

Mal comparando, você é como um time de futebol. Quando todos os seus elementos constituintes, quando todas as convicções dentro de você atuam em harmonia, não há problema. Você tem condições de atrair riqueza e prosperidade. Mas quando um dos elementos constituintes, quando uma das convicções não dá sustentação às suas próprias intenções, elas podem sofrer prejuízo ou boicote. É por isso que talvez você tenha "o maior azar do mundo" em matéria de amor, paixão, família, carreira, negócios ou saúde. Algum elemento de sua personalidade não deseja o sucesso. Precisamos livrar você dessa limitação. E, quando nos livrarmos dela, você terá clareza de pensamentos.

TERCEIRO PASSO: O SEGREDO QUE FALTAVA

Com a mente clara, você estará livre para atrair qualquer coisa que imaginar.

O Passo Mais Importante

No que me diz respeito, acho que este é o passo mais importante em toda a fórmula do Fator de Atração. Quando você tiver a mente clara, nada o impedirá de "atrair" qualquer coisa que você deseje, ou algo ainda melhor.

Mas o que significa mente "clara"? Escrevi um livro inteiro que oferece métodos de limpeza e clareza mentais em *A Chave*. Também gravei um programa inteiro em áudio sobre este assunto chamado *The Missing Secret* [O Segredo Que Faltava]. Tais métodos foram todos concebidos para criar um alinhamento entre sua mente consciente e inconsciente.

Deixe-me explicar o seguinte diagrama "O Universo".

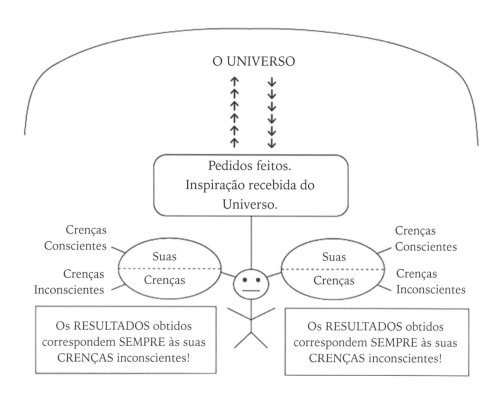

O FATOR DE ATRAÇÃO

O que a imagem mostra é que a energia está indo até você ou saindo de você da Dimensão Divina, mas ela passa por um sistema de "filtragem". Esse "filtro" é seu inconsciente. Ele consiste em suas crenças. Se, por exemplo, você disser que deseja "atrair" riqueza, mas bem no fundo de sua mente você acredita que "o dinheiro é ruim" ou que "pessoas ricas são más", então na prática você estará se impedindo de atrair riqueza.

Isso ocorre sempre que você tentar atrair alguma coisa, mas sentir-se frustrado pelos resultados. O Universo/Deus/Dimensão Divina está tentando ajuda-lo, mas é limitado por suas crenças inconscientes. Afaste essas crenças limitadoras e você poderá ter, fazer ou ser praticamente qualquer coisa que imaginar. Você define os limites.

Em seu trabalho *Project for a Scientific Psychology* [Projeto para uma Psicologia Científica], escrito em 1895, Freud foi o primeiro a propor a ideia radical (naquela época) de que o pensamento é intrinsicamente inconsciente. Com efeito, somos *"icebergs* conscientes", pois a maioria de nossos pensamentos ocorre abaixo da linha d'água, para além da percepção consciente.

O fato de essa ideia não ser mais considerada radical resulta de décadas de pesquisa que mostraram a importância dos processos inconscientes. Temos agora provas abundantes de que o inconsciente afeta o funcionamento da memória, dos afetos, das atitudes e das motivações.

Isso significa que o que você pensa conscientemente não tem nem de longe a mesma importância dos seus pensamentos inconscientes. Ambos são ferramentas que você pode usar, mas uma delas funciona em seu estado de alerta e a outra, não. Se a camada inferior de sua mente não quiser o que você deseja "atrair", você não será capaz de "atraí-lo", e mesmo que consiga, não será capaz de conservá-lo.

Agir com a mente clara significa alinhar as camadas consciente e inconsciente. Esse terceiro passo do Fator de Atração trata prioritariamente do realinhamento dos seus "eus" interiores para que os dois desejem a mesma coisa.

Promessas de Ano-Novo

Meu exemplo favorito é de quando você faz uma promessa de Ano-Novo. Conscientemente, você diz coisas como: "Pretendo fazer exercícios três vezes

TERCEIRO PASSO: O SEGREDO QUE FALTAVA

por semana", ou "Quero sair mais em encontros de 'paquera'" ou "Desejo parar de fumar".

Mas o que acontece no dia seguinte ou na semana seguinte?

Provavelmente, você já terá esquecido suas promessas.

Mas por quê? Você formulou seus desejos. Você tinha a melhor das intenções. Por que não as cumpriu? Por que parou de fazer o que você sabia que lhe faria bem?

Basicamente, você tinha *contraintenções* dentro de você. Trata-se de crenças em seu inconsciente que não querem o que você afirma que gostaria de "atrair". Por exemplo, você poderia dizer: "Quero emagrecer", mas no mais profundo de sua mente você cultiva a crença: "Se eu emagrecer, posso apanhar de alguém", ou "Se eu emagrecer, as pessoas vão querer fazer sexo comigo".

De novo, você precisa clarear a mente para "atrair" e alcançar aquilo que deseja.

E Agora, sua Mente Está Clara?

Como você sabe se sua mente está clara neste exato momento?

Pense em algo que você queira possuir, fazer ou ser.

Por que ainda não alcançou este objetivo? Escreva sua resposta aqui:

O FATOR DE ATRAÇÃO

Se sua resposta tiver algo de negativo, sua mente não está clara. Se você não disser algo como um honesto "Sei que meu objetivo está se aproximando de mim", provavelmente você não tem clareza mental em seu interior a respeito de seus desejos.

Outra pergunta que você pode se fazer é: "O que significa o fato de que ainda não tenho aquilo que desejo?". Escreva a resposta aqui:

_____

_____

_____

_____

_____

_____

_____

Sua resposta a essa pergunta revelará suas crenças. Por exemplo, se você disser: "Primeiro tenho que fazer tal e tal coisa", então você alimenta a crença de que precisa fazer algo antes de conquistar aquilo que deseja.

Se você disser: "Minha alma não quer que eu conquiste tal coisa", estará formulando suas próprias crenças a respeito do que você pensa que sua alma deseja para você,

Se você disser: "Não sei como conquistar aquilo que desejo", estará revelando uma crença segundo a qual você precisa saber como conquistar o que deseja antes de possuí-lo.

A verdade é que nada significa alguma coisa intrinsecamente. Você e eu atribuímos significado aos acontecimentos e os chamamos de verdades. Mas esse significado revela nossas crenças. Às vezes, essas crenças são benéficas para nós, às vezes, não.

TERCEIRO PASSO: O SEGREDO QUE FALTAVA

Eu aprendi que o significado que você atribui a um acontecimento é a crença que causou aquele acontecimento. Isso tem muitas implicações. Quando você declara: "Isso sempre acontece comigo", você simplesmente acabou de encontrar a crença que causou o acontecimento. A crença veio primeiro.

Como Identificar suas Convicções

Não é tão difícil identificar suas convicções.

Primeiro, é preciso entender o que é uma convicção. Bruce Di Marsico, criador do *The Option Method* [Método da Opção], uma ferramenta brilhante para investigar convicções, afirma: "Estar convencido de alguma coisa é partir do princípio de que aquilo é verdadeiro, aquilo é um fato. Uma convicção *sobre* a existência de alguma coisa não se confunde com a existência em si mesma".

Em outras palavras, uma camisa não é uma convicção. É um fato. É uma existência. Mas dizer que uma camisa combina com sua personalidade, ou não combina, é uma convicção.

Mandy Evans, autora de livros de autoajuda e praticante do Método da Opção, afirma que certas convicções podem azedar o dia de qualquer pessoa. *A principal causa do estresse* são as convicções, não as dificuldades no trabalho ou as situações do *dia a dia*. É sua percepção dos acontecimentos o que determina seu estado de espírito.

"Existem duas coisas diferentes: de um lado, aquilo que aconteceu em sua vida; de outro, o significado que você decidiu atribuir aos acontecimentos", disse-me Mandy certo dia, quando estávamos almoçando juntos. Ela é autora de *Travelling Free: How to Recover from the Past by Changing Your Beliefs*.

"Mude suas conclusões ou convicções sobre os acontecimentos do passado", explicou ela, "e você pode começar a viver de outra maneira. Algumas convicções são muito persistentes e podem realmente nos derrubar."

As convicções moldam nossa maneira de sentir, pensar e agir, diz Mandy. Ela é uma especialista em sistemas de convicção pessoal. Muitas vezes, só é possível modificar esses sistemas quando se sabe em que consistem e como funcionam. Em *Travelling Free*, seu segundo livro, ela oferece uma lista das "Vinte Convicções Derrotistas Mais Comuns", convidando o leitor a começar um processo de autoanálise.

O FATOR DE ATRAÇÃO

"Quando você descobrir uma convicção, pergunte a si mesmo se de fato acredita nela", sugere Mandy. "Em caso afirmativo, pergunte a si mesmo por que acredita nela. Examine pacientemente as razões que levaram você a acreditar em qualquer convicção limitadora."

Aqui vão dez das vinte convicções mais comuns, segundo Mandy:

1. Eu não mereço ser amado.

2. Não importa o que eu fizer, o certo seria estar fazendo outra coisa.

3. Se ainda não aconteceu, é porque não vai acontecer nunca.

4. Você se afastaria de mim se me conhecesse na intimidade.

5. Eu não sei o que quero.

6. As pessoas se irritam comigo.

7. O sexo é uma coisa suja e sórdida, e por isso só deve ser compartilhado com a pessoa que você ama.

8. É melhor parar de desejar as coisas; se você puser suas esperanças lá em cima, vai se decepcionar.

9. Se eu fracassar, vou me sentir mal por muito tempo e terei verdadeiro pavor de tentar novamente.

10. Eu já deveria ter resolvido este problema há muito tempo.

Essas são convicções. Às vezes, você precisa da ajuda de outra pessoa para trazer suas convicções à luz do dia. Certa vez, encontrei-me com minha amiga Linda para um café da manhã. Durante a conversa, perguntei se ela queria colaborar comigo em uma campanha publicitária, mas Linda respondeu: — O problema é que alguns de meus colegas podem sentir inveja de mim.

— Essa é uma convicção — disse eu.

Os olhos de Linda se dilataram e seu rosto se iluminou.

— Sabe que eu nunca tinha pensado nisso? — perguntou ela.

Nunca lhe tinha ocorrido que o medo é uma convicção — uma convicção que temos condições de superar. Linda precisou de outra pessoa para desnudar sua convicção.

Aqui vai outro exemplo do que quero dizer.

TERCEIRO PASSO: O SEGREDO QUE FALTAVA

Como Conseguir um Carro Novo

A história que vou contar abaixo aconteceu muitos anos atrás, mas ainda me lembro dela nos mínimos detalhes...

Eu precisava *urgentemente* de um carro novo. A banheira que eu costumava dirigir não prestava para nada e tinha de ser empurrada. Está bem, o carro não era tão ruim. Mas sempre que ele quebrava, minhas finanças iam por água abaixo. As despesas de oficina estavam me matando.

E, o que era pior, eu nunca tinha a certeza de chegar aonde queria. Era uma coisa estressante. Eu precisava de ajuda. Telefonei para Jonathan para pedir conselho, pois sempre tive medo dos vendedores de carros das concessionárias (eu mesmo já trabalhei nessa função e conheço suas táticas de vendas). Contei meu desejo a Jonathan.

Ele disse: — Muitas vezes, aquilo que você realmente deseja está oculto sob o que afirma desejar... O que este carro novo significa para você?

— Como assim? — perguntei.

Jonathan explicou que o objeto de nossos desejos pode ser uma sensação, mais do que um produto. Concentre-se na sensação e você terá mais chances de conseguir o que realmente deseja. O que eu sentiria se tivesse um carro novo?

Que charada! Só de pensar naquilo, uma dor de cabeça insuportável tomou conta de mim. Desliguei o telefone e minha cabeça começou a pulsar como se tivesse levado uma cacetada. Quase nunca tomo remédios, mas engoli um punhado de aspirinas como se fossem pipoca. Elas não me ajudaram em nada.

Fui procurar Jonathan pessoalmente. Sentado na presença de sua energia cheia de bondade e aceitação, deixei que minha dor "falasse" comigo. De repente, vi a dor de cabeça no espaço entre os dois olhos como um enorme novelo preto de fios entrelaçados. Mentalmente, conforme cada um dos fios ia se desprendendo do novelo, eu ouvia uma voz que anunciava uma convicção:

"Você não tem dinheiro para comprar um carro novo".

O fio se desprendia e voava para longe de mim, mas era substituído por outra convicção:

"O que seu pai diria se você comprasse um carro?".

159

O FATOR DE ATRAÇÃO

E então, outro fio da meada (isto é, outra convicção) deslizava para fora: "E como você pretende pagar?".

E assim por diante... uma convicção após a outra.

Lentamente, todas essas convicções foram se desenredando e voando para longe de mim. O novelo preto de dor foi ficando menor. Cada vez menor. Depois de 20 minutos, a dor de cabeça sumiu completamente. Eu estava curado. Eu tinha a mente clara. Eu me sentia feliz.

Mas veja o que aconteceu depois.

Mesmo sem acreditar que o sonho do carro novo fosse possível, segui minha intuição e imediatamente fui à concessionária que, por algum motivo, me pareceu mais conveniente. Conscientemente, eu "sabia" que não tinha a menor condição de comprar um carro novo. (Aliás, antes disso eu *nunca* tinha comprado um carro 0 km em toda a minha vida, e meu crédito era péssimo.) Seja como for, resolvi deixar os temores de lado e confiar no momento presente.

O vendedor da concessionária me levou até o pátio de veículos. Contei-lhe o que queria e ele disse que tinha um carro com aquelas características. Caminhamos até o local em questão e vi que o vendedor estava certo. O carro era perfeito. Era dourado e lindo e reluzente. Perguntei: — Tem toca-fitas?. — O vendedor olhou para mim e balançou a cabeça afirmativamente. — Bem — disse eu —, vamos fazer a parte mais difícil. Vamos ver se tenho condições de comprá-lo.

Preenchemos formulários e o vendedor me pediu que fizesse um depósito. Mas não senti confiança suficiente de que meu cadastro seria aprovado, e assim decidi não depositar dinheiro. Então, deixei a loja. Dirigi até a casa de um amigo nos arredores da cidade. Passamos o dia tocando música, ele dedilhando seu violão e eu soprando minha gaita. No fim da tarde, resolvi telefonar para a concessionária.

— Seu cadastro foi aprovado — disse o vendedor.

Fiquei atônito.

— Tem certeza? O senhor viu meu cadastro pessoalmente? — perguntei. — Meu nome é Joe Vitale.

TERCEIRO PASSO: O SEGREDO QUE FALTAVA

Ele riu e garantiu que estava tudo em ordem. Então, perguntou quando eu queria retirar o carro novo. Fui até lá e retirei o carro, num misto de assombro e deleite por tê-lo comprado. Eu não tinha ideia de como iria pagar as parcelas, mas acabei pagando-as sem problemas. Na verdade, consegui saldar as últimas parcelas antecipadamente.

E isso não é tudo.

Assim que decidi ter um carro novo, minha vida mergulhou em uma espiral ascendente de coincidências mágicas.

De repente, o dinheiro de que eu precisava começou a surgir. Clientes começaram a telefonar. Meus cursos ficaram lotados. Fui convidado a dar palestras para grupos dos quais nunca tinha ouvido falar. E duas editoras ligaram para mim exatamente no mesmo dia, oferecendo-se para publicar meus livros.

Por algum mecanismo mágico, mas também muito real, o ato de permitir que um carro novo entrasse na minha vida mandou uma mensagem para o universo de que eu confiava em mim mesmo e confiava no momento presente. Em vez de duvidar e de me preocupar com as parcelas a serem pagas, saltei corajosamente do alto da montanha do medo. E, para minha surpresa, não me esborrachei no chão.

Fiquei planando.

Mas antes que tudo isso acontecesse, tive de aclarar meus pensamentos. Se eu fosse comprar um carro novo arrastando as mesmas convicções limitadoras sobre o que mereço ter na vida e quanto posso pagar, essas convicções teriam "boicotado" minha compra. Eu teria "atraído" uma situação na qual não poderia pagar as parcelas, pois só assim estaria validando as convicções que condicionavam minha vida. O esclarecimento e a superação das convicções foram condições básicas para tudo o que aconteceu depois.

Por falar no que aconteceu depois, devo dizer que, nos dez anos seguintes, comprei *quatro carros novos* na mesma concessionária. Hoje em dia, dirijo uma máquina ainda mais "incrementada": um carro esporte de luxo, um BMW Z3 Roadster. Eu o adoro. É meu orgulho e minha alegria.

Vale a pena livrar-se das convicções antigas!

O FATOR DE ATRAÇÃO

Dinheiro Além da Imaginação

O que você diz a si mesmo quando olha para sua empresa ou seu negócio e percebe que eles ainda não estão onde você gostaria que estivessem?

Você põe a culpa na economia? Na equipe de vendas? Na estratégia de marketing? Ou na sua própria capacidade de realização?

Seja qual for a resposta, trata-se de uma convicção. As convicções mais comuns incluem:

- "Tenho de trabalhar duro pelo dinheiro que ganho".
- "Preciso de mais dinheiro do que sou capaz de ganhar".
- "Não tenho ideia de como mudar minha situação financeira".
- "Acho que meus funcionários não se esforçam".
- "Não sei lidar com dinheiro e prosperidade".

O que você deveria fazer é substituir suas convicções negativas por outras de teor positivo, tais como:

- "O dinheiro é uma manifestação natural do universo".
- "É bom ser rico."
- "Não preciso trabalhar duro para ganhar dinheiro".
- "Estou predestinado a conquistar grande riqueza".
- "Meus funcionários garantem lucros para mim".
- "Sei lidar com dinheiro e prosperidade".

Muitas de suas convicções lhe foram transmitidas quando você era criança. Você simplesmente as absorveu. Mas agora está em vias de despertar. Você tem uma opção. Pode decidir descartar as convicções que já não lhe servem e pode decidir substituí-las por outras que lhe serão mais úteis.

Várias convicções têm origem em nossa própria cultura. Recentemente, eu estava sentado num cinema, explicando a um amigo como se faz para escolher conscientemente novas convicções. De repente, começamos a ouvir pelos alto-falantes a canção "It Ain't Easy" ["Não é fácil"]. A canção ficava repetindo as mesmas palavras: "Não é fácil. Não é fácil. Não é fácil". Seguiu-se o

162

TERCEIRO PASSO: O SEGREDO QUE FALTAVA

clássico dos Rolling Stones, "You Can't Always Get What You Want" ["Nem sempre você pode ter o que deseja"]. Meu amigo e eu começamos a rir, percebendo que ali havia uma espécie de "lavagem cerebral". Infelizmente, ninguém mais no cinema parecia perceber que estávamos sendo programados com convicções limitadoras.

Antigamente, lembro-me de que tinha a seguinte convicção: "Quanto mais dinheiro se gasta, menos se tem". Parece lógico, não é? Se você gastar seu dinheiro, terá menos dinheiro sobrando. Mas decidi mudar essa convicção. No lugar dela, adotei uma nova: "Quanto mais dinheiro se gasta, mais dinheiro se ganha". Agora, sei que vou ganhar mais dinheiro cada vez que assinar um cheque. Por quê? Porque decidi acreditar nisso.

Você pode fazer a mesma coisa. Ponha a nu suas convicções sobre riqueza e prosperidade e pergunte a si mesmo se deseja continuar acreditando nelas ou se prefere novas convicções. Então, escolha conscientemente as convicções que lhe pareçam mais válidas. Talvez você tenha de repetir esse processo várias vezes no início, mas o resultado final vai "atrair" os objetivos que você buscava.

Algumas pessoas dizem que você estará mentindo a si mesmo se declarar uma intenção que ainda não se converteu em realidade. Meu contra-argumento é que você *já está* mentindo a si mesmo. Dizer "Nunca tenho dinheiro para nada!" é uma mentira. É uma crença que motiva sua realidade atual. Parece verdade, mas é só uma afirmação imbuída de energia que você decide acreditar que seja real. Enquanto você mantiver essa crença, ela *será* real. Você continuará "atraindo" situações que servirão como provas disso. Mas é a crença o que está causando a "atração", e essa crença é uma mentira.

Conte a si mesmo uma mentira de sua preferência. Em vez de dizer: "Sempre tenho problemas com meus inquilinos ou com meu proprietário!", mude a afirmação para "Estou em paz com meus inquilinos ou meu proprietário". No começo, a nova intenção parecerá incômoda, mas só por causa de sua novidade. Se você a deixar persistir até que ela se torne parte de você, começará a perceber que ela está transformando sua realidade. E logo ela se tornará sua realidade.

Não é mesmo uma sensação maravilhosa — saber que agora você pode criar sua vida do jeito como deveria ser desde o início?

Que outras novas crenças você gostaria de estabelecer? Anote-as aqui:

_____

_____

_____

_____

_____

_____

_____

Cura a Distância

Esclarecer e superar convicções antigas pode ser um processo muito fácil. O melhor exemplo que me ocorre se deu algum tempo atrás, quando eu estava tentando me curar de uma sinusite alérgica.

Quando morei em Houston, padeci durante anos de uma sinusite que causava inflamação e dores de cabeça. Não tenho palavras para descrever meu tormento, que era constante. Tomei remédios à base de ervas. Experimentei tratamentos de acupuntura. Usei purificadores de ar. Tudo isso aliviava meu problema, mas nada funcionava por muito tempo.

Certo dia, jantando com minha amiga Kathy Bolden, que pratica uma técnica terapêutica chamada "Terapia a Distância", perguntei se ela podia me ajudar. Olhei-a nos olhos, bati o punho na mesa e disse: — Não quero alívio. Quero me curar. Quero me livrar dessa coisa *de uma vez por todas*.

Minha intensidade deixou Kathy assustada. Mas ela também percebeu que eu estava sendo sincero e que meu tormento era insuportável. Disse que tentaria me ajudar.

TERCEIRO PASSO: O SEGREDO QUE FALTAVA

E foi o que ela fez. Voltou para casa, recolheu-se ao silêncio do seu consultório e usou suas técnicas para livrar meu corpo daquele problema. Eu não estive presente ao tratamento. Nem mesmo sabia ao certo se Kathy cumpriria sua promessa. No entanto, alguns dias depois, percebi que conseguia respirar de novo. Telefonei para Kathy e perguntei o que ela tinha feito.

— Havia algum tipo de energia negativa no seu corpo, mas eu a espantei para fora — disse ela.

Aparentemente, Kathy usara suas técnicas de cura a distância para dissolver minhas convicções e renovar minhas energias sem que eu estivesse presente. Impossível imaginar uma cura mais fácil!

Libertando-se do Passado

Aqui vai outro exemplo de esclarecimento e superação das convicções. É um exemplo que ainda me surpreende, pois aconteceu com minha ex-mulher e tive a oportunidade de presenciar pessoalmente a mudança dramática.

Marian nunca tinha aprendido a dirigir. Fui seu motorista por mais de quinze anos. Não estou me queixando. Simplesmente, era assim entre nós.

Porém, depois de observar as mudanças na minha vida em função do tratamento com Jonathan e outros terapeutas, Marian decidiu se livrar do bloqueio que a impedia de dirigir. Agendou uma sessão com Jonathan. Uma hora mais tarde, ela tinha resolvido o problema.

O que aconteceu? Marian se lembrou de um incidente ocorrido em sua infância. Sua mãe estava aprendendo a dirigir e Marian estava sentada no banco de trás do carro. Evidentemente, a mãe dava sinais de nervosismo. Aquela energia foi absorvida por Marian e marcou-a para sempre. Depois que Marian cresceu, a garotinha sentada no banco de trás do carro da mãe continuou viva dentro dela. A "Marian criança" impedia a "Marian adulta" de dirigir.

Sob a orientação de Jonathan, Marian conseguiu relembrar aquela experiência e livrar-se dela. Percebeu que era uma lembrança antiga que já não tinha mais utilidade na sua vida. Portanto, Marian libertou sua própria lembrança. Sua energia ficou livre da influência do passado.

Hoje em dia, Marian dirige o próprio carro — um modelo novo, aliás — e se diverte muito com isso. Lembro-me de uma tempestade terrível que

O FATOR DE ATRAÇÃO

se abateu certa noite sobre Houston, causando várias inundações. Fiquei preocupado com minha mulher, que havia saído de carro. Quando ela voltou tarde da noite, corri até a garagem para recebê-la.

O que vi me deixou atônito. Marian estava sorrindo de orelha a orelha. Seu rosto estava radiante. Ela baixou a janela do carro e disse: "Hoje passei por uma aventura!".

Agora, Marian sente gratidão até por ficar presa no trânsito. Simplesmente, fica sentada sem se irritar, ouvindo música lá dentro.

Um dia, saímos em carros separados para almoçar. Depois do almoço, seguíamos por uma avenida quando o sinal fechou. Parei logo atrás do carro de Marian. Vi-a movendo os lábios e tamborilando os dedos no volante. Achei que ela estava ficando impaciente. Então, ultrapassei Marian e percebi que, na verdade, ela estava cantando e acompanhando o ritmo com os dedos!

Impossível imaginar uma transformação mais drástica!

Algum tempo depois, Marian se envolveu em um grave acidente de trânsito. Uma caminhonete se chocou contra o carro dela, com força suficiente para quebrar o eixo traseiro do carro de Marian. Mas, apesar do choque, ela saiu ilesa e não se aborreceu com o acidente.

E o mais incrível: dois dias depois, Marian decidiu alugar um carro e voltar a dirigir. Não acreditei no que via. Disse a Marian que estava orgulhoso de sua atitude, pois muitas pessoas se sentem nervosas para dirigir logo depois de um acidente de trânsito.

Marian se limitou a sorrir, dizendo: "Por quê? Dirigir é tão divertido!".

Liberte seu Passado

Jonathan costuma dizer: "Tudo é uma questão de energia". Em outras palavras, ele acreditava que todos nós somos sistemas energéticos. Quando temos clareza dos pensamentos e intenções, nossa energia se move em uma só direção. Quando nossos pensamentos e intenções são confusos, a energia se move em várias direções e seu potencial se dispersa.

Caroline Myss, médica intuitiva e autora de *Anatomy of the Spirit*, observa que muitas pessoas estão "plugadas" ou "conectadas" a seu passado. Caso você já tenha sofrido violência, abuso, injustiça ou humilhação em sua vida, ou caso tenha deixado um assunto pendente e sem solução, é provável que esse acontecimento em aberto ainda esteja rondando seu dia a dia. Você ainda está "plugado" nas lembranças do passado. Isso significa que uma parte de sua energia ficou presa ali, relembrando e provavelmente recriando o acontecimento no momento presente.

Sei que isso não é fácil de entender. Mas deixe-me citar outro exemplo do livro de Myss. Imagine que a energia à sua disposição todos os dias seja uma quantia em dinheiro. Você acorda de manhã com US$ 500 para gastar durante o dia. Mas você ainda está aborrecido com algo desagradável que sua companheira lhe disse na noite anterior. Bem, isso tem um preço. Você terá de gastar US$ 50 para manter essa energia viva dentro de você.

Suponhamos também que você ainda sinta raiva de um amigo porque ele está lhe devendo dinheiro de cinco anos atrás. Agora, terá de gastar mais US$ 100 para manter essa lembrança viva.

E vamos supor que você tenha sofrido algum tipo de abuso na infância. Agora, está gastando mais US$ 100 para conservar essa lembrança. Você acordou com US$ 500 à sua disposição, mas antes de se levantar da cama já desperdiçou metade da quantia em velhas recordações.

Se você tentar atrair algum acontecimento positivo agora, não terá toda a energia disponível para torná-lo realidade. Mas se você esclarecer e superar os acontecimentos, mágoas, lembranças e convicções do passado, terá mais energia à sua disposição para atrair aquilo que deseja. E, quanto mais energia você tiver agora, mais energia será capaz de gerar.

No final, você acabará como aquela *top model* do mundo da moda, que disse certa vez: "Não me levanto da cama por menos de US$ 10 mil por dia".

Seus Resultados

Jonathan também costuma dizer: "A energia que você manifesta no mundo exterior é o resultado que você obtém".

Sim, ele gostava de iniciar suas conversas com esse tipo de frase enigmática. Mas acho que ele queria dizer que nossas concepções criam os resultados que obtemos na vida. Se você enviar vibrações inconscientes que atraem

O FATOR DE ATRAÇÃO

condições desfavoráveis, é provável que se veja às voltas com condições realmente desfavoráveis.

Se você perceber que tem tendência a recriar acontecimentos semelhantes — como aquele meu amigo que já se casou sete vezes até agora —, é provável que esteja preso a um padrão energético que vai continuar provocando esses acontecimentos até ser dissolvido e liberado.

Minha querida amiga Karol Truman, autora do grande livro *Feelings Buried Alive Never Die*, formula a mesma ideia da seguinte maneira:

"A supressão e recalque contínuos de sentimentos e emoções não resolvidos causam todos os problemas que experimentamos na nossa vida".

Sei que agora você vai perguntar: "Mas como faço para liberar minha energia de todos os assuntos não resolvidos?".

O trabalho de Jonathan Jacobs parte do princípio fundamental de que tudo é energia. Não é uma ideia nova. Stuart Wilde a discute em seus livros. Joseph Murphy a menciona em suas obras. Bob Proctor discorre sobre ela em seus seminários. E os cientistas sempre descobrem métodos novos e cada vez mais sofisticados para provar a mesma coisa. Tudo o que existe é manifestação de algum tipo de energia, assumindo formas visíveis que podemos nomear — como mesas, cadeiras, casas, carros e pessoas.

A questão é que eu e você somos diferentes de mesas, cadeiras, casas e carros, pois somos seres espirituais. É esse o milagre da nossa vida!

Bob Proctor comentou certa vez: "Tudo no mundo é energia, mas a diferença entre pessoas e objetos é o fato de que somos seres espirituais. Isso significa que temos condições de modificar e influenciar outras manifestações energéticas. Podemos mudar a energia de uma mesa, de uma cadeira, de uma casa, de um carro e até mesmo a energia de outra pessoa".

Levando essa lógica às últimas consequências, isso significa que todos nós estamos conectados uns aos outros. Se todos nós somos energia e fazemos parte de um todo, então o que você fizer vai me afetar de alguma maneira e o que eu fizer vai afetar você, mesmo se estivermos vivendo a muitos quilômetros de distância ou até em continentes diferentes.

Entendeu?

Bem, não se preocupe.

TERCEIRO PASSO: O SEGREDO QUE FALTAVA

No início, não entendi também.

Mas deixe-me contar algumas histórias para explicar melhor o que quero dizer.

Como Mudar as Pessoas

Certo dia, um de meus clientes me contratou para comandar uma campanha de marketing. Ele me pagou uma grande quantia em dinheiro e eu reuni uma equipe para o projeto. Tudo aconteceu como estava previsto. Passaram-se meses. Então, um belo dia, a bomba explodiu.

De repente, meu cliente me mandou uma carta dizendo que eu mentira para ele. Ler as duas páginas daquela carta foi um suplício. As queixas do cliente me pareceram confusas. Fiquei em estado de choque. Sentia-me tonto e não conseguia pensar. Marquei uma reunião com minha equipe e até telefonei para o cliente. Não podia entender o que estava acontecendo. Mandei uma carta de duas páginas em resposta, explicando minha posição. No dia seguinte, recebi outra carta de duas páginas do cliente, quase tão chocante quanto a primeira. Finalmente, procurei Jonathan.

— O cerne da questão é a confiança — explicou Jonathan. — Você repetiu várias vezes que o cliente não confiou em você. Vamos ver até que ponto isso vale para sua vida. Em que situações você não confia? Por que está sentindo desconfiança?

Isso é típico de Jonathan. Ele pede ao paciente que examine sua própria vida para determinar a relevância daquilo que motivou suas queixas. De certo modo, a pessoa usa suas próprias vivências como espelhos. Ela usa o mundo exterior para descobrir o que está acontecendo no seu interior. (Isso pode lhe parecer confuso, mas preste atenção no que vem a seguir.)

Pensei um pouco e respondi: — Bem, toda essa experiência é nova para mim. O cliente me contratou para dirigir uma campanha inteira de marketing, e evidentemente ele espera que eu ajude sua equipe a conseguir a vitória. Acho que não tenho inteira confiança na minha capacidade para isso.

— É essa mensagem que seu cliente está recebendo no nível energético. É o sinal que você manifesta no mundo exterior.

— E o que vamos fazer?

O FATOR DE ATRAÇÃO

— Você está disposto a livrar-se do medo e sentir confiança?

— Sim.

E o que aconteceu foi só isso. Senti uma mudança de rumos dentro de mim e percebi que podia confiar em mim mesmo para me desincumbir daquela tarefa. Acho que aconteceu de maneira tão fácil porque em grande parte eu já tinha superado o problema previamente. Já possuía certa prática em esclarecer e superar convicções antigas. Mas o melhor veio depois.

Fui para casa e telefonei para o meu cliente. Ele respondeu e conversamos em um tom bem mais amigável. Contei-lhe que pretendia criar uma grande campanha para a empresa dele.

— Tenho certeza disso — comentou ele. Fiquei atônito. — Agora há pouco, decidi simplesmente confiar na pessoa que contratei.

— O senhor decidiu agora há pouco? Quando?

Sim, ele tinha decidido confiar em mim mais ou menos no mesmo instante em que Jonathan e eu conversávamos sobre minha falta de confiança. Assim que superei o problema, meu cliente sentiu a mudança. Assim que "manifestei" um sinal diferente no mundo exterior, ele captou a nova mensagem.

Coincidência? Bem, então deixe-me contar outra história...

De Onde Vem o Dinheiro?

Outro de meus clientes tornou-se um homem de grande fama e fortuna. Trata-se de um corretor de valores de 25 anos de idade que escreveu um livro sobre prosperidade. Eu sabia que o livro seria um sucesso antes mesmo de ele começar a escrevê-lo. Por isso, o cliente me contratou como seu agente literário e consultor de marketing. Pus-me em campo para divulgar seu livro e encontrar uma editora para ele. Mas no meio dessa busca, o cliente desistiu de mim e contratou outro agente em Dallas. O resultado é que deixei de ganhar US$ 45 mil em honorários, como parte de um adiantamento de US$ 300 mil que estava negociando para meu cliente. Mas ele é uma pessoa muito correta e honrada e garantiu que me pagaria algum dinheiro quando recebesse seu adiantamento.

Passaram-se dias.

Passaram-se semanas.

TERCEIRO PASSO: O SEGREDO QUE FALTAVA

Passaram-se meses.

Nada aconteceu.

Escrevi algumas mensagens gentis. Mandei-lhe cópias dos meus artigos, para compartilhar meu próprio sucesso. Liguei para ele algumas vezes e deixei recados.

Mesmo assim, nada.

Consultei Jonathan sobre isso. Ele sugeriu que eu mandasse uma carta revelando meus sentimentos e explicando o que queria, e que depois disso perdoasse meu cliente. Foi o que fiz ao chegar em casa. Senti um grande alívio.

Mas ainda assim, não recebi resposta.

Procurei Jonathan novamente e contei que havia seguido seu conselho, mas mesmo assim não tivera resposta.

— O que isso significa? — perguntou ele.

— Significa que meu cliente ainda não me procurou.

— E o que mais?

— Bem, significa que talvez ele não pague sua dívida. É o que se chama de calote.

— Aí está — anunciou Jonathan. — O quê? Onde? — perguntei.

— O que está bloqueando sua energia é o medo do calote. Essa convicção é um obstáculo no seu caminho.

— E como faço para me livrar dela?

— Concentre-se nesse sentimento de ser prejudicado ou enganado por outra pessoa.

Fechei meus olhos e fiz o que ele pedia.

— Deixe que esse sentimento o leve de volta para outras situações ou experiências do passado que moldaram suas concepções sobre o dinheiro ou as pessoas.

Lembrei-me de uma ocasião em que uma empresa de Dallas se recusou a pagar honorários que quase morri para ganhar. Senti-me lesado. Guardei rancor daquela empresa por quase oito anos. Respirei profundamente, concentrando-me naquele sentimento, e percebi que algo mudava dentro de mim. Abri meus olhos e sorri.

O FATOR DE ATRAÇÃO

— O dinheiro que essa pessoa está lhe devendo não precisa vir dela — explicou Jonathan. — O universo é próspero e pode lhe dar dinheiro de diversas maneiras. Liberte-se da necessidade de que essa pessoa pague sua dívida, e você abrirá as portas para ganhar mais dinheiro.

Aceitar esse conselho é um desafio e tanto. Ele implica total abandono de qualquer rancor ou mágoa contra outras pessoas. Implica também acreditar que você vai alcançar seus objetivos, contanto que não condicione seus sentimentos e expectativas a uma determinada maneira de consegui-los.

Foi uma libertação. Senti-me mais leve e lúcido. E, quando cheguei em casa, encontrei um recado na secretária eletrônica — do meu cliente!

Depois de seis meses sem dar sinal de vida, ele havia me procurado finalmente. Com voz gentil e amigável, dizia que estava me mandando um cheque de quatro dígitos. E, com efeito, recebi o cheque no dia seguinte. Acho que só um tolo encararia esse acontecimento como coincidência. A conexão é óbvia demais, e esse tipo de coisa já aconteceu comigo muitas vezes. Não pode ser fruto do acaso.

Como Jonathan costuma dizer, tudo no mundo é energia. Todas as pessoas estão conectadas entre si. Desbloqueie os canais de sua energia e você poderá ser, fazer ou possuir qualquer coisa que quiser.

O Que Condiciona sua Vida?

Se você sentir que desbloqueou seus circuitos energéticos e se libertou do passado, mas mesmo assim não está atraindo dinheiro ou prosperidade ou milagres ou qualquer outra coisa, é porque ainda não desbloqueou seus circuitos energéticos e ainda não se libertou do passado.

Vou lhe contar o que aconteceu comigo alguns anos atrás. Depois de fazer várias sessões por telefone com Jonathan, percebi que minha renda não aumentava. Minhas contas eram pagas e o dinheiro chegava bem a tempo de pagá-las, mas a margem de segurança era muito apertada para que eu me sentisse à vontade. Comecei a me preocupar. E aquele não era um bom sinal. Minha preocupação era uma prova de que eu tinha de esclarecer algum assunto não resolvido. Tentei entrar em contato com Jonathan, mas ele não estava disponível.

TERCEIRO PASSO: O SEGREDO QUE FALTAVA

Então, certo dia, Bill Ferguson se ofereceu para me receber em uma de suas sessões. Bill é um ex-advogado especializado em divórcio que criou um método para ajudar pessoas a identificarem os dilemas centrais de suas vidas, que podem causar prejuízos ou levá-las a atos de autossabotagem. Ele já esteve no programa de Oprah Winfrey e escreveu vários livros, inclusive *Heal the Hurt That Sabotages Your Life*. Em certa ocasião, ajudei Bill com sua publicidade, e agora ele queria me mostrar os benefícios do seu método terapêutico. Quando ele me convidou para aquela sessão, aceitei. Principalmente porque era de graça. Mas, agora que conheço os resultados, estaria disposto a pagar qualquer coisa por ela.

— As pessoas lutam desesperadamente para encontrar a paz — contou-me Bill no seu consultório de Houston. — Mas elas só a procuram no mundo exterior. No final, põem a culpa nos outros ou nas circunstâncias externas pela maneira como se sentem. Mas não é assim que a vida funciona.

Ele me pediu que pensasse em um acontecimento recente que me fez perder a paciência. Foi fácil. Eu tinha acabado de rejeitar um cliente que não tinha concordado com minhas ideias para divulgar sua empresa. Aquela atitude me pareceu um insulto e me deixou irritado.

— Observe que seu sentimento não teve nada a ver com a pessoa em questão. Tudo o que a pessoa fez foi apertar o botão certo para reativar uma mágoa dentro de você. Mas, se você conseguir desconectar a mágoa, o botão vermelho da ferida emocional não estará mais ali para ser apertado.

— Todos nós guardamos mágoas e cicatrizes do passado que condicionam nossa vida — acrescentou Bill. — Para uma pessoa, a cicatriz é o fracasso. Para outra, é a dor de sentir que ela não vale nada, que sua vida é vazia, que ela não merece ser amada ou que de alguma maneira não se sente bem na própria pele.

Bill acrescentou que ignorar esses sentimentos cria sofrimento emocional. — Enquanto o dilema central não for resolvido, vai continuar surtindo efeito — explicou Bill. — Você pode ter 90 anos de idade e continuar recriando experiências dolorosas por causa de uma convicção básica que adquiriu aos 6 anos.

Muitas correntes de psicoterapia acreditam que as vivências não resolvidas do passado causam sofrimento, mas poucas afirmam que esse sofrimento

O FATOR DE ATRAÇÃO

pode ser curado rapidamente. Bill desenvolveu uma nova técnica que ajuda as pessoas a se livrarem de sua dor emocional — e em menos de duas horas. Na verdade, Bill não cura a dor — ele apenas ajuda a pessoa a desativar o "botão de controle".

— Pense em outro acontecimento que tenha irritado você — pediu Bill. Foi o que fiz. De novo, foi fácil. Eu nunca havia encarado o assunto daquela maneira, mas de repente comecei a perceber certa regularidade. Sempre que eu me irritava com alguma pessoa, é porque achava que aquela pessoa tinha me insultado.

— O que acontece quando você se sente insultado? — sondou Bill.

Depois de um instante, percebi que sentir-me insultado afetava meu próprio valor como pessoa. Com certeza não valho grande coisa como ser humano, continuei pensando pela mesma lógica, porque essas pessoas não gostam do que eu faço e no final eu me sinto insultado.

Então, Bill começou a repisar o assunto.

— O que significa sentir-se diminuído como ser humano?

Eu estava me deprimindo. Olhei para o rosto juvenil de Bill, pensando se ele realmente queria que eu me sentisse tão mal. Mas era exatamente isso o que ele queria.

— Enquanto você não sentir plenamente a ferida que está enterrada dentro de você, ela vai continuar agindo e boicotando sua vida.

Puxa! Comecei a sentir que a vida em si mesma realmente não valia a pena.

— Se você estiver sentindo o dilema básico de sua vida, é provável que se pergunte se vale a pena viver.

— Sim, é isso mesmo, Bill — respondi eu, devagar.

— Muito bem! — declarou Bill. — E então, como é a sensação de se sentir diminuído enquanto ser humano?

— É a pior sensação que já tive.

— Você consegue aceitar o fato de não valer grande coisa?

Lutei com aquela pergunta. Eu podia examinar minha vida e encontrar provas evidentes de minhas qualidades, mas tinha de admitir que me sentia

TERCEIRO PASSO: O SEGREDO QUE FALTAVA

em falta em todos os aspectos. Além disso, tinha de admitir que o sentimento de "não valer grande coisa" causava um ressentimento inconsciente contra clientes e amigos. Por causa desse ressentimento, eu tinha perdido muitas oportunidades. E até perdi dinheiro.

— Sim, aceito esse fato.

Foi então que percebi uma transformação interior. De algum modo, senti-me mais leve. Mais relaxado. Mais livre. Antes, eu estava tenso e raivoso, mas então me sentia relaxado e calmo. E até feliz. Era como se uma rede elétrica gigantesca fosse desconectada na minha mente. De repente, comecei a enxergar a vida de outra maneira.

Bill e eu conversamos mais um pouco antes de minha saída. Mas depois da sessão, percebi grandes diferenças. Nada parecia me irritar da mesma maneira que antes. No dia seguinte, um cliente discutiu comigo sobre um anúncio que escrevi, mas dessa vez não me abalei. Expliquei minha posição calmamente. E percebi que estava encarando cada momento com amor e otimismo. Percebi também que já não tinha medo de fazer coisas que sempre evitei fazer, como tocar violão na frente dos amigos ou mostrar truques de mágica na hora do jantar. Antes, eu duvidava do meu próprio valor como pessoa. E percebi também que o dinheiro começava a entrar. Certa manhã, alguns dias depois da sessão com Bill, uma mulher me mandou um *fax* dizendo que me mandaria um cheque de vários milhares de dólares para que eu fizesse o marketing da empresa dela.

O que havia acontecido?

Eu conseguira eliminar a convicção básica que condicionava minha vida. Desobstruíra os centros energéticos dentro de mim, permitindo que a abundância do universo fluísse na minha direção.

E, realmente, abundância era a palavra certa.

A Ciência da Prosperidade

Wayne Dyer, no seu livro *Manifest Your Destiny*, afirma que, se você não estiver materializando seus desejos no mundo exterior, provavelmente há uma carência afetiva em algum lugar de seu mundo interior.

Essa é outra maneira de verificar se você tem clareza de pensamentos e intenções. Verifique como se sente a respeito das pessoas envolvidas no projeto que você pretende criar. Se houver uma "carga" negativa ou uma sensação incômoda com relação a alguma pessoa, é provável que você não tenha passado a limpo seu relacionamento com ela.

O perdão é a melhor maneira que conheço para esclarecer e pacificar os relacionamentos. E a gratidão é a melhor maneira de aprender a perdoar. Falarei mais sobre gratidão nas páginas a seguir. Por enquanto, basta dizer que, se você se concentrar nas qualidades que realmente lhe agradam nas outras pessoas, vai sentir gratidão, e então vai começar a perdoar, e então vai esclarecer qualquer coisa que possa estar errada nos seus relacionamentos.

E, quando você tiver clareza interior, poderá ser, fazer ou possuir qualquer coisa que quiser.

Aqui vai mais um método fácil para esclarecer seus pensamentos e intenções, que você pode praticar sem a ajuda de ninguém. Foi-me ensinado por Bob Proctor em um de seus famosos seminários sobre *Science of Geting Rich* [A Ciência da Prosperidade].

Pegue duas folhas de papel.

Na primeira folha, descreva a situação negativa em que você se encontra. Descreva a situação em detalhes, tal como ela se apresenta agora, e sinta concretamente as emoções que ela desperta. Provavelmente, não será uma experiência agradável. Mas você tem de examinar seus sentimentos a fundo. Quanto mais intenso for o exame, mais fácil será a liberação e superação dos sentimentos antigos. Em outras palavras, todas as emoções que você reprime têm de ser expressas mais cedo ou mais tarde. Enquanto permanecerem recalcadas, estarão obstruindo sua vibração interior. Liberte-as e sua energia também ficará livre para sair e atrair as coisas que você deseja. Portanto, descreva a situação ou condição desfavorável em que você se encontra e deixe que seus sentimentos venham à tona. Se quiser, você pode fazer suas anotações aqui:

TERCEIRO PASSO: O SEGREDO QUE FALTAVA

_____

_____

_____

_____

Agora, coloque a primeira folha de lado.

Pegue a segunda folha e comece a descrever a situação como se todos os problemas já estivessem resolvidos. Sinta a alegria e o contentamento associados à ideia de ser, fazer ou possuir o que você deseja. Mergulhe profundamente nesse fluxo de energia positiva. Descreva a situação tal como deveria ser de acordo com seus desejos. Pinte o quadro nos mínimos detalhes, a ponto de sentir cada palavra que você escreve. Assim como você recriou anteriormente a emoção negativa para poder liberá-la, crie agora uma emoção positiva para que ela fique ancorada no seu subconsciente. Quanto mais você se apaixonar por essa nova imagem e esses novos sentimentos, mais depressa terá condições de manifestá-los no mundo exterior. Se quiser, você pode fazer suas anotações aqui:

O FATOR DE ATRAÇÃO

Agora, pegue a primeira folha, releia o que está escrito nela e queime-a.

Apanhe a segunda folha de papel, dobre-a cuidadosamente e carregue-a por uma semana aonde você for.

É só isso. O bloqueio de suas energias provavelmente já está resolvido. E, se as energias negativas voltarem à tona algum dia, simplesmente repita o exercício.

Viu? É fácil!

Padrões

Você já percebeu algum "tema recorrente" na vida de alguém? Quem sabe até na sua própria?

É a mesma situação repetida muitas vezes, talvez com atores diferentes, mas no cerne da situação está o *mesmo* problema.

Por que se trata *sempre* do mesmo problema?

Por exemplo, em boa parte de minha vida tive problemas com dinheiro. Em certo período, eu não tinha onde morar, durante anos vivi praticamente na pobreza, certa vez tive de declarar falência, sofri um processo e recebi uma multa por cheques sem fundo que eu assinara, estava sempre em dívida com alguém e sempre desesperado para conseguir dinheiro. Os mesmos problemas se arrastaram na maior parte da minha vida adulta.

As crenças listadas a seguir alimentavam a situação — embora eu não tivesse consciência delas àquela época: "Não mereço dinheiro", "O dinheiro é ruim", "O dinheiro não é algo espiritual", "Pessoas ricas são gananciosas", "Nunca terei sucesso", "Não sou bom o bastante", "Fazer negócios é ruim", "Nada é suficiente", e assim por diante.

Dessa maneira, o padrão de minha vida com problemas de dinheiro vinha à tona o tempo todo, com meu carro tendo problemas mecânicos, com acidentes, com doenças e emergências inesperadas.

Tive o mesmo problema para perder peso. Desde a infância, passei boa parte da vida lutando contra a obesidade. As crenças que operavam por trás daquele problema recorrente — de novo, eu não estava consciente da maioria delas — eram: "As dietas não funcionam", "Detesto exercícios", "Alimentos saudáveis têm gosto horrível", "Tenho um DNA errado", "Meu destino é ser

TERCEIRO PASSO: O SEGREDO QUE FALTAVA

gordo", "As pessoas gordas têm mais segurança", "As pessoas gordas são mais felizes", "Ninguém gosta mesmo de mim, seja qual for minha aparência", e assim por diante.

Eu tinha a melhor das intenções nos meus desejos de ser saudável e rico, mas as "contraintenções" inconscientes impediam que aquilo se "manifestasse". E esses padrões continuaram até eu me desvencilhar de minhas crenças e me libertasse.

Isso vale para todos nós.

Inclusive você.

Se você examinar sua vida com um olhar objetivo (mesmo sabendo que isso não é totalmente possível, mas por enquanto acredite em mim), verá determinados padrões. Talvez seja um eterno problema com relacionamentos... ou com sua saúde... ou com sua vida financeira... ou com sua profissão, ou — seja lá o que for.

Por exemplo, descobri um padrão dentro de mim do qual eu não estava consciente até o fim de semana passado. Três pessoas que conheço (ou achava que conhecia), uma das quais fora um amigo querido da família por mais de uma década, publicaram um livro arrasando ferozmente *O Segredo*, inclusive mencionando meu nome, e nenhum dos três me mandou um exemplar do livro, ou sequer mencionou a data de publicação. Descobri tudo isso por acaso *seis meses* depois.

Eu fiquei mais chateado pelo fato de que nenhum daqueles "amigos" mencionou a existência do livro, do que por eles o terem escrito. Senti amargura por vários dias. Fiquei literalmente doente. Tive febre, fraqueza, dores nas articulações e acessos de tosse.

Por quê?

Tudo o que acontece na vida de qualquer pessoa tem um significado por trás. Se você parar para refletir, será capaz de "decodificar" as crenças subjacentes que causaram o acontecimento. No meu caso, eu fora picado por um mosquito, e este moquito se chamava "traição".

Quando fiz um retrospecto, percebi que a traição fora um dos padrões de minha vida, assim como os problemas de dinheiro e obesidade. Devido a crenças subjacentes, o padrão havia se materializado mais uma vez. Quando

O FATOR DE ATRAÇÃO

você chegar ao final deste livro, saberá sobre a traição pavorosa praticada por Jonathan contra mim. Não se trata de uma novidade na minha vida.

Obviamente, eu havia "atraído" aquela experiência. Mas aqui não se trata de traições, e sim de padrões. *Seus* padrões. E os meus também.

E aqui vai a boa notícia: quando você aprende a lição contida no padrão, você não precisa mais dele. Na verdade, você pode interromper todos os padrões!

Fiz isso com o dinheiro. Aprendi que, quanto mais dinheiro eu ganhar, mais posso ajudar a mim mesmo e ao mundo ao redor de mim. Pode ser um carro esporte exótico da marca Panoz ou uma máquina terapêutica de US$ 15 mil para uma criança que não conheço. Agora, posso fazer minha escolha e assinar o cheque. É uma situação invejável.

Fiz isso com a obesidade. Perdi 36 quilos e tomei parte em sete competições de *fitness*. O padrão da obesidade também ficou para trás.

Agora que estou consciente do meu antigo padrão de traição, posso me livrar dele também. Às vezes, tudo de que você precisa é a consciência de que você "atraiu" sua situação atual com base em suas crenças. Às vezes, você precisa parar tudo, procurar e encontrar conscientemente suas crenças, para depois livrar-se delas colocando crenças novas no lugar. E às vezes você precisa contratar um *Coach* de Milagres para ajudá-lo a pular para fora da areia movediça.

A conclusão, de novo, é que você e eu estamos criando juntos nossas realidades com base em nossas crenças. Se você tiver um padrão recorrente em sua vida, não é por culpa sua ou de mais ninguém. É simplesmente uma espécie de *software* mental. É um programa. Você pode reescrevê-lo. E é assim que podemos começar padrões novos, mais saudáveis e felizes.

E você pode começar esta jornada exatamente agora.

Anote abaixo seus padrões recorrentes:

_____

_____

_____

_____

TERCEIRO PASSO: O SEGREDO QUE FALTAVA

_____

_____

_____

_____

_____

Agora anote os padrões que você preferirira adotar:

_____

_____

_____

_____

_____

_____

_____

_____

O Processo

Byron Katie, autora de *Loving What Is*, tem um método notável de limpeza mental chamado "The Work" ["O Processo"]. Trata-se basicamente de um simples processo de questionamento. Você escolhe uma informação que o está incomodando e trata de "processá-la".

O FATOR DE ATRAÇÃO

Por exemplo, "Meu patrão me deixa furioso" (que poderia ser "Meu companheiro me deixa furioso", ou "Meus vizinhos me deixam furioso", ou Aquele blogueiro me deixa furioso") poderiam ser a afirmação que você deseja "processar". Também poderia ser, "O fato de eu não 'atrair' o que desejo me deixa frustrado!".

Agora, faça as seguintes perguntas:

"Isso é verdadeiro?"

"Você tem certeza absoluta de que isso é verdadeiro?"

"Como você reage quando acredita nesse pensamento?"

"Quem você seria sem esse pensamento?"

Há uma técnica extra que você pode tentar depois de responder a essas perguntas.

Você pode retomar a afirmação original problemática — "Meu patrão me deixa furioso" — e modificá-la para que se torne rigorosamente pessoal, como por exemplo *"Eu me deixo furioso"*.

Observe como você se sente depois disso.

Esse procedimento é um jeito poderoso de explorar o que o incomoda. Na essência, são só pensamentos. Há muitos livros e áudios de e sobre Byron. Um bom começo é o website www.thework.com. Quando eu estava no Canadá, comprei um exemplar de seu livro *Question Your Thinking, Change the World*. Trata-se de uma coleção de citações de Byron. Aqui vai uma delas:

Não há sofrimento no mundo;
só há uma história que poderia levar você a acreditar nisso.
Não há sofrimento real neste mundo.

Tente assimilar *isso*. Depois, use o processo de Byron em algo que está incomodando você, para ajudá-lo a clarear sua mente a esse respeito. Aqui vai uma planilha para ajudá-lo:

TERCEIRO PASSO: O SEGREDO QUE FALTAVA

"Isso é verdadeiro?" _____

"Você tem certeza absoluta de que isto é verdade?" _____

_____

"Como você reage quando acredita nesse pensamento?"

_____

_____

"Quem você seria sem esse pensamento?" _____

_____

_____

Agora vire a afirmação "do avesso" e formule o pensamento sobre você mesmo.

_____

_____

Como você se sente depois disso?

_____

_____

O Grão de Mostarda

Alguns anos atrás, apresentei uma palestra sobre espiritualidade em um evento empresarial. A certa altura, contei ao público que carrego comigo uma moeda decorativa com um grão de mostarda colado na superfície. A moeda traz a seguinte inscrição: "Se sua fé for tão pequena quanto um grão de mostarda, nada será impossível".

O FATOR DE ATRAÇÃO

Então, perguntei às pessoas presentes: "Vocês já pensaram em um grão de mostarda?".

Fiz uma pausa e continuei: "Um grão de mostarda não duvida de nada. Não fica questionando seus objetivos. Não sente preocupação, insegurança ou medo. Sua razão de existir está acima de qualquer dúvida".

Essa é a essência do Terceiro Passo na fórmula do Fator de Atração. Você precisa de clareza interior — o esclarecimento de todas as dúvidas — para atrair a própria coisa que afirma desejar.

Como escreveu Ernest Holmes em *Creative Mind and Success*: "Você só consegue atrair uma coisa quando a acolhe mentalmente e sente de fato que se trata de uma realidade, sem margem para dúvidas".

Mas como alcançar a clareza interior?

Cirurgia Kármica

O dr. Marcus Gitterle é um clínico especializado em atendimento de emergência e em problemas da terceira idade. Conheci-o depois que ele leu um de meus livros, gostou do que leu e me mandou um e-mail, contando que mora na mesma cidadezinha para a qual me mudei. Almoçamos juntos e logo nos tornamos bons amigos.

Certo dia, ele me falou sobre um ritual curioso conhecido como "cirurgia kármica". Aquilo era novidade para mim, uma nova ferramenta que tinha algo de mágico. Segundo Marc, ela poderia ajudar as pessoas a superar qualquer embaraço, ou curar qualquer problema de saúde, ou realizar qualquer intenção, sem nenhum envolvimento da pessoa em questão. Na verdade, tudo seria feito por outras pessoas.

Marc deu a seguinte explicação: "Quando você tem uma doença séria, vai até o hospital para ser operado e o problema é removido enquanto você dorme. Quando acaba o efeito da anestesia, o problema não está mais ali. Talvez você tenha de ficar em repouso, beber mais líquidos, mas o principal é que você se livrou do problema. A única coisa que você teve de fazer foi deixar que outras pessoas removessem o problema".

Marc se referia aos *yagyas*, ou *yagnas*. São rituais conhecidos no Oriente, mas pouco divulgados no Ocidente. Não se trata de cirurgia, mas de um ritual

TERCEIRO PASSO: O SEGREDO QUE FALTAVA

praticado por mestres espirituais em intenção de alguém, no intuito de resolver um problema ou realizar um desejo.

Sei que tudo isso soa estranho. Mas os *yagyas* têm uma longa história. O *yagya* é uma cerimônia religiosa ou espiritual conduzida por um sacerdote hindu a fim de aliviar dificuldades kármicas. Basicamente, durante a cerimônia o pândita (mestre) védico entoa determinados mantras (sons repetidos). O mestre precisa de um treinamento e uma dedicação especiais para que o ritual surta o efeito desejado. Geralmente, é o método preferido para resolver uma situação de crise ou grande perigo, que poderia pôr em risco a vida de alguém. Mas os *yagyas* também podem ser usados para esclarecer os pensamentos e intenções de uma pessoa, ajudando-a a ser, fazer ou possuir o que ela quiser.

Em vez de continuar tentando explicar em que consiste um *yagya*, deixe-me registrar um testemunho pessoal de como ele influenciou minha melhor amiga.

A Um Passo da Morte

Minha melhor amiga, uma pessoa que conheci por mais de vinte anos, estava em seu leito de morte um ano atrás. Ela tinha escapado por pouco de um acidente de trânsito, sofreu fratura em várias vértebras, passou por cirurgias para reposição dos dois joelhos, tornou-se depressiva e, posteriormente, suicida e anoréxica por causa de medicamentos que nunca deveria ter aceitado. Finalmente, foi levada de ambulância ao hospital, onde permanecia inconsciente e a um passo da morte.

Tentamos de tudo. Minha amiga procurou terapeutas, médicos, conselheiros e psiquiatras. Contratei uma enfermeira para cuidar dela. Ela rezou, meditou, ouviu cursos de autoajuda. Pedi a quinhentos amigos e conhecidos que rezassem por ela e lhe mandassem energia curativa. Mas nada parecia funcionar. Achei que iria perder minha melhor amiga dos últimos 25 anos.

Em desespero, encomendei rituais de *yagya* em intenção de minha amiga, a serem celebrados durante um mês inteiro. Dois dias depois, ela acordou no hospital, sentou-se na cama e ficou de pé. Na véspera, não podia se mexer nem sequer virar-se na cama. Mas agora já estava disposta a voltar para casa. Todos no hospital ficaram atônitos. Os médicos não sabiam explicar o que estava acontecendo. Portanto, deixaram minha amiga internada para mais exames e testes.

O FATOR DE ATRAÇÃO

Ela foi melhorando cada vez mais. Uma semana mais tarde, a mesma mulher que estivera a um passo da morte recebeu alta do hospital. Hoje em dia, ela caminha, sorri, dirige seu carro e sente-se feliz por estar viva. Vi-a ainda ontem. Mas em certo momento achei que nunca mais iria revê-la. Foi um verdadeiro milagre.

Esse é poder do *yagya*.

Algumas pessoas argumentam que o *yagya* usa um efeito placebo para ajudar você a melhorar. O placebo funciona quando você acredita que ele irá funcionar. Isso já é algo interessante, pois prova que toda crença é poderosa. Porém, nesse exemplo minha amiga no hospital não sabia que eu tinha providenciado um *yagna* para ela. Seria impossível ela melhorar com um "efeito placebo", já que ela não tinha ideia do que estava acontecendo!

Outro exemplo foi quando meu pai estava doente com problemas de próstata. Ele havia visitado vários médicos, mas o resultado era o mesmo: ele estava sangrando e estava sentindo dores. Por fim, providenciei a execução de um *yagna* para ele. Observe que meu pai não tinha ideia de que aquilo seria feito. Ele é um ex-oficial da Marinha bem conservador e não muito receptivo a métodos alternativos de cura. Portanto, essa cura foi realizada em segredo.

No entanto, mais ou menos um mês depois meu pai disse que já não tinha mais problemas de próstata. Isso ocorreu há muito tempo, e ele ainda está em bom estado de saúde!

O Milagre da Publicação

O dr. Gitterle costuma solicitar *yagyas* para si mesmo, para sua mulher e para seu filho. Eu mesmo apelei para esse recurso algumas vezes. Deixe-me dar um exemplo.

Como já expliquei antes, o livro que você está lendo agora se baseia em um pequeno ensaio muito popular que publiquei alguns anos atrás, intitulado *Marketing Espiritual*. Esse ensaio apresentava uma fórmula simples de cinco passos para a realização dos desejos de qualquer pessoa, e eu sabia que a fórmula era eficaz. Sabia-o por causa de todas as pessoas que me mandavam e-mails todos os dias, contando suas histórias miraculosas.

TERCEIRO PASSO: O SEGREDO QUE FALTAVA

Mas o fato de o livro só existir em versão eletrônica me incomodava. Eu sabia que ele merecia alcançar um público maior. Portanto, formulei a intenção de encontrar uma editora de prestígio, com boa rede de distribuição e condições de tornar meu livro acessível a muita gente.

Para que esse desejo se realizasse mais depressa, tratei de conseguir um *yagya*. Acessei o site www.yagna.by-choice.org e pedi que um *yagya* fosse celebrado em minha intenção. Não sabia como aquilo iria funcionar, ou se iria funcionar. Mas confiei em minha intuição e fui em frente.

Poucas semanas depois, recebi um e-mail de um dos principais executivos da editora Wiley — a mesma que publicou o livro cuja tradução você está lendo!

Agora, pare um pouco e pense no que vou dizer. Meu livro original, intitulado *Marketing Espiritual*, encabeçara *por duas vezes* a lista de *best-sellers* no site da Amazon. O sucesso desse livro foi objeto de um artigo no *The New York Times*. É provável que a versão eletrônica tenha sido baixada *um milhão* de vezes por usuários de todo o planeta. O *e-book* foi traduzido para *sete* idiomas. Milhares de pessoas me mandaram e-mails com comentários sobre o livro. Por dois anos, o principal agente literário do país mandou exemplares para grandes editoras, tentando divulgá-lo.

Mesmo assim, *nada aconteceu*!

Nada aconteceu que me ajudasse a colocar o livro à disposição de um público global, até que encomendei um ritual de *yagya* para fortalecer minha intenção e afastar qualquer bloqueio interior que pudesse impedir a "manifestação" do meu objetivo.

Isso é cirurgia kármica. O *yagya* é uma maneira de remover qualquer bloqueio energético — quer seja dessa encarnação ou de uma encarnação passada — para que você possa seguir em frente e atrair aquilo que deseja.

Pode-se imaginar tratamento mais fácil?

"Eu Te Amo"

Eu estaria prestando um desserviço a vocês se não lhes contasse a seguinte história. É uma versão abreviada do conteúdo de meu livro *Limite Zero*. Já que se trata de algo muito poderoso, tenho de incluir esse trecho aqui.

O FATOR DE ATRAÇÃO

Alguns anos atrás, ouvi falar de um terapeuta do Havaí que havia curado uma ala inteira de pacientes criminosos doentes mentais — sem nunca ter visto nenhum deles. O psicólogo estudava o histórico do paciente e depois olhava para dentro de si mesmo para verificar como ele havia criado a doença daquela pessoa. Conforme o terapeuta melhorava, o paciente melhorava também.

Quando ouvi essa história pela primeira vez, pensei que se tratasse de uma lenda urbana. Como alguém podia curar outra pessoa pelo fato de curar--se a si mesmo? Como até mesmo o melhor mestre do progresso pessoal podia curar criminosos doentes mentais? Aquilo não tinha sentido. Não era lógico, por isso ignorei a história.

No entanto, eu a ouvi de novo um ano depois. Disseram-me que o terapeuta usava um processo de cura havaiano chamado *ho'oponopono*. Eu nunca tinha ouvido falar naquele método, mas o assunto não me saía da cabeça. Se a história fosse mesmo verdadeira, eu tinha de saber mais sobre ela.

Sempre achei que a expressão "responsabilidade total" significava que sou responsável pelo que penso e faço. Tudo o mais está fora do meu alcance. Acho que todas as pessoas têm a mesma opinião sobre "responsabilidade total". Somos responsáveis pelo que fazemos, não pelo que os outros fazem. Mas o terapeuta havaiano que curava doentes mentais me ensinou um novo ponto de vista avançado sobre "responsabilidade total".

O nome dele é dr. Ilhaleakala Hew Len. Provavelmente passamos uma hora conversando em nosso primeiro telefonema. Ele explicou que tinha trabalhado por quatro anos no Hospital Estatal do Havaí. Aquela ala onde ficavam os criminosos doentes mentais era perigosa. Os psicólogos eram substituídos quase todos os meses. Os membros da equipe tiravam licença médica com frequência ou simplesmente pediam demissão. As pessoas atravessavam a ala de costas para a parede com medo de serem atacadas pelos pacientes. Não era um lugar agradável para se viver, trabalhar ou visitar.

O dr. Len me contou que nunca via os pacientes. Ele concordou em ter um escritório onde podia revisar os prontuários deles. Enquanto ele olhava para o histórico de cada paciente, ele trabalhava em sua própria cura. Conforme ele avançava nesse processo, os pacientes também se curavam.

— Depois de alguns meses, pacientes que tinham de ser algemados podiam caminhar livremente — disse-me ele. — Outros que tinham de tomar

TERCEIRO PASSO: O SEGREDO QUE FALTAVA

medicação pesada estavam se livrando dos remédios. E aqueles que não tinham chance de algum dia serem soltos estavam sendo libertados.

Eu estava pasmo.

— E não foi só isso — continuou ele —, a equipe médica começou a gostar do trabalho. As licenças médicas e a troca de funcionários desapareceram. Acabamos ficando com uma equipe maior do que precisávamos, pois os pacientes estavam sendo soltos e toda a equipe estava comparecendo ao trabalho. Hoje em dia, aquela ala está fechada.

Foi nesse ponto que precisei fazer a "pergunta de um milhão de dólares": — O que o senhor fez em seu interior que levou aquelas pessoas a se transformarem?

— Eu estava simplesmente curando aquela parte de mim que havia criado os doentes mentais.

Eu não entendia.

O dr. Len explicou que a "responsabilidade total" significa que tudo o que afeta sua vida — simplesmente por fazer parte dela — é sua responsabilidade. Em um sentido literal, o mundo inteiro é uma criação sua.

Uau! Aquilo não era fácil de engolir. Ser responsável pelo que digo ou faço é uma coisa. Ser responsável por tudo o que todas as pessoas em minha vida dizem ou fazem é outra coisa bem diferente. Porém, a verdade é a seguinte: se você assumir completa responsabilidade por sua vida, então tudo o que você vê, ouve, experimenta ou toca, ou vivencia de alguma maneira, é sua responsabilidade, pois faz parte de sua vida.

Isso significa que a atividade terrorista, o presidente, a economia — qualquer coisa que você vivencie e que lhe desagrade —, cabe a você remediar. Estas coisas não existem, por assim dizer, a não ser como projeções em seu interior. O problema não é com elas, o problema é com você, e para mudá-las, você tem de mudar a si mesmo.

Sei que não é fácil apreender esse princípio, e muito menos aceitá-lo ou de fato vivenciá-lo. Acusar os outros é muito mais fácil do que assumir a "responsabilidade total". Porém, enquanto eu falava com o dr. Len, comecei a entender que, para ele, o processo de cura *ho'oponopono* significava o amor por si mesmo. Se você

O FATOR DE ATRAÇÃO

quiser melhorar sua vida, tem de restaurar sua vida. Se você quiser curar alguém — até mesmo um criminoso doente mental —, comece curando a si mesmo.

Perguntei ao dr. Len como ele fazia para curar a si mesmo. O que fazia ele exatamente enquanto olhava para os prontuários daqueles pacientes?

— Eu só ficava repetindo "Sinto muito" e "Eu te amo" o tempo todo, sem parar — explicou ele.

— Só isso?

— Só isso.

O que se depreende disso é que amar a si mesmo é a melhor maneira de progredir, e conforme você vai progredindo, você melhora o mundo ao seu redor. Deixe-me dar um exemplo rápido de como isso funciona. Certo dia, alguém me mandou um e-mail que me aborreceu. No passado, eu teria lidado com isso lutando contra os defeitos alheios que me afetavam emocionalmente ou tentando argumentar com a pessoa que me mandara a mensagem desagradável. Mas dessa vez decidi tentar o método do dr. Len. Fiquei dizendo em silêncio: "Sinto muito" e "Eu te amo", mas não estava me dirigindo a ninguém em particular. Estava simplesmente evocando o espírito do amor a fim de curar dentro de mim aquilo que estava causando a circunstância exterior.

Depois de uma hora, recebi outro e-mail da mesma pessoa. Ela pedia desculpas por sua mensagem anterior. Observe que não tomei nenhuma providência exterior para conseguir aquele pedido de desculpas. Eu nem mesmo tinha respondido à primeira mensagem. No entanto, só pelo fato de dizer "Eu te amo", de algum modo eu "curei" em mim o que estava "criando" aquela pessoa.

Posteriormente, participei de um *workshop* conduzido pelo dr. Len. Embora com 70 anos de idade, é considerado um xamã veterano e leva uma vida bastante reclusa. Ele elogiou meus livros, inclusive a primeira edição deste livro, *O Fator de Atração*. Ele me disse que, conforme eu progredisse interiormente, a vibração dos meus livros ficaria mais forte e todas as pessoas sentiriam isso quendo os lessem.

— E o que dizem dos livros que já foram vendidos e estão circulando por aí? — perguntei.

— Eles não estão "circulando por aí" — explicou ele, mais uma vez me deixando pasmo com sua sabedoria mística. — Eles ainda estão dentro de você.

TERCEIRO PASSO: O SEGREDO QUE FALTAVA

Em resumo, este "por aí" não existe.

Seria preciso um livro inteiro para explicar essa técnica avançada com a profundidade que ela merece, e é por isso que escrevi *Limite Zero*. Basta dizer que, sempre que você quiser melhorar qualquer coisa em sua vida, deve olhar para um só lugar: seu próprio ser interior.

E quando você olhar, faça-o com amor.

Comece a dizer "Eu te amo" dentro de você para tudo e para todos. Também ajuda se você dirigir essa "prece" à sua conexão com a Dimensão Divina. É fácil e é de graça! Com efeito, estou dizendo "Eu te amo" enquanto escrevo essas palavras. Você consegue sentir meu amor?

A Prece

Para encerrar este capítulo, quero ensinar mais um método para obter clareza de pensamentos e intenções. Ele é gratuito e não leva mais de um minuto, não exige nenhum esforço e traz resultados garantidos e infalíveis.

Quer aprendê-lo?

O método consiste em uma prece simples que você tem de recitar em voz alta, a fim de liberar uma convicção ou sentimento que você não quer mais e substituí-los por algo melhor. Quem me ensinou o método foi Karol Truman, autora de um livro realmente incrível, intitulado *Feelings Buried Alive Never Die....*

Vou apresentar a Prece daqui a pouco. Primeiro, tente entender que essa ferramenta poderosa é realmente muito simples, e por isso é fácil achar que não deve ser levada a sério. Tudo o que você precisa fazer é recitar alguns parágrafos em voz alta. Mais nada!

No entanto, o que a Prece faz é reprogramar a estrutura básica de seu DNA. Ela se dirige ao seu espírito protetor e lhe pede ajuda para que você encontre a clareza nos níveis mais fundamentais de sua personalidade.

Não quero complicar as coisas aqui, tentando explicar como esse processo funciona. Meu trabalho é dar a você as ferramentas e explicar como usá-las. Afinal de contas, você não precisa saber como funciona um aparelho de *fax* para mandar ou receber um *fax*. Você se limita a inserir uma folha de papel e o aparelho faz o resto.

O FATOR DE ATRAÇÃO

O mesmo se passa com a Prece. Tudo o que você precisa fazer é recitá-la, inserindo no local apropriado o sentimento atual que deseja esclarecer ou superar e inserindo a seguir aquilo que você prefere sentir. Será mais fácil entender esse procedimento quando você conhecer as palavras da prece, portanto aqui vai ela:

Espírito Protetor, por favor localize a origem do meu sentimento ou pensamento negativo a respeito de... (*acrescente abaixo o sentimento ou convicção que você gostaria de esclarecer ou superar*) ⸺⸺⸺⸺⸺⸺⸺

⸺⸺⸺⸺⸺⸺⸺⸺⸺⸺⸺⸺⸺⸺⸺⸺⸺⸺⸺

Conduza todo e qualquer nível, camada, área ou aspecto do meu ser até essa origem. Analise-a e esclareça-a completamente, à luz da verdade divina.

Siga adiante no tempo, remediando e solucionando qualquer incidente baseado no fundamento do primeiro, de acordo com a vontade de Deus, até que eu esteja por inteiro no momento presente, repleto de luz e verdade, paz e amor divinos, perdoando a mim mesmo por minhas ideias incorretas e perdoando a qualquer outra pessoa, lugar, circunstância ou acontecimento que tenham contribuído para esse sentimento ou pensamento.

Em uma atitude de perdão absoluto e amor incondicional, apago do meu DNA o sentimento antigo, deixando que ele se desvaneça a partir de agora. O que estou sentindo é... (*acrescente a maneira como gostaria de se sentir*)

⸺⸺⸺⸺⸺⸺⸺⸺⸺⸺⸺⸺⸺⸺⸺⸺⸺⸺!!

Permito que todos os problemas físicos, mentais, emocionais ou espirituais e todos os comportamentos inadequados baseados nos sentimentos antigos desapareçam rapidamente.

Obrigado, Espírito Protetor, por vir em meu socorro e ajudar-me a alcançar a dimensão plena da minha criação. Obrigado, obrigado, obrigado! Eu o amo e dou graças a Deus, de quem partem todas as bênçãos.

É simples, não acha?

Agora, caso você não acredite que a Prece vai funcionar no seu caso, use a própria Prece para superar essa convicção.

TERCEIRO PASSO: O SEGREDO QUE FALTAVA

Em outras palavras, acrescente a frase "Ajude-me a superar minhas dúvidas sobre o poder desta Prece" na primeira lacuna da Prece. É o local apropriado para inserir a convicção ou o desejo que você deseja afastar.

Na segunda lacuna da Prece, acrescente a convicção de sua preferência, por exemplo: "Agora, percebo que toda convicção pode ser modificada em questão de minutos, mesmo dispondo somente de um instrumento simples como esta Prece".

Quando este livro já estava no prelo, Karol me contou que tinha uma versão melhorada da Prece. Disse que a nova versão é mais poderosa que a anterior. Aqui vai ela:

Espírito Protetor/Consciência Superior, por favor localize a origem do meu sentimento ou pensamento a respeito de _____ _____. Conduza todo e qualquer nível, camada, área ou aspecto do meu ser até essa origem. Analise-a e esclareça-a completamente, à luz da verdade divina.

Venha até mim por intermédio de todas as gerações do tempo e da eternidade, remediando e solucionando qualquer incidente e suas decorrências causadas pelo acontecimento original. Por favor, faça-o de acordo com a vontade de Deus, até que eu esteja por inteiro no momento presente, repleto de luz e verdade, paz e amor divinos, perdoando a mim mesmo por minhas ideias incorretas e perdoando a qualquer outra pessoa, lugar, circunstância ou acontecimento que tenham contribuído para esse sentimento ou pensamento.

Em uma atitude de perdão absoluto e amor incondicional, permito que se transformem todos os problemas físicos, mentais, emocionais ou espirituais e todos os comportamentos inadequados baseados naquela origem negativa, para que sejam apagados do meu DNA.

Eu decido ser_____.

Eu me sinto _____.

Eu SOU _____.

(Basicamente, acrescente acima o mesmo sentimento ou sentimentos positivos que você considera apropriados para substituir os sentimentos negativos.)

O FATOR DE ATRAÇÃO

Está feito. A cura aconteceu. Meu destino se cumpriu!

Obrigado, Espírito Protetor, por vir em meu socorro e ajudar-me a alcançar a dimensão plena da minha criação. Obrigado, obrigado, obrigado! Eu o amo e dou graças a Deus, de quem partem todas as bênçãos.

Volto a insistir que ambas as Preces são poderosas. Leia o maravilhoso livro de Karol para saber mais detalhes sobre elas. Enquanto isso, use a Prece sempre que você sentir necessidade de esclarecer os pensamentos e livrar-se de bloqueios.

A Prece funciona — quase como num passe de mágica!

E, assim que você tiver clareza interior, poderá atrair absolutamente qualquer coisa que imaginar!

Não é uma maneira muito mais divertida, muito mais alegre e emocionante de se viver?

Aprendemos de duas maneiras as lições que a
vida põe no nosso caminho: obedecendo às leis naturais do
universo ou sofrendo as consequências por não
observar essas leis. [...]
Nenhum de nós cria conscientemente
o sofrimento que experimentamos.

— Karol Truman. *Feelings Buried Alive Never Die...*, 1998

CAPÍTULO 15

Quarto Passo: "Nevillize" seus Objetivos

Neville Goddard é um de meus autores favoritos em matéria de espiritualidade. Ele escreveu clássicos como *Out of This World* e *The Law and the Promise*. Era um homem encantador que parecia ter acesso a um mundo que a maioria de nós não consegue enxergar. Ensinava as pessoas a usar sua mente "imaginativa", acrescentar sentimentos e criar resultados. Certa vez, disse em uma palestra:

"Convido todos vocês a usarem a imaginação amorosamente em intenção de todas as pessoas e acreditarem na realidade de seus atos imaginativos. Por exemplo, se vocês tiverem um amigo que está procurando um emprego útil e proveitoso, escutem com atenção até ouvirem a voz dele falando sobre seu novo emprego. Sintam a mão do amigo apertando as mãos de vocês. Vejam o sorriso em seus lábios. Usem todos os sentidos que possam ser usados para mergulhar nessa cena imaginária. Insistam pelo tempo necessário até sentirem a palpitação da realidade. Então, parem de imaginar e deixem que a cena se materialize por si mesma".

Você deve ter notado que Neville não disse apenas: "Concentre-se na imagem do seu amigo conseguindo um emprego". Ele também aconselhou a *ouvir* a voz do amigo, a *sentir* a mão do amigo apertando a sua e a sentir a vibração e excitação da cena inteira, como se ela estivesse realmente acontecendo.

A grande contribuição de Neville à ciência de atrair sua própria realidade foi a ideia de que, antes de tudo, você precisa sentir as coisas que deseja como se elas já fossem realidade. Esse poder da imaginação é o que chamo de "nevillizar seus objetivos".

O FATOR DE ATRAÇÃO

No autógrafo de um livro antigo que guardo na minha casa, Neville escreveu a seguinte frase: "Suponha que o sentimento associado ao desejo já tenha sido satisfeito". Essa é a chave. Esse é o segredo. Você tem de aprender a "nevillizar" seus objetivos, partindo do princípio de que o sentimento associado ao desejo já foi satisfeito. O desejo ainda não se cumpriu, mas o sentimento que esse desejo desperta foi saciado e realizado.

Como conseguir isso? Comece agora mesmo, respondendo à pergunta: "O que quero ser, fazer ou possuir?". Anote a resposta abaixo:

_____

_____

_____

_____

_____

Agora, tente se sentir como se seu desejo já fosse uma realidade. Em outras palavras, se seu objetivo for um faturamento de US$ 200 mil nas vendas deste ano, como você realmente *se sentiria* se partisse do princípio de que o faturamento *já é uma realidade*? Basta imaginar a satisfação imediata, no aqui e no agora, do sentimento associado ao desejo. Como você se sentitia se possuísse aquilo que deseja neste exato momento?

_____

_____

_____

_____

_____

QUARTO PASSO: "NEVILLIZE" SEUS OBJETIVOS

Neville sugere que temos de sentir realmente aquilo que desejamos atrair. Talvez você veja seus objetivos como imagem mental, mas, até que seja capaz de senti-los *como se eles já fossem realidade*, estará deixando de cumprir uma etapa importante no processo de atração. É uma etapa que não é mencionada em quase nenhum livros de autoajuda. É uma etapa que falta em quase todos os cursos e programas de hipnose, visualização e expansão da mente.

Ela é o Quarto Passo na fórmula do Fator de Atração:

O Verdadeiro Motivo Que Fez o *Titanic* Afundar

Usei repetidamente o método de Neville em minha própria vida, por exemplo para me ajudar no programa de televisão de Larry King, para me ajudar em uma apresentação em que falei depois de Tony Robbins e antes de Donald Trump, ou para me ajudar a escrever livros como neste que você está lendo agora.

Antes de lhe explicar o método em detalhes, quero oferecer um pequeno trecho de um livro de Neville sobre o poder de traçar seu futuro com base nos sentimentos:

"Quatorze anos *antes* do afundamento terrível do *Titanic*, um inglês chamado Walter Lord escreveu um livro intitulado *A Night to Remember*. Nele, o autor concebeu um fabuloso navio transatlântico chamado *Futility*.

"O navio tinha 800 pés de comprimento, três hélices e capacidade para 3 mil passageiros. Já que se acreditava que seu afundamento era impossível, o transatlântico levava só alguns botes salva-vidas. Então, certa noite, o sr. Lord encheu o barco até a borda com pessoas ricas e enfatuadas e afundou-o num *iceberg* no Atlântico.

"O *Titanic* foi construído pelo estaleiro White Star Line. Tinha 800 pés de comprimento, três hélices e capacidade para transportar 3 mil passageiros. Já que seu afundamento era considerado impossível, seus botes salva-vidas eram poucos.

"Depois de catorze anos que o imaginário *Futility* tinha sido concebido, o *Titanic* zarpou de Southampton em sua viagem inaugural inteiramente lotado com pessoas ricas da Europa. Cinco dias mais tarde, esse navio glorioso se chocou com um *iceberg* e afundou em uma fria noite de abril."

O FATOR DE ATRAÇÃO

Neville acrescentou que a obra de ficção pode na verdade ter causado o desastre. O romance "programou" o evento. Neville continuou para afirmar o seguinte:

"Não sei o motivo por trás do livro do sr. Lord, mas sei que um navio idêntico foi construído catorze anos depois e que ele levava o mesmo perfil de passageiros e afundou da mesma maneira que o navio fictício.

"Eu lhes digo que não existe ficção. O mundo de amanhã é a ficção de hoje, assim como o mundo de hoje é a ficção de um tempo passado. Um homem sonhou em conversar com alguém através do espaço usando apenas um cabo, outro homem sonhou em ouvir música tocada em qualquer lugar do mundo em sua própria sala de estar, e outro ainda desejava ter luz sem usar uma vela. Todos esses desejos se tornaram realidade, mas quando foram concebidos pela primeira vez não passavam de ficções, produtos irreais da imaginação."

Isso pode parecer absurdo ou até mesmo insano à primeira vista. Como um romance escrito catorze anos antes poderia criar um desastre no mundo real? Mas Neville estava demonstrando o poder de uma mente focada em algo. Quando você escreve alguma coisa repleta de paixão, descrevendo todos os detalhes para que pareça que ela de fato ocorreu, então você estará "programando" aquele acontecimento para que ocorra de fato. Neville acrescenta o seguinte:

"Pare de simplesmente refletir ou espelhar a vida ao seu redor e comece a selecionar seus pensamentos para 'plantá-los' em sua mente e imaginação maravilhosas. Determine aquele aspecto da realidade ao qual você deseja reagir, seja ele sucesso, saúde, dignidade ou nobreza. Faça com que isso se torne algo maravilhoso para você contribuir para o bem da sociedade, a comunidade ou o mundo.

"*Sinta a excitação de testemunhar estas coisas a partir de dentro, e você terá plantado sua semente.* Você não precisa se esforçar para produzir suas sementes, pois elas já estão prontas, esperando para que você as encontre em sua comunidade. Plante suas sementes e deixe que os outros pensem que elas surgiram por conta própria."

Não se esqueça desses ensinamentos ao continuar a leitura...

QUARTO PASSO: "NEVILLIZE" SEUS OBJETIVOS

O Poder da Emoção

Os especialistas em marketing sabem que as pessoas não agem por razões lógicas, mas com base nas emoções. A emoção é poderosa. A emoção também tem o poder de criar aquilo que você deseja. Procure no seu interior até encontrar o sentimento concreto de ser, fazer ou possuir a coisa que você deseja. A partir de então, você começa a manifestar esse desejo no mundo exterior. A energia implícita na emoção vai agir para arrastar você até o objeto do desejo, e ao mesmo tempo para trazer o objeto do desejo até você.

Eu sei, eu sei. Estou fazendo filosofia de novo. Mas este livro trata de conceitos espirituais que são ignorados pela maioria das pessoas. É fácil entender por quê. Desde o berço, aprendemos a nos pautar pela realidade, obedecer às leis humanas, venerar os livros e as tradições, respeitar os líderes políticos. É verdade que tudo isso contribui para o bom funcionamento da sociedade humana. Mas nenhum desses princípios funciona realmente. Prova disso é que nossa sociedade está cada vez mais caótica. Seja como for, questões sociológicas são assunto para outro livro. Mas o fato é que esses conceitos limitam cada um de nós. Acreditar em líderes, em regras e em autoridades constituídas nos impede de criar a vida que desejamos.

Certa vez, contei a uma amiga que acreditar em um guru poderia limitar o poder de manifestar nossos desejos no mundo exterior. (Você vai conhecer minha experiência pessoal nesse sentido quando ler o último capítulo sobre "A História Chocante, mas Verdadeira, de Jonathan".) Se você entregar seu poder nas mãos de outra pessoa, correrá o risco de dispersar sua própria energia naquela direção.

Para atrair prosperidade ou qualquer outra coisa, você precisa do seu próprio poder. Precisa da sua própria energia. Mesmo que você pergunte a todos os seus amigos e conhecidos o que eles acham de seus objetivos, no final só você pode decidir. Você é a principal autoridade no que diz respeito a você mesmo. Como costuma perguntar minha amiga Mandy Evans: "Depois de ler todos os livros e ouvir todas as palestras, como saber o que é melhor para nós mesmos?". Em resumo, você precisa de sua própria energia para tomar as decisões por conta própria.

Essa energia é um componente essencial do Fator de Atração.

Uma Energia Poderosa

A gratidão é uma das energias mais poderosas que se pode experimentar na vida. Sinta-se grato por qualquer coisa e a orientação dos seus sentimentos mudará radicalmente. Sinta-se grato pela sua vida, pelos seus pulmões, por sua casa ou por este livro. Não importa. No momento em que você sente gratidão, está vibrando numa energia capaz de criar milagres.

Foi Jonathan quem me ensinou isso. Lembro-me de que o procurei numa ocasião em que estava deprimido e com problemas de dinheiro. Uma das primeiras coisas que ele fez foi ajudar-me a perceber que eu tinha muito mais riqueza do que imaginava. Talvez, muito mais do que merecia. Quando você compara sua própria vida à das pessoas que vivem nos países do Terceiro Mundo, percebe rapidamente que vive como um rei ou uma rainha. Provavelmente, você tem comida, água e abrigo, assim como geladeira, televisão, rádio, talvez um computador. Mas esse não é o caso de milhões de pessoas. Compreenda que você foi abençoado com enorme prosperidade neste exato momento e sinta-se grato por isso. A partir de então, você atrairá ainda mais prosperidade.

O que lhe inspira gratidão?

Curando Doenças

Certa vez, meu amigo Jonathan Morningstar (que nada tem a ver com o outro Jonathan) curou-se de uma doença terrível graças a uma simples fórmula de gratidão de uma única linha.

Jonathan sofria de pneumonia dupla. Nada parecia ajudá-lo. Então, num momento de inspiração, ele escreveu uma frase simples, mas poderosa, que passou a repetir a cada hora, gravou em fita cassete para tocá-la no aparelho de som e escreveu em folhas de papel penduradas por toda parte em sua casa. Aquela frase de uma linha se tornou parte essencial da sua existência, tal como o ato de respirar.

Vinte e quatro horas depois, Jonathan estava curado. Que frase era aquela? "Obrigado, Senhor, por todas as bênçãos que me foram dadas e por todas as bênçãos que recebo agora".

Não sou um cientista. Assim, não tentarei explicar como isso funciona. De algum modo, nossa energia emite sinais que atraem coisas semelhantes àquelas que a energia já havia gerado anteriormente. Modifique os sinais que você emite e seus resultados serão outros. Modifique sua energia e suas vivências mudarão também. "A energia que você manifesta no mundo exterior é o resultado que você obtém."

Esse é o Fator de Atração.

De novo, a gratidão pode mudar o rumo das coisas. Comece a se sentir sinceramente grato por tudo o que você tem. Olhe para suas mãos, ou para este livro, ou para seu animal de estimação, qualquer coisa que lhe inspire amor e gratidão. Deixe que esse sentimento faça parte do seu dia a dia. Essa energia pode ajudar você a manifestar qualquer coisa que quiser.

No espaço abaixo, anote alguma coisa ou alguém pelos quais você sente gratidão. Sei que você já fez este exercício antes, mas nunca é demais repeti-lo. De novo, a gratidão é uma ferramenta poderosa e gratuita para acionar o Fator de Atração:

Imagine como Seria

Outra energia que vale a pena cultivar resulta de um ato de imaginação. Imagine como você se sentiria se seus desejos já tivessem se realizado. É um exercício muito agradável.

Imagine como seria bom ter o que você deseja ter, ser o que você pretende ser e fazer o que sempre sonhou em fazer. Sinta as emoções eletrizantes que as imagens despertam. Essas emoções podem criar a vida que você deseja. Podem manifestá-la no mundo exterior. De algum modo, esses sentimentos lideram, guiam e direcionam você a fazer as coisas certas para obter os resultados certos.

O grande pensador alemão Goethe escreveu a seguinte mensagem inspiradora:

Até haver envolvimento e compromisso,
é a hesitação que predomina,
a oportunidade de voltar atrás, o eterno empecilho.

Há uma verdade fundamental
que condiciona todos os atos de iniciativa
e cuja ignorância sufoca na origem
ideias sem número e planos sem-fim:
o fato de que, quando há compromisso,
a Providência também se põe a caminho.

QUARTO PASSO: "NEVILLIZE" SEUS OBJETIVOS

Todo tipo de coisas ocorre para ajudar
o que, de outra maneira, nunca teria ocorrido.

A decisão gera uma corrente de acontecimentos
causando em nosso favor toda espécie de
incidentes imprevistos e encontros e
assistência material que ninguém
sonharia que fossem possíveis.

Se você acha que pode fazer alguma coisa
ou sonha em fazê-la, comece agora!
A ousadia é mãe do gênio criador,
é a chave do poder e da magia[*].

A Câmera

Certa vez, estive em Seattle visitando alguns amigos. Uma noite, liguei a televisão e assisti ao final de uma entrevista fascinante do apresentador Larry King com o famoso ator e cantor Andy Griffith. Andy falava sobre uma de suas primeiras aparições no cinema e, por acaso, mencionou uma ideia relevante para a fórmula do Fator de Atração. Ele se lembrou de um diretor que lhe disse: "A câmera de cinema não passa de uma máquina. Ela registra aquilo que você lhe oferece. Tudo o que você precisa fazer é pensar em alguma coisa e senti-la, e a câmera gravará o que você está sentindo".

O programa mostrou então uma cena do filme a que Griffith se referia. Naquela cena, ele olhava para uma mulher com o coração cheio de desejo. Pelo olhar do ator, era óbvio que ele estava projetando pensamentos de luxúria sem limites. Larry King comentou mais tarde: "Foi um dos olhares mais pornográficos de toda a história do cinema".

O universo é como uma câmera de cinema. Pense em algo, sinta-o e o universo registrará este sentimento e o projetará em uma tela. O conselho que Andy Griffith ouviu quando era um jovem ator é o conselho que quero dar a

---

[*] Na verdade, o texto acima é uma paráfrase de várias passagens do *Fausto* de Goethe (1749--1832), conforme citação de William Hutchinson Murray no seu livro *A Expedição Escocesa no Himalaia* (1951). (N. do T.)

O FATOR DE ATRAÇÃO

você: *Quando você sabe o que quer, tudo o que precisa fazer é mentalizar esse desejo e senti-lo.* É só isso. O universo — o Espírito de tudo o que existe — captará seu sinal e o projetará na tela da sua vida.

Passe alguns momentos anotando uma cena detalhada da visão que você deseja, descrevendo-a como se ela já tivesse acontecido e você está agora celebrando sua vitória. Você estará "nevillizando" seu objetivo. Disfrute a sensação do triunfo alcançado.

_____

_____

_____

_____

_____

_____

_____

_____

_____

Pegando Fogo

As técnicas que revelei aqui são poderosas. Quando Jonathan Jacobs e eu as pusemos em prática, nossos níveis de energia dispararam. Tínhamos tanta energia circulando em nossos corpos que até a instalação elétrica de nossas casas pegou fogo.

QUARTO PASSO: "NEVILLIZE" SEUS OBJETIVOS

É a pura verdade! Na época em que eu morava em uma espelunca e mal tinha dinheiro para pagar o aluguel, todo o sistema elétrico da casa queimou. O proprietário teve de gastar mais de US$ 7 mil para trocá-lo.

Quando Jonathan começou seus experimentos com energia, a caixa de fusíveis de sua garagem pegou fogo. Não é por esse motivo que as pessoas me chamam de "Mr. Fire!", mas o fato demonstra que, quando você passa por mudanças interiores, também vê mudanças no mundo exterior. Jonathan teve de instalar uma nova caixa de fusíveis. Meu senhorio teve de trocar todo o sistema elétrico da casa. Porém, à medida que o meu nível de energia foi aumentando, também tive de me mudar para uma casa maior, com uma instalação elétrica mais segura.

Volto a insistir: *O que você acolhe no seu mundo interior cria ou condiciona suas experiências no mundo exterior.*

O Interior se Torna Exterior

Certo dia, Jonathan e eu almoçávamos em um de nossos restaurantes chineses favoritos quando notei que o local estava praticamente deserto. Os donos pareciam preocupados. Tinham se reunido ao redor da caixa registradora e conversavam em voz baixa. Normalmente, vinham até nossa mesa, sorriam, falavam conosco e nos tratavam como reis. Era óbvio que alguma coisa estava errada. Chamei a atenção de Jonathan para isso, dizendo: — Os donos parecem preocupados com o movimento do restaurante.

Jonathan respondeu: — Esse é o motivo da preocupação deles..

No início, senti um nó na cabeça, que parecia girar em círculo. Mas de repente comecei a rir. Jonathan perguntou o que era tão divertido. Expliquei da melhor maneira que podia:

— Por acaso você já foi um mestre Zen em outra encarnação? — comecei. — O que você acaba de dizer é um daqueles paradoxos sem resposta que os mestres Zen costumam ensinar aos seus discípulos.

— Como assim?

— Eu disse que aquelas pessoas pareciam preocupadas com o movimento, e você respondeu que é a própria preocupação delas o que as torna preocupadas. Para a maioria das pessoas, isso não tem sentido.

O FATOR DE ATRAÇÃO

— Mas é a verdade — explicou Jonathan. — A preocupação com o dinheiro já estava dentro daquelas pessoas e agora se manifesta no mundo exterior. Ela se tornou patente. Os donos do restaurante manifestaram suas convicções.

Então, Jonathan me contou sobre um de seus pacientes cujo restaurante indiano estava indo à falência. O movimento era praticamente zero. O homem fez uma sessão com Jonathan e percebeu que, no fundo, não queria administrar um restaurante. Depois de esclarecer suas intenções, abriu mão do restaurante e vendeu-o. Então, sob nova direção, o restaurante voltou a ter movimento.

— Quando você cultiva seu mundo interior, colhe frutos no mundo exterior — diz Jonathan.

Corte o Mal Pela Raiz

Em outra ocasião, Jonathan comentou: "Depois que você aprende as lições, não precisa mais das vivências".

Por mais estranha que essa frase pareça, posso garantir por experiência própria que é verdadeira.

Certa vez, uma empresa me contratou para ajudar a promover um de seus seminários em Dallas. Dei conselhos àquelas pessoas sobre o que fazer, mas depois me irritei porque soube que elas fizeram exatamente o contrário. Na prática, elas mesmas prejudicaram suas chances de sucesso.

Conversei com Jonathan sobre aquilo. Ele me perguntou que lição tirei do incidente. Em outras palavras, que proveito encontrei naquilo? Supondo que uma parte de mim tivesse criado o fato de a empresa fazer tudo errado, até que ponto aquele fracasso tinha utilidade para mim? Pensei um pouco a respeito e achei a resposta.

— O erro da empresa tirou dos meus ombros a obrigação do sucesso — respondi. — Eles me contrataram para ajudá-los a transformar o seminário num evento de sucesso. Mas eu não tinha certeza se iria conseguir. Quando eles deixaram de ouvir meus conselhos, praticamente garantiram que o seminário seria um fracasso. Nesse momento, conquistei o direito de apontar o dedo para eles e dizer: "A culpa é de vocês, não minha".

Tudo isso nos remete ao princípio básico segundo o qual tudo o que fazemos e sentimos em nosso mundo interior condiciona grandemente nossa vida no mundo exterior.

206

QUARTO PASSO: "NEVILLIZE" SEUS OBJETIVOS

Seja qual for a situação em que você se encontra, é muito provável que em grande parte você tenha ajudado a criá-la.

Examine sua situação atual e liberte-se das convicções e da energia antiga. Então, você poderá seguir em frente para criar novas situações que serão mais úteis e lhe darão mais alegria. Uma das melhores maneiras de alcançar esse objetivo é concentrar os pensamentos e imaginar como você se sentiria se seus desejos já fossem realidade. Desse modo, você começa a atrair os objetos do desejo em sua direção.

Escreva seu Futuro

Uma técnica maravilhosa que ajuda nesse contexto é chamada de "roteirização". Consiste em escrever um "roteiro", como de um filme ou uma peça de teatro, pondo em cena suas próprias emoções.

Os primeiros que chamaram minha atenção para este método foram Jerry e Esther Hicks, meus amigos de longa data. O método é enganosamente simples.

Faça de conta que você é um diretor de cinema e escreva o roteiro de sua realização pessoal. Imagine que você já tem o que deseja e escreva uma cena a esse respeito. Descreva seu sucesso e seus momentos de felicidade nos mínimos detalhes, a ponto de senti-los de fato. Envolva-se com o ato de escrever. Sinta concretamente cada detalhe da cena, como se estivesse acontecendo à sua frente.

Tenho um caderno cheio de roteiros. Todos os que escrevi se tornaram realidade. Mais uma vez, quando você pensa em uma coisa e é capaz de senti-la concretamente, ela se realiza.

Por que não parar alguns minutos e escrever seu próprio roteiro aqui e agora? Se não quiser escrever neste livro, pegue uma folha de papel. Este é o momento certo para criar seu próprio futuro.

Há um conselho de Neville que pode ser útil nesse sentido. O conselho pode ser encontrado no seu livro *Immortal Man* e serve tanto para os homens quanto para as mulheres.

"Primeiro, sonhe com alguma coisa, e com isso quero dizer um sonho acordado, um devaneio glorioso e esplêndido. Então, pergunte a si mesmo:

O FATOR DE ATRAÇÃO

'O que aconteceria se eu fosse verdadeiramente, a partir de agora, a pessoa dos meus sonhos, a pessoa que sempre quis ser? O que aconteceria?'. Então, capte o estado de espírito do desejo satisfeito e mergulhe inteiramente nessa sensação".

Agora, escolha o objetivo que deseja alcançar. Seja ele qual for, escreva uma descrição da cena como se o objetivo já fosse realidade. Em vez de escrever: "Quero que um cliente me telefone para fazer um grande pedido", escreva: "Um cliente que eu não conhecia acaba de me ligar pedindo US$ 5 mil em mercadorias. Fiquei tão alegre que mal consegui falar. Desliguei alguns minutos atrás. Ainda estou rindo à toa, pois o relacionamento com o cliente foi fácil e agradável. Ele até me deu o número do cartão de crédito, e agora mesmo estou registrando a compra".

Você captou a ideia. Faça de conta que a batalha já está ganha. Registre a experiência no seu roteiro como se ela tivesse acabado de acontecer. Descreva cada detalhe. Sinta a alegria da cena e desfrute o ato de escrever. Anote o que você deseja que aconteça logo depois do triunfo conquistado. Faça isso agora!

Por Que Não?

Caso você não tenha escrito seu roteiro agora mesmo, por que não o fez?

Os próximos momentos de sua vida são criados a partir *deste* momento. O que você faz agora gera energia que é emitida para atrair o que virá depois. Como já vimos, esse é o princípio do Fator de Atração. Quando você escreve um roteiro revestindo-o de emoção verdadeira, cria uma "estrutura mental" poderosa, uma espécie de "bola de energia" que é lançada no mundo exterior para transformar seu roteiro em realidade.

Trata-se de um fato da maior relevância. No plano energético, todas as pessoas estão conectadas entre si. Em 1943, Lucius Humphrey escreveu no seu pequeno livro *On the Beam*, que há muito tempo merece uma reedição: "Nós nos consideramos indivíduos, mas não estamos segregados do todo. Somos seres *singulares*, mas não estamos *separados* um do outro".

Nesse plano energético que serve como "pano de fundo" de todos os acontecimentos, há uma conexão entre as pessoas. Assim, podemos formular desejos e dirigi-los ao universo como um todo. Se não nos apegarmos demais ao resultado e se estivermos realmente dispostos a alcançar a satisfação dos desejos, eles serão satisfeitos fatalmente (a não ser que algo ainda melhor esteja à nossa espera). As pessoas envolvidas na satisfação dos nossos desejos sentirão nossa energia no plano energético. (Lembre-se, estamos conectados uns aos outros.) Elas se sentirão motivadas pelo seu próprio espírito interior e nos ajudarão a alcançar nossos objetivos.

Essa é a fórmula espiritual do sucesso — uma fórmula comprovada e infalível!

Esse é o Fator de Atração.

Agora, volte atrás e escreva seu roteiro!

Você Imprime sua Energia

É importante mencionar desde já que os cartões de visitas, o logotipo, o papel timbrado, os folhetos, os prospectos, os *banners* e os anúncios — tudo o que você cria ou contrata alguém para criar a fim de promover sua atividade ou empresa — trazem impressa a marca de sua energia pessoal. Portanto, em

O FATOR DE ATRAÇÃO

função da energia que manifestam, esses materiais publicitários vão atrair — ou repelir — os clientes que você afirma desejar.

Tente se lembrar de um folheto ou anúncio que você tenha encontrado recentemente na sua caixa de correio. Ao olhar para ele, imagino que você sentiu algum tipo de reação imediata em relação ao serviço anunciado. Pode ter sido uma reação do tipo "Isso parece interessante", ou algo do tipo "Isso não vale nada". Nos dois casos, a reação se deu numa fração de segundo.

Não me refiro apenas ao visual do material publicitário, embora ele seja parte importante do efeito final. Quando você ou um profissional especializado criam uma peça de marketing, automaticamente imprimem ali seus pensamentos e sentimentos, deixando-os estampados no resultado final. Não é preciso ser um médium para sentir essa vibração. Se você, de modo inconsciente, não acreditar no seu produto ou serviço, essa convicção transparece no material publicitário. E será captada pelas pessoas. E o negócio não poderá prosperar.

Volto a insistir que o sentimento atrai milagres. Quando você sabe o que quer e elimina suas resistências quanto à realização do desejo e sente a energia daquilo que deseja, tem início um processo de atração ou deslocamento. E essa energia é reproduzida ou retransmitida nos materiais publicitários que você cria ou distribui. Aqui vai um exemplo do que quero dizer.

Certa ocasião, escrevi um texto publicitário para um programa de computador no qual acreditei totalmente. Os resultados foram surpreendentes. As pessoas leram o texto e sentiram minha sinceridade sobre as vantagens do produto. Em consequência, mais de 6 por cento delas encomendaram o programa. No mundo do marketing por mala-direta, trata-se de um resultado excelente.

No entanto, quando escrevi um texto publicitário oferecendo um serviço no qual não acreditei, quase não recebi resposta. Por quê? O mesmo profissional escreveu os dois textos. Mas de alguma maneira minha descrença no segundo produto ficou patente às pessoas que o leram. Elas captaram aquela vibração e simplesmente sentiram que o produto não valia a pena.

Outro exemplo foi um folheto que recebi sobre um *workshop* que seria realizado em Seattle. Tudo o que vi foi uma fotocópia escura do folheto original. Não foi uma reação de deslumbramento — não vi cores fortes, nem

QUARTO PASSO: "NEVILLIZE" SEUS OBJETIVOS

letras decorativas, nem *slogans* chamativos, nem fotos incríveis. No entanto, alguma coisa no folheto me fez pensar imediatamente: "Tenho de participar desse evento". E foi o que fiz. Quando conversei com outros participantes do *worshop*, todos eles disseram ter tido a mesma reação. Muitos acrescentaram: "Nem sei por que estou aqui. Vi o folheto e simplesmente achei que não podia perder o *worshop*". O que aconteceu? Os organizadores do *workshop* tinham absoluta clareza sobre o que queriam. Essa confiança transpareceu nos folhetos. E o *workshop* foi um sucesso.

Compare esse caso com o de uma empresa que foi minha cliente e certa vez decidiu organizar um seminário sobre marketing pela Internet. A empresa só estava interessada nos lucros. Não sentia envolvimento pelo que fazia e não tinha desejo sincero de servir às pessoas. Essa atitude transparecia nos folhetos publicitários. Quando os organizadores inauguraram o evento, esperavam mais de duzentos participantes. Mas ali só havia vinte.

Não se pode "enganar" o Fator de Atração.

A Propaganda Funciona

Já reparei que muitas pessoas têm uma atitude negativa em relação à propaganda. Acho que se trata de uma opinião limitadora. Um anúncio pode ajudar você a divulgar sua atividade ou seu negócio. Pode se tornar uma "outra voz" que atua em seu benefício. E pode ter também uma dimensão espiritual.

Certa vez, jantei com meus amigos Jerry e Esther Hicks e com outro amigo meu. Conversávamos sobre marketing em geral e sobre anúncios em particular. Meu amigo disse: — Anúncios não são necessários.

— Talvez não sejam — concordei —, mas podem dar resultado. Um bom anúncio pode aumentar seu faturamento.

— Da última vez que pusemos um anúncio em uma revista — começou Jerry —, recebemos tantos pedidos que não pudermos dar conta de todos eles. Desisti do anúncio até contratarmos mais funcionários.

— Não importa o que você diz no anúncio — acrescentou Esther. — As pessoas vão sentir quem é você e o que está oferecendo e tomarão uma decisão baseadas nesse sentimento.

Jerry e Esther me contrataram para escrever seus anúncios porque sabem que acredito no trabalho deles. Se eu não acreditasse, os anúncios que crio deixariam transparecer minha descrença. E se eles mesmos não acreditassem no que fazem, a pessoa que contratassem para criar seus anúncios iria manifestar essa atitude.

Minha amiga Sandra Zimmer, que dirige o Self-Expression Center [Centro de Autoexpressão] em Houston, também conhece o poder da propaganda baseada na espiritualidade.

Sandra introduz conscientemente sua própria energia em seus anúncios. Na verdade, ela se senta e medita sobre o anúncio para impregná-lo com sua energia. Em consequência disso, seus anúncios têm um poder magnético. Certa vez, ela me contou que algumas pessoas chegam a guardar os anúncios dela por sete anos. Eu mesmo os vi por vários anos antes de conhecer Sandra pessoalmente. Embora os anúncios não tivessem um aspecto diferente, davam uma sensação diferente. Alguma coisa neles os tornava memoráveis. Esse componente sutil era a própria energia de Sandra.

"A propaganda é importante", disse-me Sandra certa vez. "Mas é a energia que você põe nos anúncios que garante sua eficácia. São os efeitos da Lei da Atração."

Mais uma vez, é sua identidade interior que cria os resultados no mundo exterior. O que está dentro atrai o que está do lado de fora. Até os materiais publicitários são condicionados pela sua energia interior. Livre-se dos bloqueios e das contradições, sinta a energia do que você deseja ser, fazer ou possuir e, naturalmente, você seguirá na direção de atrair o que deseja.

O Método de Jonathan

Fui paciente e amigo de Jonathan Jacobs por mais de dez anos, vendo-o quase todas as semanas, e assim tenho uma boa ideia do método utilizado por ele para criar resultados pessoais. Como você já deve saber, Jonathan conseguiu ajudar a mim e a outras pessoas a realizar verdadeiros milagres. Acredito que seu método de três etapas merece análise mais detida. Eis o roteiro de uma sessão típica com Jonathan:

QUARTO PASSO: "NEVILLIZE" SEUS OBJETIVOS

1. Para começar, ele me perguntava o que eu queria. É o estágio que consiste em "definir uma intenção". Quando você decide que resultado deseja alcançar, as outras peças do quebra-cabeça se encaixam mais facilmente. Assim, Jonathan sempre começava investigando o desejo do paciente. *O que você quer?*

2. A seguir, tentávamos encontrar a melhor maneira de realizar esse desejo. Obviamente, é o estágio que consiste em "esclarecer os pensamentos e eliminar os bloqueios interiores". Jonathan usava sua perícia verbal para me ajudar a reconhecer o que me impedia de alcançar o sucesso. *Quais são os obstáculos para você alcançar o sucesso?*

3. Por fim, canalizávamos energia para fortalecer essa intenção. Em outras palavras, tínhamos um objetivo e havíamos identificado e afastado

O FATOR DE ATRAÇÃO

todos os obstáculos no caminho de sua manifestação. Basicamente, só faltava carregar esse objetivo de energia. *Como conseguir energia que o ajude a alcançar o sucesso?*

_____

_____

_____

_____

_____

_____

É provável que você tenha percebido que, no último estágio, Jonathan usava o sentimento para magnetizar o desejo. É assim que funciona o Fator de Atração. Em outras palavras, Jonathan me ajudava a carregar meu corpo de energia para potencializar as chances de manifestar minha intenção.

Tentarei explicar esse procedimento de "potencialização da energia" usando meus conhecimentos de *Chi Kung*.

Antigos Segredos Chineses

O *Chi Kung*, ou *Qi Gong*, é uma antiga técnica terapêutica chinesa. É semelhante ao *Tai Chi* pelo fato de usar movimentos suaves, consciência corporal e canalização deliberada da energia interior para criar resultados. O *Chi Kung* é usado para curar doenças, restaurar o equilíbrio interior, melhorar a circulação de energia e garantir ou conservar a saúde do corpo e da mente.

Pode-se usar um exercício simples de *Chi Kung* para carregar o corpo de energia com o intuito de atrair um determinado objetivo. O exercício consiste no seguinte:

1. Decida o que você quer.
2. Livre-se de todos os bloqueios que possam impedir a realização desse objetivo.

QUARTO PASSO: "NEVILLIZE" SEUS OBJETIVOS

3. Abasteça seu corpo de energia e, ao mesmo tempo, mantenha o objetivo vibrando nos seus pensamentos.

É mais simples do que pode parecer à primeira vista. Tudo o que você tem de fazer é *respirar*. A cada inspiração, imagine que o ar é energia. Veja-o percorrendo seu corpo até chegar à realização do seu desejo.

Uma boa parte das técnicas do *Chi Kung* consiste em usar a mente enquanto você respira e movimenta o corpo. Tente fazer isso agora mesmo. Em sua mente, visualize o objetivo. Talvez você já o veja transformado em realidade. Talvez ainda não consiga ver o objetivo, mas de algum modo você sabe o que vai se passar quando ele for realizado. Vamos lá. Use sua mente para transformar em realidade sua intenção em realidade.

Ao respirar, imagine que o ar é energia capaz de abastecer sua experiência mental. Veja a energia preenchendo e ativando sua intenção. Simplesmente, faça de conta que sua energia tem caráter mágico e pode fazer com que sua intenção se realize.

Relaxe e confie no momento presente. Não há muito mais a fazer. E, como verá no próximo capítulo sobre o Quinto Passo do Fator de Atração, relaxar e confiar no momento presente são componentes muito importantes deste processo.

Um Desejo Ardente

Quando estive na Austrália em maio de 1999, aprendi que muitas sementes não se abrem nem germinam, a não ser que sejam queimadas previamente.

No corpo humano, você abre as sementes dos seus desejos com o calor da emoção. Sempre que você sente amor ou medo, duas emoções poderosas, esse calor aumenta. O calor atinge as camadas profundas da mente e abre a semente (isto é, a imagem) daquilo que você deseja. É o sentimento que comanda todo esse processo.

A essência do Quarto Passo é sentir alegremente a energia daquilo que você gostaria de ser, fazer ou possuir. Joseph Murphy escreveu no seu livro *How to Attract Money*: "O sentimento da prosperidade gera prosperidade".

William E. Towne, por sua vez, escreveu em 1920: "Os pensamentos só são poderosos quando os sentimentos os respaldam. É o sentimento que dá

O FATOR DE ATRAÇÃO

ao pensamento o poder reativo. Fazer uma simples afirmação do que você deseja sem investir fé e sentimento verdadeiros dará um resultado praticamente nulo".

E o juiz Thomas Troward escreveu no seu livro *The Hidden Power*: "Convertido em sentimento, o pensamento é um ímã que atrai em nossa direção as condições externas mais condizentes com a energia do pensamento inicial".

Sinta a alegria de ter o que você deseja — sinta essa alegria agora mesmo — e sua vida começará a se mover nessa direção, ou o objeto do desejo se moverá em sua direção.

Pare um momento para anotar o "roteiro" de algo que você deseje ser, fazer ou possuir. Lembre-se de escrever seu texto como se a intenção já tivesse se convertido em realidade e você se sentisse "nas alturas" com isso. Já que você pode descrever a cena da maneira que quiser, trate de preenchê-la com sentimentos e detalhes, e sobretudo, divirta-se!

QUARTO PASSO: "NEVILLIZE" SEUS OBJETIVOS

Todo o processo de enriquecimento mental,
espiritual ou material pode ser resumido
em uma única palavra: Gratidão.

— Joseph Murphy. *Your Infinite Power to be Rich, 1966*

CAPÍTULO 16

Quinto Passo: O Grande Segredo

Aqui vai um segredo que pode surpreender você.

Quando você quer uma coisa, mas pode viver perfeitamente sem ela, tem mais chances de consegui-la.

Essa é uma das ironias da vida. Se você desejar uma coisa alegremente, mas não se deixar obcecar pela ideia de possuí-la, é bem provável que o universo a conceda rapidamente e satisfaça seu desejo.

Porém, se em algum momento você disser: "*Preciso* ter esta coisa", começará a afastá-la para longe de você.

Por quê?

Porque a energia da posse repele aquilo que você diz desejar.

Porque você está se concentrando na sua necessidade, não nas circunstâncias do momento.

Em suma, porque você ainda não aprendeu o grande segredo da Quinta Regra: *Confie em sua intuição e entregue-se ao momento presente.*

Amor Egocêntrico

Anos atrás, descobri que muitos de nós, incluindo a mim mesmo, não gostam de se entregar ao momento presente e aceitar "o que der e vier", pois nesse caso não há nada a que possamos nos agarrar. Não há drama. Muitos de nós sentem que, quando não estamos perseguindo um objetivo como guerreiros ou atletas dispostos a lutar até o último minuto, é porque o objetivo não vale realmente a pena e não estamos indo a lugar nenhum. Só o esforço e

QUINTO PASSO: O GRANDE SEGREDO

a luta proporcionam um senso de realização. Se a realização não for possível, pelo menos você pode dizer: "Bem, eu tentei".

O ego se sente fortalecido com a ideia de luta. O ego precisa sentir que está perseguindo uma coisa digna, algo que valha realmente a pena. Bem, é normal. Se seu ego precisa de um tapinha nas costas, deixe-o lutar por algumas das coisas que você deseja. Mas a verdade é que a luta não é absolutamente necessária. Volto a insistir: há outra maneira... uma maneira mais fácil.

Eu costumava oferecer um curso chamado "The Inner Game of Writing" ["O Jogo Interior da Redação Publicitária". O curso se baseava na obra de Tim Gallwey, que escreveu *The Inner Game of Tennis* e foi coautor de vários outros livros sobre a ideia do "jogo interior". Ao ler esses livros, descobri que há ao menos dois seres distintos dentro de nós — não tanto personalidades, e sim aspectos da nossa mente. Gallwey chamava-os de Ego Um e Ego Dois.

O Ego Um pode ser comparado ao ego da psicanálise, a parte de sua personalidade que mantém o controle da situação.

O Ego Dois pode ser comparado ao mestre interior, a parte de sua personalidade que está conectada com todas as coisas.

O papel do Ego Um é escolher um objetivo e confiar nas oportunidades do momento.

O papel do Ego Dois é trazer esse objetivo até você.

Gallwey observou que, quando as pessoas aprendem a se entregar e confiar no momento presente, realizam os objetivos com mais frequência e de maneira muito mais fácil do que se tivessem de lutar por eles.

O mesmo princípio vale para sua vida. Escolha um objetivo e deixe que Deus ou o Universo (seja qual for o significado desses conceitos para você) o tornem realidade. Deixe que eles orquestrem os acontecimentos capazes de manifestar as coisas que você deseja. Desista da necessidade de saber exatamente como os desejos se tornarão realidade. Conhecer o caminho concreto da realização pode ser uma limitação. Se você escolheu um objetivo, mas não consegue enxergar conscientemente a melhor maneira de criá-lo, talvez seja melhor desistir. A mente consciente não pode enxergar todas as possibilidades. Renuncie ao controle e liberte o universo, para que ele lhe traga qualquer coisa que você deseja.

Difícil de "engolir"? Bem, então deixe-me contar uma história...

O FATOR DE ATRAÇÃO

O Milagre do Segredo Perdido

Quando eu estava trabalhando em um de meus primeiros livros, *The Seven Lost Secrets of Success*, fui tomado por uma verdadeira obsessão. Passei dois anos de minha vida tentando prestar homenagem a Bruce Barton, um homem que influenciou a história dos Estados Unidos, mas cuja trajetória, por algum motivo, acabou caindo no esquecimento.

Certo dia, recebi um telefonema de um médico do oeste do Texas. Ele queria me contratar como *ghost-writer*, com a missão de escrever um livro para ele. Embora hesitasse em relação à proposta, achei que conversar pessoalmente com o médico era a coisa certa a fazer. Peguei um avião, fui visitá-lo, negociei um contrato e voltei para Houston com um cheque gordo nas mãos, um adiantamento não reembolsável pela missão de escrever aquele livro.

Passaram-se semanas. Depois, meses. Durante esse tempo, usei boa parte de minhas energias trabalhando no meu livro sobre Bruce Barton. Raramente me dedicava ao livro do médico e nunca recebi notícias dele. Finalmente, decidi que devia pegar um avião para visitá-lo e apresentar uma parte do material. Assim, reservei um voo e comecei a escrever o livro dele. Mas aconteceu uma coisa estranha. Sempre que eu telefonava para o escritório do médico, ninguém atendia. Isso se repetiu por vários dias. Por fim, um dia antes do voo que eu tinha reservado, alguém respondeu ao chamado. Era o administrador do médico.

— Alô, Bill, aqui é Joe Vitale — comecei.

— Olá, Joe. — A voz dele parecia constrangida.

— O que aconteceu? Ninguém atendeu ao telefone durante vários dias.

— Bem, houve uma mudança de planos.

— Como assim?

Bill resmungou alguma coisa. Pedi a ele para repetir. Não consegui acreditar no que ele dizia.

— O doutor está preso — disse ele.

Dizer que fiquei atônito seria mentira. Fiquei em estado de choque. Absolutamente sem reação.

— O doutor está preso!?! — gaguejei. — Bill, o que está acontecendo?

220

QUINTO PASSO: O GRANDE SEGREDO

— Bem, o doutor perdeu o direito à liberdade condicional.

De novo, fiquei em estado de choque.

— Você quer dizer que ele já esteve preso *antes*?!

— Bem, o doutor mandou uma bomba para sua ex-mulher, mas foi capturado e preso — explicou Bill. — Recebeu permissão para deixar a prisão e retomar a atividade como médico, mas sob a condição de nunca mais brincar com bombas ou armas de fogo.

— Não me diga que...

— Sim, eles encontraram bombas na escrivaninha do doutor.

Levei algum tempo para me recuperar daquele incidente. Mas quero chamar a atenção de vocês para o fato de que se trata de um verdadeiro milagre. Quando assinei um contrato com o médico, recebi uma grande quantia cm dinheiro. Dinheiro não reembolsável. Dinheiro que me permitiu trabalhar no meu livro sobre Bruce Barton. E então, quando o médico foi preso, fiquei livre do contrato. Não tinha mais obrigação de escrever o livro. Mesmo que eu tentasse restituir o dinheiro, coisa que não era obrigado a fazer, de nada adiantaria. O doutor se fora para sempre.

De algum modo, Deus ou o Universo (ou como você preferir chamar os poderes invisíveis lá fora) criaram um cenário para esse grande evento. Você acha que eu poderia ter orquestrado pessoalmente uma cadeia tão singular de acontecimentos? É totalmente improvável. Que tipo de anúncio eu teria de escrever?

"Procura-se um médico que seja ex-condenado, queira escrever um livro e esteja disposto a voltar para a prisão num prazo de seis meses, para que eu possa ficar com o dinheiro."

Creio que não.

Seu Parceiro Também Precisa de Clareza

Volto a insistir: quando você sabe o que quer e tem clareza de pensamentos, é atraído até o objeto do seu desejo, ou os acontecimentos o trazem até você.

Jonathan via esse tipo de coisa acontecer o tempo todo. Certa vez, dois médicos de Seattle foram falar com ele, pois não conseguiam entrar em acordo sobre o tipo de salas que queriam alugar. Depois de uma única sessão, eles conseguiram harmonizar seus desejos. Dali a 24 horas, encontraram o espaço de que precisavam e assinaram o contrato de aluguel.

Presenciei o mesmo tipo de acontecimento quando, muitos anos atrás, minha ex-mulher e eu decidimos comprar uma casa juntos (evidentemente, naquela época ainda estávamos casados). Quando você tenta concretizar um desejo que envolve outra pessoa, é importante que os dois tenham clareza de pensamentos antes que o desejo se realize. Eu já havia feito um trabalho interior quanto à compra da casa que queria. Mas esse trabalho ainda não estava dando resultado. Por fim, minha ex-mulher foi procurar Jonathan. Então, ela conseguiu esclarecer e superar algumas convicções antigas sobre autoestima e dinheiro. Exatamente no dia seguinte, a imobiliária nos telefonou. Três dias depois, mudamos para a casa nova. E isso depois de quase doze meses de espera!

Quer ouvir um exemplo do mundo dos negócios?

Mude o Que Está Dentro Para Mudar o Que Está Fora

Dan Poynter é um grande amigo e especialista de renome internacional em publicação de livros por conta própria. Escreveu vários livros, inclusive o famoso *Self-Publishing Manual*. Dan também oferece seminários de fim de semana em sua casa, ensinando pessoas a publicar e divulgar seus textos a um custo praticamente nulo. Ele oferece esse seminário há mais de dez anos, já ajudou centenas de pessoas, mas sempre teve dificuldade para conquistar novos interessados. Um dia, Dan ligou para mim e me pediu ajuda.

— Joe, quero que você escreva um prospecto para mim, alguma coisa de tanto impacto que as pessoas se inscrevam no meu seminário sem que eu tenha de ficar procurando por elas.

Repare no que Dan estava fazendo. Ele sabia o que não queria ("suar a camisa" para conseguir alunos para seu seminário) e sabia o que queria (que as pessoas telefonassem e se inscrevessem facilmente e sem esforço). A partir dessas duas premissas, ele se sentiu levado a ligar para mim. Quando concordei em criar um novo prospecto para Dan, o que ele teve de fazer?

Teve de se entregar e confiar no momento presente.

QUINTO PASSO: O GRANDE SEGREDO

Teve de abrir mão de seus receios. Teve de sentir confiança. Teve de acreditar que havia contratado a pessoa certa e que tudo daria certo. Embora ele não soubesse disso, "entregar-se ao momento presente" é um passo-chave na fórmula do Fator de Atração. Intuitivamente, Dan pôs esse passo em prática.

Criei um folheto para Dan. Ele gostou do folheto e mandou imprimi-lo. Algumas semanas mais tarde, liguei para Dan e ele disse: — Meu seminário já está lotado.

— É mesmo?! — exclamei, encantado. Mas o comentário seguinte de Dan esfriou meu entusiasmo.

— Mas não foi por causa do seu folheto — disse ele.

— Como assim?

— O seminário lotou duas semanas atrás, mas só mandei o novo folheto na semana passada. Houve um atraso em nossa correspondência.

— Mas como se explica isso? — perguntei. — Por que o seminário lotou?

Dan não sabia. Mas aqui vai meu palpite. Como você já deve saber, a energia que você emite provoca resultados no mundo exterior. Quando Dan formulou sua nova intenção e permitiu que eu criasse um novo prospecto para ele, houve uma mudança no sinal interior que ele estava emitindo. *Quando você modifica as características do seu mundo interior, o mundo exterior muda na mesma medida.* Dan nem precisou mandar o folheto pelo correio. As pessoas captaram o novo sinal que ele estava emitindo e reagiram de acordo com isso.

Uma teoria maluca? Pode ser. Porém, como já ressaltei várias vezes ao longo deste livro, a energia que você emite atrai e cria os resultados que você obtém. Mude sua energia interior para mudar seus resultados.

Só por curiosidade, devo dizer que mais tarde encontrei Dan em Chicago. Então, ele me contou que, graças ao meu novo prospecto, seu seminário do mês de agosto já estava lotado desde *junho*.

O Milagre da Editora Nightingale-Conant

O seguinte relato mostra como um de meus maiores sonhos se tornou realidade. Publico-o aqui na esperança de que ele possa inspirar você a perseguir os próprios sonhos. Todo o relato se resume no poder de definir uma intenção e em seguida relaxar, confiando em sua realização e entregando-se ao momento presente.

O FATOR DE ATRAÇÃO

Caso você nunca tenha ouvido falar no catálogo gigantesco da famosa editora Nightingale-Conant, que oferece cursos on-line nas áreas de administração, motivação, autoajuda, relacionamentos, saúde e espiritualidade, visite o site da editora no endereço www.nightingale.com.

Por muitos anos, desejei ter meu próprio método em áudio no catálogo da Nightingale-Conant. Minha motivação era o prestígio, mas também os lucros. Eu queria fazer parte daquele rol de grandes autores: Tony Robbins, Tom Peters, Deepak Chopra, Bob Proctor, Brian Tracy e Wayne Dyer.

Porém, até o outono de 1998, esse desejo não passou de um sonho. Não foi por falta de iniciativa. Assim que eram publicados, eu costumava mandar todos os meus livros à Nightingale-Conant. Aparentemente, nunca consegui despertar o interesse deles pelo meu trabalho.

Mas não desisti. Simplesmente aferrei-me a meu sonho, confiando em que ele daria frutos mais cedo ou mais tarde, e continuei fazendo o que me cabia fazer: escrever livros que eu esperava serem estimulantes e informativos.

E então, algo espantoso aconteceu.

Certo dia, um homem começou a me mandar e-mails, fazendo todo tipo de perguntas sobre marketing em geral e sobre P. T. Barnum em particular. Contou que era fã de Barnum e que adorara meu livro *There's a Customer Born Every Minute*. Respondi com muito prazer a todas as suas perguntas.

Então, um dia levei um choque. O homem me mandou um e-mail dizendo: "Se algum dia você quiser seu material avaliado pela Nightingale-Conant, entre em contato comigo. Sou diretor de projetos no Departamento de Marketing da editora".

Você não tem ideia da surpresa nem da alegria que senti. Imediatamente, mandei por via expressa todos os meus livros, meu vídeo e meu curso a distância (seis fitas cassete e um caderno de exercícios) para meu novo amigo da Nightingale-Conant. Ele não gostou de nada do que mandei. Em vez disso, *adorou* tudo o que mandei. E, sem perda de tempo, começou o longo processo de vender minha imagem à editora Nightingale-Conant.

Ele se tornou meu anjo da guarda.

Na época das festas, meu amigo retirou a estrela do alto da árvore de Natal da empresa e colocou uma foto minha no lugar.

QUINTO PASSO: O GRANDE SEGREDO

Conseguiu outras fotos minhas e pendurou-as por toda parte nos escritórios da Nightingale-Conant, inclusive nos banheiros masculino e feminino.

Depois de onze meses de telefonemas, *faxes*, muitas remessas de urgência e inúmeras fotos minhas, tenho orgulho em dizer que a editora Nightingale-Conant incluiu o primeiro título de minha autoria no seu catálogo. Chama-se *The Power of Outrageous Marketing* e se tornou um *best-seller* da editora.

Essa história espantosa abrange e exemplifica várias lições:

- O poder de um sonho (sustentei por vários anos a visão do que eu queria realizar).

- O potencial integrador da Internet (meu contato na Nightingale-Conant me localizou por meio do meu website).

- Os milagres que resultam de encontrar alguém que acredite em você (meu contato acreditou em mim num nível surpreendente e manteve seu apoio constante por onze meses).

- A verdadeira mágica que ocorre quando você está em sintonia com os principais objetivos da sua vida e segue os impulsos do seu coração...

- E o poder de confiar na sua boa estrela e entregar-se sem medo ao momento presente.

Tenho certeza de que existem outras lições nesse relato, lições que talvez só você seja capaz de enxergar. Volto a insistir: publico esse relato neste livro na esperança de acender uma chama no seu coração, despertar entusiasmo na sua alma e incitar você a perseguir — e realizar — seus próprios sonhos.

Mas há algo mais a ser levado em conta:

"Seja Feita a Vossa Vontade"

De acordo com uma pesquisa sobre o poder da oração realizada pela Fundação Spindrift, as preces do tipo "Seja feita a Vossa vontade" obtêm duas vezes mais resultados do que as preces específicas do tipo "Senhor, concedei-me isto ou aquilo". Por isso é tão importante terminar a formulação daquilo que você deseja com as seguintes palavras mágicas: "Isto ou algo melhor".

O FATOR DE ATRAÇÃO

Na época em estava escrevendo meu livro sobre P. T. Barnum, *There's a Customer Born Every Minute*, fui visitar o túmulo do famoso *showman* em Bridgeport, Connecticut. Foi uma experiência tocante, sobre a qual escrevi no meu livro. Mas o que vou revelar aqui é a inscrição que vi gravada no túmulo. Para minha surpresa, naquela simples lápide de concreto encontrei as seguintes palavras mágicas, que certamente inspiraram Barnum ao longo de toda a sua vida tão cheia de emoções e acontecimentos:

"Seja feita não a minha, mas a Vossa vontade".

Aquelas palavras mágicas funcionaram para Barnum, ajudando-o a superar vicissitudes pessoais e profissionais até tornar-se um dos primeiros milionários dos Estados Unidos. Do mesmo modo, elas podem funcionar para você.

Em outras palavras, confie no universo.

Quer algo melhor?

Você pode solicitar qualquer coisa que queira ser, fazer ou possuir, mas também pode deixar em aberto a possibilidade de que o universo lhe dê algo melhor. Termine todos os seus pedidos com a expressão: "Isto ou algo melhor". Assim, você deixará o universo saber que a atitude de "Seja feita a Vossa vontade" vale mais que qualquer outra coisa.

Qual o motivo desta precaução? O motivo é que o universo funciona de acordo com um quadro gigantesco de conexões que seu ego não tem condições de enxergar.

Seu papel é formular um desejo e em seguida agir ao sabor dos impulsos interiores que levam você a fazer certas coisas, como dar telefonemas, escrever cartas, visitar uma determinada pessoa etc. Bob Proctor, no seu maravilhoso livro *You Were Born Rich*, dá o seguinte conselho:

"Aprenda a ouvir a voz silenciosa no seu interior, uma voz que se expressa por meio dos sentimentos e não das palavras; faça o que você 'ouve' dentro de você, não o que as outras pessoas aconselham você a fazer".

O próprio universo vai agir para levar você em direção ao objeto do seu desejo e levar o objeto do seu desejo em direção a você. Tudo o que é preciso fazer é confiar no momento presente e agir em função de seus próprios impulsos. Evite o medo, a dúvida, a preocupação, a decepção ou qualquer outra emoção negativa que rebaixe seu nível de energia.

QUINTO PASSO: O GRANDE SEGREDO

Nesse contexto, o famoso poeta e sábio Rumi escreveu algo que pode ser útil: "Certas coisas que deixam de acontecer evitam que verdadeiros desastres aconteçam".

Pense nisso. Toda atitude positiva tem origem na confiança. Confie em que, quando algo acontece, trata-se de uma boa notícia; e confie em que, quando algo que você queria não acontece, isso também é uma boa notícia.

Wayne Dyer publicou um livro interessante intitulado *The Power of Intention*. O livro pretende ensinar seus leitores a obter qualquer coisa que desejem. Um amigo meu leu o livro e disse que, na verdade, o título deveria ser: *How to Get What You Want by Wanting What You Get [Como obter o que você quer querendo o que você obtém].*

É exatamente isso!

O truque para manifestar seus desejos no mundo exterior é confiar em que, seja qual for o resultado, era isso o que você queria "manifestar" de fato. Você "atraiu" o resultado. Quanto mais você entender esse equilíbrio entre desejo e confiança, entre vontade e abandono, mais condições terá de ser feliz em todos os momentos.

Deixe-me explicar o que quero dizer com mais um relato.

O Cisne

Terri Levine é uma consultora famosa no mundo inteiro, autora de *best-sellers* e uma de minhas melhores amigas. No início de 2004, ela foi procurada pela rede norte-americana de televisão FOX com a proposta de apresentar um de seus novos programas. Terri seria vista semanalmente por espectadores de todo o país. Seu nome ficaria famoso. É claro que ela queria aquele emprego de apresentadora e eu, como seu assessor de marketing, queria a mesma coisa.

Depois de várias semanas de entrevistas, troca de e-mails e alusões da rede de televisão levando Terri a acreditar que seria a apresentadora do programa, um dia ela recebeu um telefonema triste: a vaga não seria sua. Os executivos da FOX tinham decidido tomar outro caminho e contratar outra apresentadora.

Terri ficou aborrecida. É preciso observar que ela é uma das pessoas mais positivas que conheço. Terri é otimista, esfuziante, jovial, sempre tentando encontrar um lado positivo em todas as situações. Mas a notícia dessa rejeição a deixou arrasada. Nada do que eu pudesse dizer a ajudou a se sentir melhor. Com o tempo, ela superou aquela experiência, mas nunca se livrou totalmente do sentimento de decepção.

Então, meses depois, o novo programa da FOX que poderia ter tido Terri como apresentadora foi ao ar. Era um programa de variedades sobre mulheres de classe média e baixa que tiveram suas vidas transformadas por meio da cirurgia plástica, aconselhamento e aulas particulares. Terri assistiu ao programa e sentiu-se indignada. Disse-me: — Não acredito absolutamente nesse tipo de coisa e jamais gostaria de associar meu nome ao programa. É um alívio que eles não tenham me escolhido como apresentadora.

Naquele dia, mandei a Terri um e-mail que ela adorou e guardou por muito tempo em um diretório do seu disco rígido que ela chama de "Diretório da Sabedoria". Escrevi:

"Algumas coisas que nos parecem extremamente vantajosas acabam se mostrando inúteis quando conseguimos enxergar mais longe. Temos de confiar no momento presente e relaxar, percebendo que tudo o que acontece contribui, de uma maneira ou de outra, para o nosso próprio bem".

O Segredo da Sigla TNAP

Acho fascinante a leitura de *A Lifetime of Riches*, a biografia de Napoleon Hill, autor do clássico *Think and Grow Rich*.

Não apenas esse homem lutou por vinte anos para escrever o guia definitivo do sucesso pessoal, como também teve fases de pobreza, sua vida foi ameaçada, seus patrocinadores foram assassinados, ele enfrentou momentos de desesperança e sua família sofreu além de todos os limites.

O sucesso desse homem não aconteceu da noite para o dia.

Uma coisa que chama a atenção na trajetória de Napoleon Hill é sua capacidade de transformar as coisas negativas em positivas. Nas situações da vida em que o céu parecia ameaçador e cheio de nuvens negras, ele sempre procurava aquilo que as pessoas chamam de "um raio de esperança". E, meditando sobre a vida de Hill, percebi que esse hábito de ver o lado bom das coisas também costuma ser praticado por outras pessoas.

QUINTO PASSO: O GRANDE SEGREDO

Certa vez, participei de uma reunião à qual também estava presente meu amigo Mark Joyner, pioneiro da Internet e autor de *best-sellers*. Por acaso, ouvi Mark conversando com um homem que um pouco antes passara por sérias dificuldades financeiras. Mark escutou a triste história daquele homem e fez o seguinte comentário: "Tente transformar sua experiência em algo positivo".

Esse não é um conselho comum. É o tipo de coisa que Napoleon Hill teria dito. Mas contraria tudo o que a maioria das pessoas nem sequer pensaria em tentar. A simples ideia de transformar todas as experiências de sua vida, ótimas ou péssimas, em algo positivo parece, à primeira vista, absurda.

Mas essa ideia também é uma das chaves do sucesso. Lembro-me de que, certa vez, P. T. Barnum decidiu comprar o elefante de um circo rival. Mandou um telegrama com sua oferta de compra. Então, o circo concorrente usou o telegrama de Barnum para fazer publicidade, dizendo: "Vejam a opinião de Barnum sobre o nosso elefante".

Em vez de se aborrecer, Barnum decidiu se associar àqueles concorrentes. Foi assim que nasceu o famoso Circo Barnum & Bailey. Barnum transformou sua experiência negativa em algo positivo.

Recentemente, minha companheira Nerissa Oden lançou seu primeiro *e-book* no endereço www.freevideoediting.com. Mas havia um pequeno erro nesse site da Internet. Quando comecei a trabalhar na divulgação do site, usei o erro como uma maneira de chamar a atenção para o *e-book* de Nerissa. Eu poderia ter dito: "Corrija o erro". Em vez disso, mandei um e-mail por mala-direta que dizia: "Há um erro no site dela. Descubra qual é e ganhe um brinde". Com isso, as pessoas ficaram curiosas. E a curiosidade é uma motivação poderosa. Os acessos ao site aumentaram e as vendas cresceram.

O que eu, Barnum, Joyner e Hill tentamos fazer é o seguinte: meditar sobre as experiências consideradas negativas e transformá-las em algo positivo. Chamo esse processo de TNAP, uma sigla que quer dizer: "Transforme o Negativo em Algo Positivo".

Você também pode fazer esse tipo de coisa. É uma questão de escolha. Não importa o que aconteça, respire fundo e pergunte: "Como posso transformar isso em algo positivo?".

O FATOR DE ATRAÇÃO

A pergunta muda a orientação da sua mente. Em vez de olhar para o problema, você começa a procurar soluções. É uma maneira genial de aprender a controlar a mente. Você se torna senhor, e não escravo, da vida.

Andrew Carnegie — o magnata que desafiou Napoleon Hill a empreender sua busca de vinte anos para descobrir os segredos do sucesso — confessou que o principal segredo do seu tremendo sucesso era a capacidade de controlar a mente.

Ele disse a Hill: "Eu me livrei da maldição da pobreza porque tomei posse da minha própria mente e ela me concedeu todas as coisas materiais que eu queria e muito mais do que necessito. Mas o poder da mente é universal. Ele está disponível à pessoa mais humilde, assim como à mais eminente".

Tudo começa com a pergunta básica TNAP: "Como posso transformar o negativo em algo positivo?".

A resposta vai lhe trazer novas opções para que você seja mais feliz e tenha mais possibilidades de alcançar uma prosperidade que nunca acreditou ser possível.

Lembre-se apenas da sigla TNAP.

O que está incomodando você atualmente que poderia ser transformado em algo positivo?

QUINTO PASSO: O GRANDE SEGREDO

Tudo é para o Nosso Bem

Em junho de 1999, na cidade de Denver, participei de um seminário de três dias conduzido por Bob Proctor, chamado "The Science of Getting Rich" ["A Ciência da Prosperidade"]. Foi uma experiência que expandiu minha mente.

Mas uma ideia que aprendi no curso de Bob, e que quero ressaltar desde já, encontra-se nesta citação: "Tudo o que acontece na sua vida impulsiona você na direção dos seus objetivos".

Agora, pense um pouco. Essa citação diz que tudo, sem exceção, inexoravelmente, está levando você em direção a seus sonhos.

Assim, se acontecer alguma coisa que você considera ruim, lembre-se de que ela aconteceu para que você progredisse. Seu papel é encontrar o lado positivo das coisas negativas, ou pelo menos confiar que há um lado positivo, mesmo quando você não consegue vê-lo imediatamente.

No começo, pode ser difícil aceitar esse tipo de coisa. Mas a verdade é que se trata de uma maneira inspirada de viver a vida. Gosto dessa citação e agradeço a Bob Proctor por ela. A lição que tiro dela é que tenho de me entregar ao momento presente e confiar em que a própria vida está me levando em direção às coisas que desejo. O sentimento de abandono, confiança e gratidão por minha vida me faz sentir diferente. Irradio uma vibração diferente que se espalha pelo mundo, e assim atraio coisas e experiências melhores.

Mais uma vez, o segredo é simplesmente aprender a confiar no momento presente.

Mas não é preciso fazer nada?

Desde que meu *audiobook Marketing Espiritual* alcançou o primeiro lugar na lista de *best-sellers* da Amazon, muitas pessoas me mandam mensagens. Na maioria das vezes, elas simplesmente elogiam o livro. Às vezes, fazem perguntas sobre a fórmula de cinco passos, descrita no livro, para criar prosperidade começando por uma mudança interior. A pergunta mais comum, de longe, diz respeito ao Quinto Passo, ou seja: "Confie em sua intuição e entregue-se ao momento presente".

"Mas o que tenho de *fazer* se apenas confiar em minha intuição?", é a pergunta que leio com mais frequência. "Confiar no momento presente significa cruzar os braços?"

231

O FATOR DE ATRAÇÃO

O que não expliquei claramente em *Marketing Espiritual* é que, sim, você precisa fazer alguma coisa (ou muitas) para realizar seus sonhos. Mas pode ser uma coisa tão pequena quanto atender o telefone. Ou ligar para alguém. Ou comprar um livro. Ou inscrever-se em uma associação. Ou responder a um e-mail. Não tenho ideia de qual a ação necessária para que você realize seu sonho. Mas geralmente você terá de fazer alguma coisa e dar um passo grande ou pequeno. Você pode até me ver no filme *O Segredo* encorajando você a agir porque "o universo ama a velocidade".

A resposta mágica à pergunta sobre o próximo passo a ser dado é a seguinte:

Faça aquilo que eu chamo de "Ação Inspirada".

Ação Inspirada é qualquer atitude que você toma com base em um impulso interior.

Em outras palavras, a Ação Inspirada acontece quando você sente um desejo súbito de entrar no carro e dirigir até uma loja qualquer. Talvez você não tenha ideia do motivo que impulsiona você a dirigir até aquela loja naquele exato momento. Mas um sentimento irresistível levou você até a porta do carro. Siga sua intuição. Talvez você realize um de seus objetivos. Na loja, talvez você encontre a pessoa certa. Ou o produto certo. Ou a revista certa, que ensine você a completar seu sonho.

Por exemplo, cerca de vinte anos atrás eu trabalhava para uma grande companhia de petróleo. Na hora do almoço, sempre saía para comer na praça de alimentação do *shopping* mais próximo. Sempre. Era uma rotina infalível.

Um dia, decidi fazer uma coisa diferente. Quando saí para almoçar, senti o impulso de virar à esquerda numa esquina em que eu sempre virava à direita. Pode parecer uma ninharia para você, mas para mim foi uma mudança e tanto. Era como deixar o planeta e viajar até Marte. De repente, eu tinha embarcado numa aventura.

Para meu assombro, alguns quarteirões adiante encontrei um restaurante fino de comida italiana. Agora, imagine o seguinte: sou um italiano que mora no Texas. Não tinha comido boa comida italiana desde que saíra de Ohio cerca de vinte anos antes. Topar com uma boa cantina por "acidente", durante a hora do almoço, era quase um milagre.

QUINTO PASSO: O GRANDE SEGREDO

Entrei e falei com o proprietário. Era um italiano. Ele me fez um sanduíche tão gostoso que até hoje sinto água na boca quando penso nisso. Fiquei tão agradecido que levei o menu do restaurante dele de volta para meu escritório, fechei a porta e criei um menu totalmente novo para ele. Escrevi o texto, criei o *layout* e então imprimi quinhentos cópias. Por fim, distribuí o menu por toda parte no prédio da companhia.

No dia seguinte, quando voltei ao restaurante, o proprietário me recebeu com lágrimas nos olhos. A casa teve movimento o dia inteiro. Na hora do almoço, ficou lotada de fregueses. Ele não sabia como me agradecer. Mas eu não precisava de agradecimento. Só queria um sanduíche.

O milagre não parou por aí. Ficamos amigos. Quando minha ex-mulher e eu decidimos mudar de endereço e estávamos procurando um lugar, o proprietário do restaurante nos vendeu sua casa. Ele queria se mudar também, mas como ele mesmo tinha construído a casa não queria vendê-la para qualquer pessoa. Quando soube que eu estava procurando uma casa nova, deu um jeito para que comprássemos a sua. Moramos nela por dez anos, e Marian ainda morou lá até falecer em 2004.

E tudo porque pratiquei uma Ação Inspirada!

O que sua intuição está "impulsionando" você a fazer?

Observe os Sinais

Depois de definir uma intenção e seguir os outros passos na fórmula do Fator de Atração, você tem de observar os sinais à sua volta e tomar uma providência rápida quando perceber um deles.

Na época em que eu trabalhava para uma grande companhia de petróleo e odiava meu trabalho, costumava rezar para encontrar uma saída. Isso aconteceu há vinte anos. Naquela época, eu me sentia desamparado. Era como viver numa prisão. Dirigia 56 quilômetros todos os dias, ida e volta, para trabalhar num emprego que odiava, a ponto de chorar no caminho. Não era fácil. Mas um dia defini a intenção de me libertar de tudo aquilo. Então, fiquei à espera dos sinais.

Todos os dias, eu passava por uma placa de trânsito que dizia "Saída a 500 metros". Nunca pensei muito naquilo, até perceber que era um sinal para mim. A placa sinalizava um local em que era possível deixar a rodovia expressa. Mas, para mim, ela significava uma saída mais drástica.

E, realmente, larguei meu emprego. Desde então, tenho sido uma pessoa mais feliz. Hoje, sou um escritor e orador famoso, uma celebridade da Internet e outras coisas mais. Tudo porque pratiquei uma Ação Inspirada: "Saída a 500 metros".

O Poder Ilimitado da Mente

Aqui vai outro exemplo. Quando eu estava escrevendo este livro, uma amiga querida veio nos visitar inesperadamente. Você precisa entender que isso é totalmente incomum. Vivemos na região das colinas perto da cidade de Austin, Texas. Não é fácil encontrar nosso endereço. E geralmente não gostamos quando alguém aparece sem avisar antes. Afinal de contas, trabalhamos em casa e preferimos não ser interrompidos. Posso estar dando uma entrevista por telefone para uma emissora de rádio e Nerissa pode estar editando um projeto de vídeo. Em geral, sempre há muita atividade em nossa casa.

Mas nossa amiga ligou na hora certa, dizendo que estava por perto, e assim nós a convidamos para uma visita. Conversamos principalmente sobre energia, visão remota, o poder da mente sobre a matéria e outros assuntos esotéricos. Durante a conversa, nossa amiga falou com muito entusiasmo sobre um livro chamado *Infinite Mind*. Disse-nos que tinha lido e relido o

QUINTO PASSO: O GRANDE SEGREDO

livro, tinha sublinhado passagens e chegara à conclusão de que o livro era absolutamente genial.

Logo, achei que se tratava de um sinal para mim. Por quê? Porque toda a situação parecia se encaixar em uma espécie de sincronia. Parecia estranho nossa amiga ter aparecido justamente quando eu estava escrevendo este livro. A conversa tinha se referido diretamente a alguns dos princípios explicados em *O Fator de Atração*. E o livro que nossa amiga mencionou parecia se enquadrar perfeitamente na minha pesquisa.

Imediatamente, pratiquei uma Ação Inspirada. Assim que nossa amiga saiu, corri escada acima, acessei a Internet e encomendei o livro no site da Amazon para entrega no dia seguinte. Aproveitei também para pedir também *Manifesting Your Heart's Desires, Book I and Book II*. Mais tarde, verifiquei que todos esses livros continham informações essenciais que me ajudaram a comunicar melhor a fórmula do Fator de Atração.

E tudo por causa de um acontecimento inocente que outras pessoas poderiam ter desprezado!

A Teoria dos Sinais

Alguns anos atrás, eu me dispus a escrever um livro em coautoria intitulado *The Red Flags Theory*. Trata-se da teoria segundo a qual, ao longo da vida, você se depara com "sinais de trânsito" para avançar, reduzir a velocidade, ou mesmo parar e voltar de marcha à ré. Eles são como aquelas lombadas na pista central de uma estrada que obrigam você a voltar para sua pista. Eu os chamo de sinais verdes, amarelos e vermelhos.

O segredo é prestar atenção nos indícios, ou sinais, e agir em função disso. Se você não o fizer, terá de lidar com lombadas sacolejantes, cascatas assustadoras ou muros implacáveis.

Durante um almoço, eu estava contando a alguns amigos sobre minha teoria dos sinais. Um deles havia se metido numa relação de negócios complicada. Então, eu lhe expliquei que, antes da complicação, provavelmente havia sinais amarelos para alertá-lo sobre os problemas que ele enfrentaria mais adiante. Então, ele me pediu que eu lhe desse um exemplo.

O FATOR DE ATRAÇÃO

Lembrei-me de que algumas décadas antes atendi um cliente que acabou se revelando um pesadelo. Por fim, tive de recusar meus serviços, devolver-lhe o dinheiro e desejar-lhe tudo de bom. Foi uma experiência bem desagradável. Quando refleti sobre o motivo que me havia levado a assinar o contrato com ele, percebi que havia sinais amarelos à vista desde o primeiro dia que o conheci, mas que eu não havia prestado atenção a eles.

Esses sinais amarelos eram coisas como uma sensação de desconforto em meu estômago; deparar-me com uma frase ou comportamento esquisitos; sentir um pequeno abalo quando ele dizia alguma coisa negativa ou imprópria sobre outra pessoa. Não prestei a atenção que deveria a esses sinais amarelos, porque ele estava me pagando uma grande soma de dinheiro e eu precisava disso (ou achava que precisava) naquela época.

Assim, deixei que a promessa de muito dinheiro me fizesse ignorar ou racionalizar os sinais de advertência.

Mas os sinais amarelos se tornam sinais vermelhos se você não fizer nada a respeito. No final, tive de encerrar minha relação com aquele cliente.

Quando terminei de contar essa história a meus amigos, eles balançaram a cabeça, concordando. Perceberam que em muitos momentos de suas vidas houve pistas, indícios e sinais ao longo de todo o caminho, em todas as relações e a qualquer momento.

A questão é manter-se alerta, ser responsável e agir em função dos sinais.

Um sinal amarelo não sigmifica "pare"; significa que é preciso explorar o terreno com cautela. Se você não conseguir decifrá-lo ou modificá-lo, talvez tenha de abandonar aquele jogo.

Eis outro exemplo:

Recentemente, Donny Deutsch entrevistou Donald Trump em seu programa *The Big Idea* [A Grande Ideia] na CNBC. Nessa ocasião, Trump contou que certa vez ele ficara gripado quando estava prestes a concluir uma negociação para a compra de um jornal. Donald explicou que ele nunca fica doente, mas estava se sentindo muito mal no dia de fechar o negócio, o que ele tomou como um sinal para não assinar o contrato. Mais tarde, ficou claro que ele tinha tomado a decisão certa. Ser dono de jornal não era coisa para Donald; sua verdadeira vocação é a de magnata do mercado imobiliário.

QUINTO PASSO: O GRANDE SEGREDO

A gripe foi um sinal vermelho que significava "pare".

Não tenho ideia se Donald Trump recebeu sinais amarelos antes do dia da finalização do negócio, mas eu apostaria que sim. Você só recebe um sinal vermelho depois de ignorar todos os sinais amarelos.

E a lição é esta: preste atenção aos sinais amarelos.

É claro que sinais verdes são bons indícios de que aquele é o melhor caminho. Mas, se você não agir no momento certo, poderá receber sinais amarelos e depois vermelhos nesses assuntos também. Muitas vezes, só recebo um sinal verde (ou qualquer outro sinal) *depois* de tomar uma atitude.

Isso é um pouco como estar num jogo de futebol americano. Não tem sentido marcar uma falta ou um pênalti *antes* de o jogo começar. Porém, assim que ele começar, fique atento às bandeiras de faltas e pênaltis. O mesmo vale para a vida em geral. Muitas vezes comecei algo porque achava que aquilo iria funcionar. Depois que tomei uma atitude, o jogo começou. A partir daí eu tinha de prestar atenção e agir à medida que os sinais iam chegando.

Além disso, conforme novas informações se revelam e os relacionamentos evoluem, novos sinais também podem aparecer. A vida não é estática. O jogo não acabou. É por isso que você precisar se manter em *estado de alerta* em todos os momentos.

Como eu já disse aqui, e repeti até no programa de televisão de Larry King, o grande objetivo da vida é estar desperto. Os sinais ajudam você a entrar em sintonia com aquele momento, e o momento é tudo o que existe.

Aqui vai um último exemplo:

Tenho viajado mais nos últimos tempos, por isso decidi comprar um *modem* para meu notebook para que eu pudesse usá-lo praticamente em qualquer lugar e ter acesso à Internet. Procurei meu provedor do serviço de telefonia, mas ele não conseguiu descobrir que cartão eu necessitava para meu modelo específico de notebook.

Sinal amarelo.

Eu lhe disse que voltaria com meu notebook em mãos para que ele pudesse examiná-lo e dar-me o *modem* correto. Eu voltei, o funcionário deu uma olhada e disse que não tinha o cartão de que eu precisava, embora meu cartão fosse bastante comum e a loja devesse ter algum no estoque.

O FATOR DE ATRAÇÃO

Sinal amarelo.

O funcionário acrescentou que eu deveria procurar uma cidade maior, provavelmente Austin ou San Antonio, para conseguir o cartão que eu queria. Já que eu não tinha planos de passar em nenhuma dessas cidades, e precisava do cartão naquele dia para uma viagem marcada para o dia seguinte, descartei aquela sugestão.

Veja que esses sinais amarelos não significavam que eu deveria desistir do cartão de conexão para meu notebook; eles só implicavam (até aquele momento) que eu não deveria tentar conseguir um cartão com meu então provedor do serviço de telefonia.

Sentei-me no carro e fiz alguns telefonemas para as lojas locais de provedores concorrentes de serviços de telefonia, para ver quem tinha o cartão de que eu precisava. Depois de três ligações (veja que eu estava em ação), falei com uma mulher amável que garantiu que tinha o cartão em estoque.

Sinal verde.

Ela me disse que seu nome era Chelsea, o mesmo nome de um de nossos gatos.

Sinal verde.

Fui até a loja dela, entrei e fui recebido por uma equipe amável e atenciosa.

Sinal verde.

Nada de espera. Nada de empecilhos. Nenhum depósito, ou taxas no cartão de crédito, ou qualquer coisa a mais.

Sinais verdes.

E enquanto eu estava lá, uma de minhas garçonetes preferidas entrou de repente na loja, viu-me e correu até mim para me dar um abraço.

Sinal verde.

Agora eu tenho o cartão de conexão à Internet de que preciso e isso me deixa *muito* feliz.

Missão cumprida.

Ainda não sei se escreverei um livro sobre minha teoria dos sinais vermelhos, mas espero que isso ajude você a se lembrar de que há indícios em cada momento da vida, indicando se você está no caminho certo.

Preste atenção.

E aja.

QUINTO PASSO: O GRANDE SEGREDO

Como Fazer?

Aqui vai um roteiro de como tirar proveito da Ação Inspirada.

Primeiro Passo. Defina uma intenção. Uma intenção é sua declaração a respeito de um sonho, ou objetivo, que você deseja ser, fazer ou possuir. É um pedido que você dirige ao seu subconsciente, seu inconsciente e ao próprio universo. Quanto mais clara for a intenção, melhores serão os resultados. Uma de minhas intenções foi: "Pretendo criar um curso de áudio que seja um *best-seller* no catálogo da Nightingale-Conant". E outra foi: "Pretendo que meu livro *Marketing Espiritual* alcance o primeiro lugar na lista dos mais vendidos da Amazon". E outra ainda: "Pretendo achar um novo restaurante para almoçar". Anote suas intenções aqui:

Segundo Passo. Siga seus impulsos. Observe os sinais. Ouça sua intuição. Se você sentir um desejo de traçar um plano de ação, vá em frente. Faça isso. Mas, se você sentir um desejo de sair para um passeio, ou ver televisão, ou navegar na Internet, faça isso também. Nunca podemos saber ao certo aonde nos leva a Ação Inspirada, mas o fato de definir uma intenção (Primeiro Passo) ajuda a intuição a encontrar um atalho para a realização dos nossos sonhos. Anote aqui as ações que você considera inspiradas:

O FATOR DE ATRAÇÃO

A Ação Inspirada funciona porque o nosso ego só consegue enxergar um território limitado, ao passo que o universo enxerga mais além. Seu ego pode dizer: "Faça um projeto administrativo". Mas a Ação Inspirada resulta de uma visão de conjunto que nem sempre é inteligível até que você pratique as ações que se sentiu inspirado a praticar.

Por fim, quanto mais você acalmar a mente, silenciar os pensamentos e relaxar o corpo, mais facilmente poderá ouvir a voz interior que impulsiona você na direção dos seus sonhos.

Quando ouvir essa voz, aja.

Isso é Ação Inspirada.

Desse modo, você encontrará atalhos surpreendentes que levarão diretamente à realização dos desejos que você expressou. É um caminho suave, mais divertido, mais relaxante e geralmente mais proveitoso do que a ação planejada e a luta constante.

Tente e veja por si mesmo.

Um Segredo de Como Ganhar Dinheiro

Deixe-me contar um segredo de como ganhar dinheiro.

Certo dia, Pat O'Bryan, um músico texano maravilhoso bastante conhecido na Europa, compareceu a uma das reuniões de nosso grupo de discussões conhecido como "Master Mind" e fez o seguinte comentário: "Um dia, vou escrever um livro chamado *The Myth of Passive Income*".

Era uma brincadeira. Todos riram. Pat estava trabalhando duro na criação e manutenção de seu site na Internet. Por experiência própria, ele percebeu que não há nada muito passivo na ideia de renda passiva (isto é, ganhar dinheiro sem esforço permanente).

QUINTO PASSO: O GRANDE SEGREDO

Achei que ali havia uma oportunidade.

"Você devia escrever este livro agora mesmo", disse eu.

Todos se calaram e olharam para mim.

— É uma grande ideia — expliquei. — As pessoas pensam que "renda passiva" significa não fazer nada o dia inteiro e ganhar dinheiro enquanto se dorme. Mas é claro que não é bem assim. Portanto, vamos abrir o jogo e contar a verdade às pessoas.

Pat estava aprendendo a reagir imediatamente quando se apresentava uma oportunidade inesperada.

— Está bem, estou nessa — disse ele.

Encontramo-nos no estacionamento depois da reunião. Pat perguntou: — Você estaria disposto a escrever uma carta para as pessoas que ganham dinheiro na Internet, pedindo que mandem um artigo para o nosso livro? A ideia é que essas pessoas descrevam um dia típico em suas vidas. Aposto que elas não ficam sentadas o dia inteiro de braços cruzados.

De repente, eu era coautor do projeto. Bem, também sou capaz de enxergar oportunidades e embarcar nelas. Concordei.

Fui para casa, liguei o computador e escrevi o esboço de uma carta. Era um pedido simples. Perguntei às pessoas bem-sucedidas que têm negócios on-line se poderiam descrever um dia típico em seu mundo "passivo". Mandei a carta para Pat. Ele a aprovou quase no mesmo instante. Então, encaminhei a carta a todos os proprietários de listas de mala-direta que conheço. Tudo isso aconteceu num período de cerca de três horas.

Dali a 24 horas, tínhamos recebido artigos maravilhosos de David Garfinkel e Tom Antion. Mais tarde, no mesmo dia, recebi mensagens de Jim Edwards, Yanik Silver, Jo Han Mok e outros "gigantes" da Internet. Todos eles concordaram em mandar artigos para o nosso livro.

Agora, pense no que aconteceu.

Uma brincadeira espontânea se transformou num projeto. Esse projeto começou a tomar forma nas três horas seguintes. E, num prazo de um dia, o livro estava sendo escrito — mas não por Pat *nem* por mim.

Foi por esse processo que criei produtos digitais que me renderam muito dinheiro, como cursos pela Internet, vários *e-books* e até algumas campanhas promocionais on-line. Simplesmente, tive as ideias e comecei a trabalhar nelas em questão de minutos. O resultado: sucesso.

Portanto, qual o segredo para ganhar dinheiro?

O dinheiro gosta de velocidade.

É um segredo que poucas pessoas conhecem.

O dinheiro vem para as pessoas que agem depressa. Se você pensar, analisar, questionar, duvidar, planejar, reunir, discutir, ou de qualquer outro modo ficar retardando as providências, o dinheiro irá para a próxima pessoa na fila de espera.

Se quiser saber como consigo escrever tantos livros e artigos, é porque ajo depressa. Esta seção do capítulo sobre o Quinto Passo é um exemplo disso. Vinte minutos atrás, tive a ideia de escrever alguma coisa sobre a relação entre dinheiro e velocidade. Achei que deveria escrever sobre isso algum dia. Então, pensei: "Por que não *agora*?".

Bem, foi o que fiz.

A seção está pronta.

Agora, você também conhece meu segredo. Quando sentir um impulso inspirado para entrar em ação, pois bem, *entre em ação*. Não espere. Aja. Aja *agora mesmo*.

O que você está esperando para agir?

Cultive seu Jardim

Muitas pessoas dizem que não querem tomar uma providência, pois preferem "deixar o futuro nas mãos de Deus".

Isso me lembra aquela anedota sobre um homem que tinha um lindo jardim nos fundos da casa. Certo dia, um passante avistou o jardim e se deteve para admirá-lo.

— Seu jardim é maravilhoso — disse o estranho.

— Obrigado — respondeu o proprietário.

— É um jardim realmente divino, não acha?

— Sem dúvida — disse o proprietário. — Mas o senhor deveria tê-lo visto quando só Deus cuidava dele.

QUINTO PASSO: O GRANDE SEGREDO

A moral da história é que Deus (ou o Universo, ou o Espírito, ou qualquer outra palavra que você ache mais condizente) nos proporciona o básico, mas cabe a nós fazer alguma coisa com aquilo que nos foi concedido. Se deixarmos que as plantas cresçam no jardim dos fundos, teremos um matagal, não um jardim. Alguém precisa acordar cedo e cultivar a terra.

Pense em Jesus Cristo, por exemplo. De acordo com Bruce Barton, autor do *best-seller The Man Nobody Knows*, de 1925, Jesus foi um homem de negócios. Ele "contratou" doze funcionários, ensinou-lhes uma filosofia ou um conjunto de princípios e, por fim, inspirou-os a sair pelo mundo e divulgar aquela mensagem. Isso é marketing sólido e eficaz. Isso é Ação Inspirada.

Ou pense em Phineas Parker Quimby, considerado criador da corrente filosófica conhecida como "Novo Pensamento", ou espiritualidade moderna. Martin Larson, em seu livro *New Thought or A Modern Religious Approach: The Philosophy of Health, Happiness, and Prosperity* (Nova York: Philosophical Library, 1985) qualifica Quimby como "Terapeuta por Anúncio":

> De 1847 a 1859, então, o incansável Quimby, sempre em busca de divulgação para suas teorias, foi de cidade em cidade oferecendo terapia mental com base no poder da fé. Em 1855, ele distribuiu um folheto repudiando a técnica mesmeriana (hipnose), do qual transcrevemos um excerto a seguir: "O dr. P. P. Quimby anuncia respeitosamente [...] que [...] atenderá àqueles que quiserem consultá-lo a propósito de sua saúde e, como sua técnica difere de todas as demais práticas médicas, é necessário ressaltar que ele não ministra remédios e não faz aplicações externas, mas simplesmente senta-se na presença dos pacientes, explicando-lhes o motivo de como se sentem e do mal que consideram ser uma doença. Quando os pacientes admitem que a explanação é correta, então a própria explanação é a cura; quando o médico consegue corrigir o erro deles, muda os fluidos do sistema e restabelece a verdade ou a saúde. Pois a verdade é a cura".

Como se pode ver, até o grande criador da terapia metafísica distribuía folhetos para conquistar novos clientes. Ele não ficava sentado, esperando que o sucesso caísse do céu.

A conclusão é que "confiar em sua própria intuição e entregar-se ao momento presente" não significa cruzar os braços. Significa agir com base em sua própria inspiração. Se você sentir uma necessidade interior de telefonar

O FATOR DE ATRAÇÃO

para alguém ou publicar um anúncio ou dar um passeio ou criar uma comunidade, faça exatamente isso. Mas tente manter um espírito de desprendimento. O desprendimento, ou não envolvimento, é o significado da expressão "entregar-se ao momento presente".

Volto a insistir: quando você deseja uma coisa, mas não se preocupa com o fato de obtê-la ou não, é bem provável que você a obtenha.

Para atrair o sucesso, você precisa abrir mão do seu *envolvimento* com o sucesso.

Caminhe em Direção à Luz

Confiar no momento presente não significa abandonar as defesas.

Quando eu estive na Itália em 2004, visitei muitas pessoas e lugares, desde o túmulo de Michelangelo até o papa no Vaticano. Cheguei à conclusão de que a Itália é um país rico em história antiga, mas pobre em prosperidade atual. Conheci algumas pessoas arrogantes e outras extremamente amáveis.

A irmã Mary Elizabeth é uma dessas pessoas amáveis. É secretária particular da madre superiora de uma ordem conhecida como Congregação Filippini, que presta assistência a mulheres e crianças muito pobres de países do Terceiro Mundo. A irmã está na minha lista de e-mails e é fã dos meus livros. Certa vez, ela me contou que as ideias expressas nos meus *e-books Hypnotic Writing* e *Hypnotic Marketing* têm ajudado a levantar fundos para alimentar crianças desabrigadas e famintas de vários lugares do mundo. Foi um comentário gratificante, sem dúvida.

Mas coisas estranhas começaram a acontecer. Quando eu estava em Roma, acessei meus e-mails. Fiquei atônito ao ler um e-mail de meu engenheiro de som dizendo que as fitas originais de gravação de um curso de áudio no qual investi milhares de dólares tinham desaparecido. Ele não sabia explicar o motivo. O dono de um dos melhores estúdios de gravação do mundo tinha perdido as fitas-mestre de um curso que criei! E ali estava eu, no outro lado do planeta, sem poder fazer nada a respeito. Era inacreditável.

E as coisas ficaram ainda mais estranhas. Contratamos um motorista para nos levar até Pompeia e Nápoles. Foi um lindo passeio. Mas, no final do dia, ao descarregar o carro, o motorista me disse de repente que queria mais dinheiro do que havíamos combinado. Foi suficiente para estragar nosso humor.

244

QUINTO PASSO: O GRANDE SEGREDO

Naquela noite, saímos para jantar. Era nossa última noite em Roma. O jantar foi agradável mas, quando fomos pagar, uma antipática garçonete francesa, que só falava italiano, disse que a máquina dos cartões de crédito estava fora do ar. Bem, não tínhamos dinheiro vivo. Acabamos saindo sem pagar, prometendo mandar dinheiro depois.

Voltamos sãos e salvos para os Estados Unidos, mas aquele mundo estranho parecia continuar nos envolvendo. Descobri que eu estava devendo milhares de dólares de impostos atrasados sobre propriedades minhas. Meu agente literário, que tinha a missão de negociar um contrato com uma editora, acabou despedido.

Decidimos ir até Las Vegas para ver alguns espetáculos e relaxar. Mas,durante o voo senti dores no peito e dificuldade para respirar. Achei que era um infarto. Tivemos uma aterrissagem segura, mas as dores no peito continuaram. No dia seguinte, o médico do hotel The Venetian deu uma olhada em mim e me mandou para o pronto-socorro. Eu nunca tinha estado num hospital, e assim fiquei assustado. Com minhas dores de peito, achei que nunca voltaria para casa. Várias horas mais tarde, e depois de desembolsar US$ 5 mil, descobri que tudo não passara de um ataque de asma.

Voltamos para casa, mas o clima de estranheza continuou. Um dia, quando eu estava digitando um capítulo deste livro, uma frase inteira apareceu repetida na tela. No início, achei que estava imaginando coisas. Apaguei a frase. Mas, quando olhei para a tela, vi a frase sendo digitada novamente. Uma coisa estranhíssima. Achei que só podia ser um vírus de computador e balancei a cabeça.

Que droga estava acontecendo?

A Verdade

Algum tempo depois, dirigi até os arredores da cidade e passei o dia com o dr. Rick Barrett, meu médico quiroprático e querido amigo, autor de vários livros, entre eles *Healed by Morning*. Eu precisava esfriar a cabeça, relaxar, deixar as preocupações de lado. Contei a Rick sobre aqueles incidentes. Senti o estresse tomando conta de mim ao relembrar tudo o que acabo de descrever aqui. Acrescentei: — É como se eu tivesse trazido uma maldição da Itália. Nada deu certo depois daquela viagem.

O FATOR DE ATRAÇÃO

Rick me fitou longamente e disse: — Talvez haja uma lógica por trás de tudo isso.

— Como assim?

— Talvez você esteja sendo atacado pelas forças do mal — explicou ele. — Você foi a Roma, foi ao Vaticano e viu o papa. Todas essas coisas são sagradas. E você está ocupado em escrever um livro novo que poderia literalmente mudar o mundo.

— Sim? E o que mais?

— Bem, talvez o desejo de caminhar em direção à luz faça com que as forças obscuras tentem deter você.

— Não tenho certeza se entendi.

— Toda vez que vamos ao México para fazer nosso trabalho missionário, acontece alguma coisa errada — explicou ele. — Eu, minha mulher, outros médicos e outros voluntários costumamos viajar para regiões muitos pobres para ajudar as pessoas necessitadas, doando nosso tempo, nossos remédios e nossa experiência. É uma boa causa. Mas, sempre que planejamos uma nova viagem, acontece um problema. Uma vez, caí de uma escada uma semana antes da viagem. Outra vez, uma mulher teve o visto de entrada no México negado porque seus papéis não estavam em ordem. Parece que, sempre que você tenta caminhar em direção à luz, as forças obscuras se põem em ação para impedir que isso aconteça.

Não concordei com aquela explicação. Do ponto de vista do Fator de Atração, eu diria que nós mesmos estávamos mostrando a parte obscura de nossas personalidades. Quando Rick caiu da escada, uma parte de sua personalidade tentou impedir as boas ações que a outra parte queria praticar. Ele mesmo atraiu aquela experiência.

A mesma coisa valia para mim. Quando eu estava quase terminando este livro, uma parte de minha personalidade tentou anular meus esforços para que o livro fosse um sucesso. Não havia forças do mal no meu encalço. Eu mesmo estava tentando boicotar minha intenção.

Em seu livro *Infinite Mind*, a dra. Valerie Hunt afirma o seguinte: "A meu ver, a suposição da existência de entidades diabólicas que têm poder e vontade próprios, sem a participação da pessoa em questão, é incorreta e destrutiva".

QUINTO PASSO: O GRANDE SEGREDO

E acrescenta: "Tal suposição garante proteção para aquela pessoa, pois ela simplesmente está procurando no lugar errado, em vez de examinar e pôr à luz do dia as questões que ficaram pendentes em sua vida".

Resumindo, eu tinha de esclarecer meus pensamentos. Tinha de descobrir por que uma parte da minha personalidade se opunha ao sucesso que a outra parte tentava atrair. E foi o que fiz, caso contrário você não estaria lendo agora o livro pronto.

Mas, voltando à minha conversa com o dr. Barrett.

— Como podemos nos fortalecer para que as forças do bem vençam no final? — perguntei.

— Diga a si mesmo que nada vai detê-lo, que você não vai desanimar, não vai desistir — respondeu Rick. — Às vezes, o único jeito é pôr o próprio destino nas mãos de Deus ou do Universo, dizendo: "Não consigo enxergar o caminho".

Este é o segredo: *Concentre-se no seu objetivo principal e caminhe em direção a ele*, sempre alerta para qualquer alternativa melhor que se interponha no caminho, e ao mesmo tempo sem se preocupar demais com o resultado.

O Grande Segredo

Mais uma vez, *o grande segredo para atrair qualquer coisa que você quiser é desejá-la sem precisar dela*. Se você não se preocupar demais com o resultado e mantiver uma atitude de desprendimento, estará evitando todos os fatores que poderiam boicotar seu sucesso. O Fator de Atração só é realmente eficaz quando você define uma intenção e não se importa se ela será realizada ou não. É um equilíbrio difícil. Mas é o grande segredo para entender como o universo funciona.

Em outras palavras, na realidade do dia a dia, lutar desesperadamente para realizar um objetivo faz com que as forças opostas *dentro de você mesmo* entrem em ação. Mas, quando você age com serenidade, confiando na sua própria intuição e acompanhando o fluxo da vida na direção dos seus desejos, você aumenta ao máximo suas chances de realizá-los. Sua paz interior atrai paz e satisfação no mundo exterior.

Como escreveu Deepak Chopra em seu livro *The Spontaneous Fulfillment of Desire*: "A intenção não é um simples capricho. Ela requer atenção, mas

O FATOR DE ATRAÇÃO

também requer desprendimento. Depois de criar cuidadosamente uma intenção, a pessoa precisa se desligar do resultado final, deixando que o universo cuide dos detalhes de sua realização".

Em suma, o Fator de Atração só é ativado plenamente se você *deixar que as coisas sigam seu rumo e confiar no momento presente.*

A inclinação para atrair milagres tem origem no comportamento de uma pessoa destemida, bem-intencionada, inocente e, em última análise, invulnerável. Ele ou ela procura orientação no próprio mundo interior, seguindo todo e qualquer impulso em direção à ação amorosa e construtiva, por mais que o ego considere esse impulso estranho ou impróprio.

— Carolyn Miller Kramer. *Creating Miracles: Understanding the Experience of Divine Intervention*

CAPÍTULO 17

Fórmula Secreta para Ganhar
um Milhão de Dólares

— Qual é o truque mais difícil para moldar a vida de acordo com os nossos desejos? — perguntou uma amiga minha quando estávamos almoçando.

Pensei um pouco e respondi: — Desistir de ficar imaginando a melhor maneira de conseguir o que você deseja.

Minha amiga pareceu confusa.

Perguntou: — Como assim?

— Se você se esforçar para descobrir a melhor maneira de conseguir aquele carro novo, ou aquela casa nova, ou aquele novo relacionamento, vai limitar sua busca àquilo que seu ego é capaz de enxergar e fazer — expliquei. — Deixe seu objetivo a cargo do inconsciente, pois ele está conectado ao espírito de todas as coisas e de todas as pessoas. O inconsciente vai atrair o objetivo em sua direção e vai impulsionar você em direção ao objetivo. Siga seus impulsos interiores, reagindo às oportunidades que se apresentem no caminho, e você vai conseguir o que deseja.

Bem, não tenho certeza se minha amiga entendeu o que eu queria dizer. Mas alguns dias mais tarde eu estava sentado no banco de trás de uma limusine, a caminho de um jantar em que estariam presentes oito pessoas ricas, maravilhosas e que tinham vencido pelo próprio esforço. Todas aquelas pessoas começaram a partir do nada. Várias delas começaram como eu, com o bolso vazio e o coração cheio de esperança.

O FATOR DE ATRAÇÃO

Sentado na limusine, eu mesmo quase não conseguia acreditar no que estava acontecendo.

"Como vim parar aqui?", lembro-me de ter perguntado a mim mesmo. "Estou sentado numa linda limusine, ao lado de pessoas maravilhosas, a caminho de um jantar magnífico que não será pago por mim. Sou apenas um joão-ninguém de Ohio que saiu de casa em busca de fama e fortuna. Eu cavava fossos, dirigia caminhões, trabalhava em meio à sujeira, à chuva e ao calor, e nunca ganhava dinheiro suficiente para pagar minhas contas. Como fui parar no banco dessa limusine?".

Pensando sobre isso, cheguei à conclusão de que o segredo era a fórmula de cinco passos que revelei neste livro. É a fórmula do Fator de Atração. Em resumo, o segredo para expandir seu negócio, encontrar o amor de sua vida, conquistar mais saúde ou realizar qualquer outro desejo é o seguinte:

1. Descubra o que você não quer.
2. Decida o que você quer.
3. Livre-se de todas as convicções negativas ou limitadoras.
4. Imagine a sensação de ser, fazer ou possuir aquilo que você deseja.
5. Entregue-se ao momento presente, siga os impulsos de sua intuição e deixe que os resultados se manifestem.

Sim, é só isso.

A verdade é que não há um único caminho para realizar qualquer objetivo neste mundo. Algumas pessoas ganham carros novos, outras lutam muito para comprá-los, outras os adquirem sem dificuldade ou os conseguem por outros meios, e assim por diante.

O que contei para minha amiga naquele almoço é verdadeiro: ninguém pode comandar o mundo como um maestro comanda uma orquestra. Em vez disso, é mais sensato definir uma intenção e deixar que o mundo organize as coisas para atrair os objetivos na sua direção.

Em outras palavras, você não pode fabricar seu próprio sucesso. Você só pode tomar parte nele. E essa participação é mais eficaz quando você deixa que o espírito interior faça a maior parte do trabalho.

Eu estava sentado naquela limusine porque não planejei estar ali.

FÓRMULA SECRETA PARA GANHAR UM MILHÃO DE DÓLARES

Simplesmente abandonei minha resistência, agi no momento certo, confiei na minha intuição e aceitei as dádivas que se apresentaram.

Segui a fórmula de cinco passos. Acionei o Fator de Atração.

E, quando a limusine chegou, embarquei.

Seis Princípios Básicos

Antes de terminar este livro, vejamos seis princípios básicos que é preciso levar em conta na fórmula do Fator de Atração:

1. *Você é totalmente responsável pelas suas experiências de vida.*

Isso não significa que você as tenha causado. Mas, de algum modo, em algum plano de sua existência, você as "atraiu". Você é responsável por elas. Isso não é bom nem ruim. Simplesmente, use as experiências para aprender um pouco mais sobre si mesmo. Livre-se das convicções antigas e escolha as vivências que lhe darão mais prazer.

2. *Você absorve convicções do próprio ambiente cultural à sua volta.*

Quando você vê filmes sobre violência, quando você lê os jornais ou assiste ao noticiário da televisão, enche sua mente com a mesma energia capaz de atrair coisas semelhantes àquelas que você acabou de absorver. Madre Tereza de Calcutá disse uma vez que nunca tomaria parte num comício contra a guerra. Por quê? Porque esse tipo de manifestação atrai uma energia que acaba criando mais guerra. Tome cuidado com aquilo que você absorve à sua volta. Decida o que você quer atrair. Fique alerta.

3. *Seu poder não é ilimitado, mas é maior do que você jamais imaginou antes.*

Sintonizando o pensamento certo e agindo no momento certo, você pode mover montanhas. Mantenha um equilíbrio entre seu ego e seu espírito interior, sempre se esforçando para que o ego obedeça ao espírito.

4. *Você pode mudar seus pensamentos.*

É difícil acreditar neste princípio pois ele não faz parte do dia a dia da grande maioria das pessoas. Mas a verdade é que muitos de nossos pensamentos são fruto do hábito. Comece a observar cuidadosamente o que se passa na sua cabeça. Se não gostar dos seus pensamentos, tente mudá-los de maneira consciente. Escolha novos pensamentos.

O FATOR DE ATRAÇÃO

5. *Você pode realizar o impossível.*

As limitações de tempo e espaço que lhe parecem óbvias neste momento podem ser apenas os limites de sua atual capacidade de compreensão. Ninguém sabe o que é realmente impossível. Se você sentir uma inclinação para tentar algo novo e diferente, não tenha medo. Vá em frente. Deixe que as coisas aconteçam. Você pode estar abrindo um caminho que não existia antes. Escolha um desafio que valha a pena.

6. *Qualquer imagem à qual você direcionar seus sentimentos vai se "manifestar" no mundo exterior.*

Quando você sente medo ou amor por alguma coisa, está injetando ali sua própria energia. As situações que lhe inspiram medo ou amor têm tendência a serem atraídas para sua vida. Escolha suas paixões com sabedoria.

E, Quando a Limusine Chegar...

Finalmente, não consigo encontrar melhor conclusão para este livro do que uma citação de Frances Larimer Warner, num livro publicado em 1907. Quando estive num programa de entrevistas que vai ao ar tarde da noite, as pessoas presentes me pediram que lesse a citação em voz alta por duas vezes. Então, elas se calaram por um momento, meditando sobre o significado daquelas palavras. Termino este livro com as mesmas palavras, desejando-lhe boa sorte e a proteção de Deus para que todos os seus sonhos se tornem realidade.

E, quando a limusine chegar, embarque!

Quando plantamos uma semente no chão, sabemos que o sol há de brilhar e a chuva há de cair, e deixamos os resultados sob a responsabilidade da Lei divina. [...] Pois bem, a semente é o desejo que você concebeu, o sol são os momentos ocasionais em que você fecha os olhos em devaneio, e sua expectativa constante, porém não ansiosa, é a chuva e o cultivo necessários para produzir resultados absolutamente infalíveis.

— Frances Larimer Warner.
Our Invisible Supply: Part One, 1907

CAPÍTULO 18

A História Chocante, mas Verdadeira, de Jonathan

Quase todos os dias, recebo um telefonema, um e-mail ou uma carta de alguém que pergunta: "O que foi feito de Jonathan?".

Todas as pessoas que me fizeram essa pergunta se maravilharam com os relatos sobre minha convivência miraculosa e até perturbadora com Jonathan Jacobs (que não é seu nome verdadeiro), e agora querem conhecer o homem em carne e osso.

Mas o problema é que Jonathan não está mais disponível. Vou lhe contar por quê, mas aviso que se trata de algo chocante. As próximas páginas não são leitura fácil.

Não há dúvida de que Jonathan teve um papel decisivo na minha vida. Foi meu consultor de milagres e meu melhor amigo por mais de dez anos. Todas as histórias que você leu neste livro são verdadeiras. Jonathan foi de grande ajuda para a realização conjunta de milagres para mim e para muitas outras pessoas.

Mas Jonathan também era um ser humano. Com o tempo, ele deixou que o ego tomasse conta do seu sucesso como terapeuta. No início, notei apenas uma mudança sutil. Jonathan parecia mais presunçoso ao conversar comigo. Exigia mais atenção. E falava mais sobre seu trabalho do que muitas pessoas gostariam de ouvir. Não me importei com aquilo, pois também estava envolvido demais com os meus próprios sucessos pessoais, em grande parte devidos à convivência com Jonathan.

O FATOR DE ATRAÇÃO

Mas as coisas pioraram. Ele começou a se envolver sexualmente com algumas de suas pacientes. A certa altura, uma clínica o contratou para prestar atendimento terapêutico, mas ele foi afastado por causa de conduta imprópria com as pacientes. Não deixei de apoiar Jonathan naquela fase sombria de sua vida, pois afinal de contas ele era meu amigo.

Mas Jonathan ia de mal a pior. Perdeu o pai e caiu em depressão. Chegou a pensar em suicídio. Eu era seu último arrimo e fiz todo o possível para ajudá-lo. Fui morar por uns tempos na casa dele. Dei-lhe conselhos. Usei os mesmos métodos terapêuticos que aprendera com ele para ajudá-lo. Depois de alguns meses, Jonathan se recuperou, retomou uma vida normal e voltou a atender seus pacientes.

Mas ainda estava às voltas com seu próprio ego. Voltou a seduzir algumas de suas pacientes. Pelo menos uma delas era casada. O relacionamento com Jonathan despertou seu sentimento de culpa e a fez cair em depressão.

Mas a espiral descendente em direção ao inferno não parou por aí.

Para mim, a virada decisiva se deu quando Jonathan se aproveitou de seu poder como terapeuta e abusou sexualmente de minha melhor amiga naquela fase da vida. Não tenho palavras para descrever a mágoa que isso me causou. Senti-me traído. Meu melhor amigo, meu amigo, tinha se tornado um criminoso.

A mulher que sofrera abuso sexual não conseguiu lidar com aquela experiência. Seu terapeuta e amigo a tinha manipulado e estuprado. Você pode imaginar que tipo de pensamentos passaram pela cabeça dela. Ligou para o centro de apoio emocional e prevenção do suicídio. Ligou para o serviço de ajuda às vítimas de estupro. Ela embarcou numa longa série de surtos de depressão profunda, depois acidentes de trânsito, depois internações hospitalares, para terminar num acidente de carro que quase acabou com sua vida.

Mas a espiral descendente de minha amiga tampouco acabou aí. Ela começou a se tratar com médicos que prescreveram entorpecentes para aliviar sua dor. Mais tarde, a medicação provocou crises de intoxicação. Ela foi hospitalizada repetidamente e quase morreu na UTI. Em certo momento, seu corpo não reagia mais.

Foi uma fase horrível.

Enquanto isso, Jonathan se escondeu. Nunca ofereceu ajuda. Nunca pediu desculpas. E desapareceu completamente de nossas vidas.

A HISTÓRIA CHOCANTE, MAS VERDADEIRA, DE JONATHAN

Meu guru me apunhalara pelas costas e me deixara sangrando. Minha dor era indescritível. Tive de procurar aconselhamento. Mesmo hoje em dia, a lembrança ainda me aflige. É a primeira vez que escrevo tão abertamente sobre essa experiência traumatizante.

Nesta altura do livro, você já deve saber que costumo encarar as experiências pessoais como símbolos. Portanto, comecei a refletir sobre os motivos de tudo aquilo. Por que Jonathan se tornara uma pessoa vil? Por que magoara a mim e a outras pessoas que o amavam? Qual era o lado positivo daquela experiência negativa? Como *encontrar* um lado bom naquilo tudo?

Lembro-me de ter lido naquela ocasião um trecho de um de meus livros favoritos, *Breaking the Rules*, de Kurt Wright. A passagem diz o seguinte:

"Você já notou como é fácil relembrar acontecimentos que se passaram há um ano ou mais e enxergar neles uma lógica perfeita? Para muitos de nós, isso vale inclusive para situações que, na época, nos pareceram trágicas, horríveis e até devastadoras. Pois bem, se é possível enxergar perfeição nessas coisas um ano depois, não seria coerente procurar a perfeição nelas também no momento em que acontecem?".

Esse pensamento me ajudou a superar aquela fase difícil e libertou minha dor. Pois ele significa que devemos procurar um lado positivo em todas as coisas, e procurá-lo *neste exato momento*.

Assim, meditei sobre a situação ocorrida com Jonathan. Minha única conclusão foi que se tratava de um presente de liberdade. Por mais de dez anos, apelei para Jonathan quando precisava de ajuda. Bem, então já era tempo de me tornar meu próprio terapeuta, o melhor amigo de mim mesmo e meu próprio guru. Eu estava livre.

Senti-me melhor do que nunca. Sou grato a Jonathan por ter me ajudado nos períodos de necessidade, e espero que ele esteja bem seja lá onde for. Não preciso mais dele e não quero mais sua presença na minha vida, mas sinto gratidão pelos nossos momentos de convívio.

Minha amiga que sofreu abuso sexual morreu no dia 2 de outubro de 2004. Ela nunca se recuperou totalmente dos sentimentos de traição, dor e humilhação de sua experiência com Jonathan. Tentou se curar e tentou perdoá-lo, mas continuou sofrendo nos últimos três anos de sua vida. Só na morte encontrou a paz.

O FATOR DE ATRAÇÃO

Como você pode imaginar, minha vida não foi fácil durante esse tempo. Eu certamente me mantive ocupado, mas também continuei trabalhando em mim mesmo. Eu sabia que tinha de perdoar. O perdão é a maior ferramenta transformadora que existe. Mas admito que demorei pelo menos um ano para não chorar todos os dias.

Hoje, estou em paz. Minhas aventuras continuam e minha vida é repleta de acontecimentos mágicos e milagrosos. Como faço para manter a concentração e a clareza de pensamentos? Hoje em dia, consulto várias pessoas em busca de orientação e conselhos. Muitas delas estão listadas no final deste livro.

É claro que há muitos terapeutas neste mundo. Mas meu conselho é que você confie na sua própria intuição e não se torne dependente de um método terapêutico ou de um terapeuta. A liberdade é o principal objetivo. E o único caminho que leva à liberdade é a integração com o Espírito.

Confie em si mesmo.

CAPÍTULO 19

O Experimento: Fundação para a Meditação Intencional

V ocê gostaria de me ajudar a transformar o mundo?

Estou em busca de pessoas de todo o mundo que me ajudem a elevar o nível de energia do planeta. Se muita gente praticar o Fator de Atração e usar as técnicas de meditação que pretendo ensinar a seguir, podemos reduzir os índices de criminalidade, combater a violência e elevar o grau de riqueza e prosperidade de todas as pessoas ao nosso redor.

Certa noite, anunciei em um programa de rádio este plano colossal para transformar o mundo. Mais tarde, fiquei surpreso ao receber mensagens de pessoas da África, da Índia, da Irlanda, da Nova Zelândia, da Austrália e de todas as regiões dos Estados Unidos — todas elas se oferecendo para ajudar.

A ideia desse projeto até certo ponto nobre me ocorreu quando li *Permanent Peace: How to Stop Terrorism and War — Now and Forever*, de Robert Gates. Esse livro apresenta dezenove pesquisas científicas provando que, quando grupos de pessoas se reúnem para meditar, ocorre uma redução nos índices de criminalidade e violência da área em que vivem. Gates escreve:

"É fácil explicar a ideia básica: quando se atira um pedregulho na água de um lago, as ondulações irradiam em círculos cada vez maiores. Do mesmo modo, grupos pequenos de especialistas em meditação podem criar 'ondulações' de paz, harmonia, cidadania e responsabilidade que vão se espalhando e reverberando cada vez mais num determinado meio social. As evidências dessa ideia têm se repetido e são estatisticamente relevantes. Não apenas há

O FATOR DE ATRAÇÃO

uma redução dos índices de desordem social — tais como crimes violentos, incêndios, acidentes de trânsito, luta armada e terrorismo — como ocorre uma elevação dos índices de coerência e progresso. Por exemplo, comprovou--se que o registro de patentes, o índice da Bolsa de Valores e os indicadores econômicos tendem a crescer".

Repare na última frase. Ela sugere que a meditação ajuda a elevar o nível de riqueza e prosperidade. Com essa ideia em mente, decidi criar uma rede global de "centros de meditação" onde as pessoas aprendam a meditar para atrair riqueza de modo consciente. O princípio básico é: quanto mais você ajudar a si mesmo, mais estará ajudando as pessoas ao redor. E, consequentemente, o planeta como um todo lucrará com isso.

Esse é o nobre objetivo da Fundação para a Meditação Intencional. É uma organização sem fins lucrativos que se propõe a ensinar uma técnica específica de meditação para pessoas de todas as partes do globo, com o objetivo de reduzir a violência e aumentar o nível de prosperidade onde quer que seja praticada. A essência desse movimento é uma experiência com duração de trinta dias que resolvi chamar de Experimento.

Quando contei a uma amiga íntima que pretendia coordenar um experimento de trinta dias para verificar se a meditação podia elevar o nível de prosperidade das pessoas que meditam, mas também de toda a comunidade ao redor, ela me fez uma pergunta interessante:

— Mas o que acontece se o experimento for realizado durante uma guerra, quando as pessoas estão preocupadas com o próprio emprego, com a data do próximo salário, talvez até com a própria vida?

— Na verdade, é exatamente por esse motivo que o experimento é necessário — respondi.

Aquele breve diálogo me deixou intrigado, pois a pergunta dela partia do pressuposto de que os acontecimentos exteriores controlam nossa vida. Ao contrário, acredito que a prosperidade de cada um não precisa ser afetada pela guerra, pela recessão, pelos cortes de salário ou pela dispensa temporária de empregados. Ninguém precisa ser uma vítima das circunstâncias. A meu ver, os acontecimentos exteriores são simples consequência daquilo que já fizemos no nosso interior.

Vou repetir a última frase: *Os acontecimentos exteriores são simples consequência daquilo que já fizemos no nosso interior.*

O EXPERIMENTO: FUNDAÇÃO PARA A MEDITAÇÃO INTENCIONAL

Pode ser que tenhamos "atraído" de modo inconsciente nossa atual situação financeira, mas a verdade é que nós a "atraímos". Não há um juízo de valor neste ponto de vista. Simplesmente, é assim que funciona nosso dia a dia.

O detalhe realmente maravilhoso é que, quando você se dá conta de que é um criador, pode criar o tipo de vida que sempre desejou.

E isso me leva ao tema do presente capítulo.

Preciso da ajuda de outras pessoas para aquilo que chamei de Experimento. Trata-se de um experimento com duração de trinta dias, destinada a aumentar sua renda e sua prosperidade quase num passe de mágica, mas só se você fizer três coisas:

1. Faça um balanço de sua situação financeira atual e, quando o Experimento terminar, registre as mudanças.
2. Medite todos os dias por 20 minutos usando a técnica de meditação que será explicada a seguir.
3. Aja em função das ideias ou intuições que lhe ocorrerem e fique atento às oportunidades que se apresentarem no seu caminho.

É só isso.

Antes de explicar a técnica de "Meditação Intencional" (MI), deixe-me apresentar alguns princípios básicos que podem preparar o terreno para nosso Experimento.

1. *Você é um cocriador.* Como observei na conversa com minha amiga, você é a força criativa predominante na sua própria vida. O que está acontecendo com você está sendo criado (ao menos em parte) por você mesmo. Você "atrai" os acontecimentos exteriores. Essa é uma boa notícia. Significa que você pode modificar essas manifestações para que elas se adaptem às suas preferências conscientes. Também significa que você pode ser, fazer ou possuir qualquer coisa que quiser, pois só você é responsável pelo que lhe acontecer.
2. *Suas convicções criam a realidade do seu dia a dia.* Se você praticar a técnica de MI todos os dias, mas ainda assim não acreditar que ela pode funcionar no seu caso, então ela realmente não funcionará. Você tem de acreditar que a mudança é possível. Que suas convicções

O FATOR DE ATRAÇÃO

são decisivas. O que conta é sua intenção. Somos seres humanos dominados por convicções. As convicções determinam tudo aquilo que criamos. Se você quiser mudar sua vida, mude suas convicções.

3. *Seus sentimentos são o combustível dos seus desejos.* Seus sentimentos dão forma e sentido às suas convicções, desejos, esperanças e sonhos. Quando você se preocupa com alguma coisa, está alimentando a crença num resultado negativo. Quando você tem fé, está alimentando a crença num resultado positivo. Seus sentimentos são o fator de motivação que faz com que as coisas aconteçam. Sem o sentimento, uma convicção é apenas uma ideia. Com o sentimento, ela se torna uma intenção.

4. *Você se define por meio da frase "Eu sou".* O jeito como você completa a frase "Eu sou" é o que define sua identidade. Pergunte a si mesmo: "Quem sou eu?" e preste atenção nas respostas. É isso o que você está criando no mundo exterior. Se quiser modificar seus resultados, modifique suas respostas. Na verdade, seria esclarecedor descobrir o que você está dizendo a si mesmo neste momento. Esse diálogo consigo mesmo está criando sua vida atual! Anote algumas frases começadas com "Eu sou" e verifique se algumas delas surpreendem você:

_____

_____

_____

_____

_____

_____

_____

O EXPERIMENTO: FUNDAÇÃO PARA A MEDITAÇÃO INTENCIONAL

_____

_____

_____

_____

_____

Agora, vamos explicar em que consiste o processo de Meditação Intencional (MI).

Em geral, as técnicas de meditação não visam à realização de um determinado objetivo. Ou seja, a meditação é simplesmente uma maneira de apaziguar e esvaziar a mente. Em si mesma, trata-se de uma prática maravilhosa e benéfica.

Já tive uma camiseta que trazia estampada a seguinte frase: "Meditação não é o que você está pensando". A definição é perfeita. Quando você está pensando, não está meditando. A meditação tradicional está além (ou aquém) do pensamento.

Mas a Meditação *Intencional* é diferente da meditação tradicional. Pelo método da MI, você se concentra num determinado resultado. Você pensa, mas também investe sentimentos naquilo que pensa. A MI é uma requisição dirigida ao universo com base numa intenção consciente, para atrair um determinado resultado.

Em outras palavras, os praticantes da meditação tradicional simplesmente se sentam e observam seus próprios pensamentos. É o método descrito na minha camiseta: "Meditação não é o que você está pensando". É uma prática maravilhosa, que recomendo a todas as pessoas.

Nos anos 1960, os Beatles popularizaram um tipo de meditação chamado "MT", ou Meditação Transcendental. A MT propõe um mantra, ou fórmula

O FATOR DE ATRAÇÃO

encantatória, que deve ser repetida indefinidamente enquanto o praticante estiver meditando. O mantra fornece uma ocupação à mente para que a pessoa possa se aquietar e relaxar. A MT é poderosa. Foi o método de meditação usado para reduzir os índices de criminalidade, tal como descrito em dezenove diferentes pesquisas mencionadas no livro de Oates.

Mas a Meditação Intencional é diferente.

A MI visa atingir a um determinado resultado. A pessoa começa a meditar com uma requisição mental e um sentimento associado a ela, que são amplificados durante a meditação. Em outras palavras, uma sessão de MI poderia ser algo do tipo:

"No final da experiência de trinta dias, minhas metas financeiras para aquele mês foram atingidas, eu me sinto muito bem, estou sorrindo, talvez cantando ou assobiando, pois sinto a euforia de ter atraído mais dinheiro como num passe de mágica, facilmente e sem esforço".

Esse tipo de pensamento é sua intenção.

A intenção é aquilo que você usa como um mantra em sua meditação.

Está me seguindo?

Vamos explicar separadamente as três etapas do método de MI, para que ele fique mais claro:

1. *Decida o que você quer realizar*. Escolha um objetivo no qual você acredite de fato. Lembre-se, as convicções condicionam a nossa vida. Se você não acreditar no seu objetivo, dificilmente vai atingi-lo. Escolha um desafio, algo que esteja além de seus limites normais, mas também seja honesto consigo mesmo. Mais uma vez, o que você quer conseguir ao final dos trinta dias? Que tipo de progresso em termos de atividade profissional, lucros ou faturamento?

O EXPERIMENTO: FUNDAÇÃO PARA A MEDITAÇÃO INTENCIONAL

2. *Formule esse objetivo por escrito numa frase clara.* Por exemplo: "No final da experiência de trinta dias, quero ter um saldo bancário extra de US$ 15 mil, de fontes inesperadas". Ou talvez: "No final da experiência de trinta dias, quero ter vinte clientes novos". Escreva sua intenção agora.

_____

_____

_____

_____

_____

3. *Sinta-se como se sua intenção já fosse realidade.* Se você já tivesse aquilo que afirma desejar, como se sentiria agora? Concentre-se nesses sentimentos. Mergulhe no prazer e na alegria que eles despertam. Experimente a sensação deliciosa da realização. Como você se comportaria? Que aspecto você teria? Como seria seu sorriso? Experimente as sensações agora.

_____

_____

_____

_____

_____

É só isso.

Em resumo, o método consiste no seguinte:

Mentalize sua intenção (o desejo que você formulou por escrito) e a sensação de já tê-la realizado (sinta seu próprio sucesso), e dedique 20 minutos do seu dia para se embeber nestas imagens — fazendo de conta que estão acontecendo exatamente agora.

O FATOR DE ATRAÇÃO

Mais uma vez, é só isso.

E como funciona este método simples? De que maneira ele ajuda a transformar suas intenções em realidade?

Na prática, você dirige uma requisição ao universo. Você faz um pedido. O processo que leva à realização é otimizado porque você tem certeza daquilo que deseja e reveste seu desejo com sentimentos concretos. O universo vai ouvir seu pedido e começará a orquestrar os acontecimentos necessários para que o desejo se torne realidade. Tudo o que você tem de fazer é seguir seus impulsos e ficar atento às oportunidades que se apresentarem. Confie no processo.

Como mencionei antes, dezenove diferentes pesquisas provaram que a meditação pode reduzir os índices de criminalidade. As pesquisas se referiam a um tipo de Meditação Transcendental. Meditando, os participantes criaram um campo magnético de paz que se irradiou na comunidade e acalmou todas as pessoas — inclusive muitos criminosos em potencial.

Pelo método de MI que acabo de descrever, você tranquiliza sua mente e imerge em tudo o que existe, como na Meditação Transcendental, mas ao mesmo tempo formula um pedido ao universo. Esse pedido vai se irradiar no mundo exterior e atingir as pessoas certas capazes de ajudar na realização do seu desejo. A partir daí, a mágica acontece. Sei que tudo isso pode parecer estranho. É por esse motivo que usei a palavra Experimento. Convido você a descobrir, juntamente comigo, a eficácia deste método de meditação.

Se quiser outras informações para entender melhor o processo, aqui vão algumas fontes que recomendo:

1. Assine o boletim eletrônico de Mike Dooley, chamado "Notes from the Universe" ["Anotações do Universo"], no endereço www.tut.com. As mensagens são gratuitas e vão ajudar você a se concentrar nos seus objetivos.

2. Se você tiver interesse nos resultados das dezenove diferentes pesquisas provamdo que a meditação pode reduzir os índices de criminalidade, compre o livro *Permanent Peace* [Paz Permanente] de Robert Oates.

3. Se você acha difícil tornar sua vida mais próspera e ganhar mais dinheiro, comece o fluxo doando algum dinheiro. É isso mesmo — dê uma contribuição. Este conselho é explicado no meu livro *The*

O EXPERIMENTO: FUNDAÇÃO PARA A MEDITAÇÃO INTENCIONAL

Greatest Money-Making Secret in History [O Maior Segredo da História para Ganhar Dinheiro]!

4. Visite o site www.mrfire.com/IntentionalMeditationFoundation.com/index.html.
5. Pense em contratar um *coach*. Consulte o site https://www.miraclescoaching.com/consult.

Lembre-se daquilo que você tem a fazer:

1. Descreva por escrito sua situação financeira atual e, ao final do Experimento, anote os resultados.
2. Medite 20 minutos por dia usando o método de Meditação Intencional que expliquei acima.
3. Siga seus impulsos e reaja às ideias e oportunidades que se apresentarem no seu caminho.

Não é um método simples?

Sim, você pode criar mudanças em sua vida.

E tudo pode começar desde já.

Não devemos depender de qualquer forma específica de prosperidade ou insistir em que ela chegue até nós por meio de um canal específico. De um lado, estaríamos impondo uma limitação; de outro, estaríamos excluindo outras formas de prosperidade e fechando outros canais. Pois o essencial é compreender o espírito da coisa.

— Juiz Thomas Troward. *The Hidden Power*, 1902

CAPÍTULO 20

Perguntas Frequentes (com Respostas)

Será que consigo atrair uma pessoa específica? Estou de olho em alguém que realmente me agrada.

Atrair uma pessoa específica é uma violação do livre-arbítrio, portanto a resposta é não. Afinal de contas, você está tentando encontrar um companheiro baseado naquilo que seu ego consegue enxergar em seu círculo de amigos e colegas de trabalho. É um grupo pequeno. O universo tem uma visão de alcance maior. Existem oito milhões de pessoas no planeta, portanto as chances são astronomicamente maiores de que haja um companheiro melhor para você do que a pessoa na qual está pensando. A abordagem mais sensata é observar as qualidades que lhe agradam na pessoa pela qual você sente atração. Isso vai ajudar você a "atrair" a pessoa certa. Portanto, concentre-se nas características que você acha que mais lhe agradam, e não numa pessoa concreta.

E se eu estiver desesperado? Se eu estiver desempregado e prestes a ser despejado de meu apartamento?

Eu compreendo. O que você precisa fazer é encontrar um jeito de buscar a paz imediatamente. Talvez você tenha de pedir ajuda, orar, aceitar qualquer trabalho que apareça, pedir dinheiro emprestado, fazer um trato com seu proprietário para adiar o pagamento, ou tentar outra coisa que alivie sua situação imediata. Ao tomar essas providências, você também precisa cultivar um sentimento de gratidão pelo que você já tem. Por mais que eu compreenda sua situação, pois já passei por coisas semelhantes, também sei que você pode

PERGUNTAS FREQUENTES (COM RESPOSTAS)

sentir gratidão sincera por algo em sua vida, ainda que seja apenas o fato de estar vivo. Quando você sente gratidão, começa a redirecionar sua energia e a "atrair" mais momentos novos de paz.

Como posso acabar com as guerras?

A resposta mais fácil é entender que a paz começa com você. Se você sentir revolta ou ansiedade a respeito das guerras, estará enviando um sinal que tenderá a "atrair" mais guerras. Você precisa encontrar um lugar de paz interior. Existem dezenove estudos científicos (registrados no livro *Permanent Peace*) que provam sem sombra de dúvida que, quando as pessoas meditam em grupo, elas ajudam a diminuir os índices de criminalidade e violência naquela área específica, ao mesmo tempo que aumentam o nível de prosperidade na mesma área. Sugiro que você crie grupos desse tipo. Se não sentir inclinação para isso, ao menos passe algum tempo todos os dias em silêncio, em paz, dando valor às circunstâncias de sua vida. Essa energia ajudará a neutralizar as guerras.

Qual a maneira mais rápida de "atrair" qualquer coisa que eu deseje?

Dê valor ao que você tem. Uma atitude de gratidão irá acelerar o processo de atração. Para além disso, acho que três conselhos podem ser úteis: (1) Descubra o que você deseja; (2) Tome providências para "atrair" o objeto de seus desejos; e (3) Evite qualquer sensação de ânsia ou necessidade com relação ao objeto do desejo. Em suma, você poderá "atrair" as coisas mais depressa se não sentir necessidade delas e tomar providências para "manifestá-las". Isso pode parecer uma contradição, mas a ação e o desprendimento são dois elementos essenciais do sucesso. Você ainda precisará identificar e eliminar quaisquer barreiras limitadoras dentro de você, mas frequentemente a ação é capaz de superá-las.

Sou culpado por tudo aquilo que "atraio"?

Não. Você "atrai" suas experiências de vida devido a uma programação inconsciente, e raramente devido a qualquer desejo consciente e premeditado. Aconselho as pessoas a aceitarem responsabilidade por aquilo que ocorre, mas não algum tipo de recriminação ou sentimento de culpa.

O FATOR DE ATRAÇÃO

O que dizer sobre pessoas que "atraem" desastres?

De novo, atraímos nossas experiências de vida devido a uma grande variedade de processos invisíveis e inconscientes. Não tenho ideia do que se esconde no passado de uma pessoa para que ela atraia uma inundação ou um incêncio ou qualquer outro tipo de desastre. Quando algo acontece, o mais sensato é lidar com aquilo e ao mesmo tempo procurar a crença oculta capaz de "atrair" e ocasionar o fato. De novo, ninguém faz isso conscientemente. Mas nossa mente inconsciente é entulhada de crenças limitadoras e problemas de autoestima, e talvez até de lembranças de vidas pregressas. Sinceramente, não sei. Nada disso é motivo de preocupação, acusação ou culpa. A ideia é ficar alerta, escolher o que você deseja e tomar providências nessa direção. A vida continua. Mas ela será muito melhor se você permanecer alerta.

Qual o segredo mais importante para "atrair" qualquer coisa que eu desejar?

Clareie sua mente. Quando você se livrar de todas as crenças que tem quanto ao que você deseja "atrair", você será capaz de "atrair" aquilo ou algo melhor. Além disso, sinta-se feliz com o que você já tem e ao mesmo tempo pratique ações inspiradas com base no momento presente. Em última análise, o que você deseja é a felicidade, e a felicidade já lhe pertence exatamente agora. Olhe em volta e desfrute a vida. Isso não significa deixar de tomar providências para criar momentos ainda melhores; significa que seu prazer em viver no presente irá "atrair" momentos ainda melhores, baseados em sua vibração e sua ação. Esteja aqui agora. Seja feliz agora. O céu é aqui.

Quando uma pessoa me magoa ou me ofende, como perdoá-la? Você perdoou Jonathan? Caso você o tenha perdoado, o que você foi buscar em seu coração e mente para perdoá-lo?

Como contei neste livro, sim, eu perdoei Jonathan. Consegui isso com base na citação de Kurt Wright que mencionei antes, segundo a qual é preciso crer que está tudo bem. O verdadeiro perdão é possível quando você percebe que nada de mau ocorreu de fato. Perdoar pode levar algum tempo, mas você pode fazê-lo instantaneamente com a predisposição certa. E esta predisposição é a do amor.

PERGUNTAS FREQUENTES (COM RESPOSTAS)

Se sua fórmula de cinco passos funciona, por que você não "atrai" cabelos?

Você precisa desejar alguma coisa para "atraí-la". Pouco me importa se tenho cabelos ou não. Sua pergunta implica que a calvície é algo ruim. Não é. Alguns dos atores mais sexy do cinema são carecas, como Sean Connery e Bruce Willis. Alguns homens até raspam a cabeça para ficarem carecas. Se eu quisesse cabelos, encontraria um jeito de "atraí-los". A verdadeira questão é: o que *você* deseja? Em vez de ficar imaginando o que eu deveria ou não desejar, pergunte a si mesmo quais são seus desejos.

Eu li em seu blog que você foi roubado em Los Angeles. Você "atraiu" isso?

Você pode "atrair" qualquer coisa. E o mesmo vale para mim. Meu quarto de hotel foi invadido e alguém roubou meu notebook, meu iPod e dinheiro vivo. Mas ninguém mexeu nas joias e nos caros casacos de couro. Isso é relevante porque, só algumas semanas antes, eu estava pensando em comprar um novo notebook e um novo iPod. Os criminosos levaram aquilo que eu já estava disposto a descartar. E o dinheiro que eles levaram era o que eu costumo distribuir para servidores e moradores de rua. Ou seja, eu "atraí" uma experiência que "batia" exatamente com aquilo que eu desejava inconscientemente. Se eu estivesse mais consciente naquela altura, teria simplesmente comprado um notebook e um iPod novos e teria distribuído o dinheiro. É por isso que precisamos ficar alertas. Enquanto não o fizermos, nosso inconsciente estará no comando e poderá criar ou "atrair" experiências desagradáveis que nos ajudem a conseguir o que realmente desejamos.

Fazer doações é uma boa maneira de "atrair" riqueza?

Li um artigo fascinante que prova que fazer doações pode enriquecer você. O artigo afirma: "More giving doesn't just correlate with higher income; it *causes* higher income." ["O hábito de doar mais não tem apenas relação com uma renda maior; ele *causa* uma renda maior"] (*grifo meu*). Consulte o artigo em www.portfolio.com/views/columns/2007/10/15/Charity-Makes-Wealth. Depois disso, leiam meu livro *The Greatest Money-Making Secret in History*. E então, doe algum dinheiro para alguém.

O FATOR DE ATRAÇÃO

O que é necessário para mudar?

Os dois fatores principais são: entender que você é capaz de fazê-lo e saber que o esforço vale a pena. Supondo que você queira mudar qualquer coisa que seja em sua vida, você tem de acreditar que pode fazê-lo e tem de acreditar que isso vale a pena. Se você não acreditar que é capaz de fazer o que seja necessário para a mudança, nem sequer irá tentar. Se você não estiver convicto de que o resultado final da mudança vale a pena, nem sequer irá começar o processo. De novo, duas condições: você pode fazê-lo e aquilo vale a pena. Estes são os primeiros passos essenciais para uma mudança duradoura.

Qual a diferença entre Marketing Espiritual e O Fator de Atração?

Marketing Espiritual foi a versão inicial de *O Fator de Atração*. O segundo livro foi muito melhorado, ampliado e revisado. Mas os cinco passos da fórmula são os mesmos nos dois livros.

Como posso abrir mão de meus desejos se estou meditando a respeito deles?

Aquilo de que você abre mão é seu apego ao resultado final, e não o desejo em si mesmo. Se você conseguir desejar alguma coisa sem precisar dela, estará num campo magnético poderoso para atrair exatamente a coisa que deseja. Você simplesmente não pode depender de seu desejo. Se você o fizer, estará agindo por desespero, e isso só atrairá mais desespero.

Preciso de dinheiro para pagar alguém como um coach *para me ajudar a clarear minha mente, mas não tenho dinheiro. Quem poderia me ajudar a clarear os pensamentos se não tenho condições de pagar os honorários?*

Você não precisa de ninguém para clarear seus pensamentos. Pode usar este livro ou os métodos de meus outros livros, como *A Chave*. Pensar que você "precisa" de alguém é uma crença. Sim, eu acho que você poderia progredir mais depressa com um *coach*, e foi por isso que criei meu programa *Coaching* de Milagres, mas você não precisa de alguém para ajudá-lo. Trate de ajudar a si mesmo.

OK, eu tentei de tudo. Li seus livros, assisti a O Segredo, gastei milhares de dólares com yagnas *e mesmo assim nada funcionou! Como você explica isso?*

Na verdade, tudo isso funciona — a não ser que você crie bloqueios. Você está recebendo o que deseja. Aceite isso, ame-o e escolha uma nova direção.

PERGUNTAS FREQUENTES (COM RESPOSTAS)

Lembre-se, você tem "contraintenções" dentro de você que "bloqueiam" seu desejo consciente no caminho até você. Clarear a mente exige um estado de alerta permanente e tudo o mais que você puder acrescentar. Não desista.

Como posso descobrir o que realmente desejo na vida e como começar a consegui-lo? Você diz que devemos seguir nossas paixões e o dinheiro há de chegar, mas não tenho ideia do que realmente amo ou do que me desperta paixão. Por favor me ajude!

Você sempre pode descobrir suas verdadeiras paixões se for implacavelmente honesto consigo mesmo. Finja que ganhou na loteria e que agora você tem US$ 300 milhões na sua conta bancária. O que você faria? Depois de gastar dinheiro com carros e outros tipos de "brinquedos", o que faria consigo mesmo?

Como posso me concentrar em coisas positivas com base em bons sentimentos quando tudo na minha vida está dando errado e estou cercado por toda essa negatividade?

Em primeiro lugar, você tem de entender que nada está dando errado. É sua percepção do evento o que lhe causa desgosto. Encare tudo isso com amor e você estará em paz e até sentirá apreço pelo que está ocorrendo. Em segundo lugar, faça o necessário para voltar ao sentimento de gratidão pelo que você já tem. Você tem sorte de estar vivo. Muitos não têm essa sorte. Você tem a sorte de ser capaz de ler estas palavras. Muitos não podem lê-las.

Como se manter equilibrado quando você encontra motoristas malucos, pessoas rudes e todas as outras pessoas negativas que é impossível evitar neste mundo?

Você tem de amar essas pessoas. Quando você amar tudo o que vê, começará a notar que as coisas ruins desaparecem de sua experiência. Não espere que os motoristas mudem; trate de mudar a si mesmo.

Quando todas as peças começarão a se juntar? Até agora nada mudou. Um mês, quatro meses? Ou mais tempo ainda?

Como você sabe que nada mudou? Muito de sua "programação" mental é inconsciente, portanto pode haver mudanças ali. Além disso, caso você se sinta preocupado ou impaciente, este é um sinal de falta de clareza mental. Clareza mental pressupõe que você se sinta feliz agora, e essa sensação de paz iria "atrair" o que você deseja ou algo ainda melhor. A verdade é que o tempo é um conceito humano. Tudo acontece quando deve acontecer. Desfrute o momento presente.

Você pode me ajudar com minhas dívidas? Pode me oferecer um empréstimo que eu pagarei mais tarde?

Esta pergunta implica que só existe um jeito de resolver um problema ou "atrair" um resultado: eu. Não espere por mim ou mais ninguém para você tomar providências contínuas. Não peça simplesmente para uma pessoa que ela pare justamente ali. Enxergue mais longe e continue andando. Se você estiver aberto e disposto a tomar providências inspiradas constantes, o Universo irá ajudá-lo quando chegar o momento certo. Não tenho mais condições de responder a todos os e-mails e pedidos que recebo, por isso não adianta nem olhar em minha direção. Mas olhe para dentro de si mesmo e procure orientação. Então, aja de acordo com a resposta que recebeu.

O que você acha de crianças que nasceram com algum tipo de doença? Como elas "atraíram" a doença? Os pais são responsáveis por isso?

Todos nós viemos ao mundo com uma agenda. É o que se chama de "programação". Quem sabe dizer por que algumas crianças nascem doentes? Mas elas estão aqui agora, portanto trate de curá-las. Sua responsabilidade é lidar com tudo o que estiver no âmbito de sua experiência. Não importa como aquilo se deu. Agora é um fato e está ali. Trate de curá-lo.

Eu gostaria de criar uma visão clara do que é o sucesso, e (sei que você vai pensar que isso é tolice) realmente nunca tive experiência concreta do sucesso. Por isso, preciso da ajuda de meus heróis. Quero saber se você tem algo que o ajude a comemorar suas realizações na vida. Você recebeu prêmios? Possui cartas de pessoas importantes? O que uma casa grande tem dentro dela?

Eu costumo me recompensar quando conquisto alguma coisa. Às vezes é um novo par de sapatos. Ou um carro. Ou uma viagem. Ou um móvel especial. Isso me ajuda a "ancorar" o sentimento do sucesso e lembrar-me daquilo mais tarde quando eu olhar para a coisa que comprei. Aliás, nem sempre preciso comprar algum "troféu". Esta lembrança poderia ser a taça que ganhei de presente quando estive no programa de televisão de Donny Deutsch. Ou minha foto com Larry King quando estive no programa dele.

PERGUNTAS FREQUENTES (COM RESPOSTAS)

Como posso me manter inspirado?!?!?
Concentrando-se naquilo que seu coração deseja.

A Lei da Atração está acima do karma, ou o karma está acima da Lei da Atração?
O karma é a Lei da Atração.

Como explicar que tomei atitudes num almoço, mas não obtive resultado algum?
Aonde você esperava chegar naquele almoço? Talvez ele o tenha levado exatamente aonde você devia ir, mesmo sem você gostar do resultado. A fé na vida significa crer que tudo o que sucede é para seu bem maior.

Não entendi muito bem a parte do livro que trata do teste muscular; existem outras fontes que posso pesquisar para me aprofundar no assunto?
Leia o livro *Muscle Testing* de Serafino Amoroso.

Meu companheiro me deixou recentemente. Posso "desejar" que ele volte para mim?
Não. Isso seria uma violação do livre-arbítrio de seu companheiro. Em vez disso, concentre-se na parte de você que ele representa. Ame essa sua parte interior e ele voltará, ou não, mas você estará em paz e pronto para mais amor.

Como o livro Limite Zero *se coaduna com a Lei da Atração?*
Limite Zero aponta para a dimensão divina. Comece ali e tudo o que você fizer será puro Fator de Atração. Eu diria que há três estágios para o despertar. O primeiro é o "estágio de vítima". O Fator de Atração mobiliza o segundo estágio, quando você toma consciência de seu poder. *Limite Zero* é o terceiro estágio, quando você se entrega e atua juntamente com o Divino. São simplesmente degraus no caminho para a iluminação — estar neste exato lugar, neste exato momento, em paz total.

Quero saber se causei a morte de meu marido. Você pode causar a morte de alguém (ou a sua própria) pelo pensamento?
Muitas vezes, as pessoas pensam na morte. Se você não monitorar seus pensamentos e não escolher aqueles que lhe dão sustento e proteção, poderá escolher pensamentos capazes de matar você, às vezes ao longo do tempo, às vezes instantaneamente. Mas não, você não pode causar a morte de outra pessoa pelo pensamento. Lamento que você tenha perdido seu marido. Você

ajudou a "criar" a experiência de sua perda, mas você não "criou" a morte dele. Ele teve sua própria vida. Você tem a sua. O tempo em que vocês estiveram juntos foi uma grande dádiva. Lembre-se disso.

Você ainda usa um coach?

Certamente. Tenho *coaches* de milagres que me ajudam a expandir meus limites e minha consciência, da mesma maneira como as pessoas frequentam meu programa *Coaching* de Milagres. Todos nós precisamos de apoio para atrair milagres. Você pode fazê-lo sozinho, mas o processo é muito mais fácil e rápido com a ajuda de seu próprio *coach*.

Bibliografia

Aleksiuk, Michael. *Power Therapy: Maximizing Health through Self-Efficacy.* Kirkland, WA: H&H Publishers, 1996.

Amoroso, Serafina. *Muscle Testing.* Bloomington, IN: AuthorHouse. 2006.

Atkinson, William Walter. *Thought Vibration, or The Law of Attraction in the Thought World.* Chicago: New Thought Publishing, 1906.

Ball, Ron, et al. *Freedom at Your Fingertips.* Fredericksburg, VA: InRoads Publishing, 2006.

Barton, Bruce. *What Can A Man Believe?* Nova York: Bobbs-Merrill, 1927.

Behrend, Genevieve e Vitale, Joe. *How to Attain Your Desires by Letting Your Subconscious Mind Work for You, Vol.1.* Garden City, Nova York: Morgan-James Publishing, 2004.

———. *How to Attain Your Desires, Vol. 2: How to Live Life and Love It!* Garden City, Nova York: Morgan-James Publishing, 2005.

Bender, Sheila Sidney, and Sise, Mary. *The Energy of Belief: Psychology's Power Tools to Focus Intention and Release Blocking Beliefs.* Santa Rosa, CA: Energy Psychology Press, 2008.

Bowen, Will. *A Complaint Free World.* Nova York: Doubleday, 2007.

Braden, Gregg. *The Divine Matrix: Bridging Time, Space, Miracles, and Belief.* Carlsbad, CA: Hay House, 2006. [*A Matriz Divina: Uma Jornada Através do Tempo, do Espaço, dos Milagres e da Fé.* São Paulo: Cultrix, 2008.]

Bristol, Claude. *The Magic of Believing.* Nova York: Pocket Books, 1991.

Bruce, Alexandra. *Beyond the Secret*. Nova York: Disinformation Company, 2007.

Butterworth, Eric. *Spiritual Economics: The Principles and Process of True Prosperity*. Lee's Summit, MO: Unity, 1993.

Byrne, Rhonda. *The Secret*. Nova York: Atria Books/Beyond Words, 2006.

Callahan, Roger. *Tapping the Healer Within: Using Thought-Field Therapy to Instantly Conquer Your Fears, Anxieties, and Emotional Distress*. Nova York: McGraw-Hill, 2002.

Canfield, Jack e Switzer, Janet. *The Success Principles: How to Get from Where You Are to Where You Want to Be*. Nova York: Collins, 2006.

Casey, Karen. *Change Your Mind and Your Life Will Follow*. Nova York: Conari Press, 2005.

Chopra, Deepak. *The Spontaneous Fulfillment of Desire*. Nova York: Harmony, 2003.

Coates, Denise. *Feel It Real! The Magical Power of Emotions*. Los Angeles: Denise Coates Publishers, 2006.

Coppel, Paula Godwin. *Sacred Secrets: Finding Your Way to Joy, Peace and Prosperity*. Unity Village, MO: 2008.

Cornyn-Selby, Alyce. *What's Your Sabotage?* Portland, OR: Beynch Press, 2000.

Craig, K.C. *Placing Your Order: Steps for Successful Manifestations*. Fairfax, VA: RMS Publications, 2007.

Dahl, Lynda Madden. *Beyond the Winning Streak: Using Conscious Creation to Consistently Win at Life*. Woodbridge Group, 2000.

———. *Ten Thousand Whispers: A Guide to Conscious Creation*. Woodbridge Group, 1995.

BIBLIOGRAFIA

Dahl, Lynda Madden. *The Wizards of Consciousness: Making the Imponderable Practical*. Woodbridge Group, 1997.

Deutschman, Alan. *Change or Die: The Three Keys to Change at Work and in Life*. Nova York: Reagan Books, 2007.

Di Marsico, Bruce. *The Option Method: Unlock Your Happiness with Five Simple Questions*. Walnut Grove, CA: Dragonfly Press, 2006.

Doré, Carole. *The Emergency Handbook for Getting Money Fast!* San Francisco: Celestial Arts, 2002.

Doyle, Bob. *Wealth beyond Reason*. Duluth, GA: Boundless Living, 2004.

Dwoskin, Hale. *The Sedona Method: Your Key to Lasting Happiness, Success, Peace and Emotional Well-Being*. Sedona, AZ: Sedona Press, 2003.

Dyer, Wayne. *Manifesting Your Destiny*. Nova York: HarperCollins, 1997.

———. *The Power of Intention: Learning to Co-Create Your World Your Way*. Carlsbad, CA: Hay House, 2004.

Eker, T. Harv. *Secrets of the Millionaire Mind: Mastering the Inner Game of Wealth*. Nova York: Collins, 2005.

Ellsworth, Paul. *Mind Magnet: How to Unify and Intensify Your Natural Faculties for Efficiency, Health and Success*. Holyoke, MA: Elizabeth Towne Company, 1924.

Evans, Mandy. *Travelling Free: How to Recover from the Past*. Encinitas, CA: Yes You Can Press, 2005.

Fengler, Fred e Todd Varnum. *Manifesting Your Heart's Desires, Book I and Book II*. Burlington, VT: HeartLight, 2002.

Ferguson, Bill. *Heal the Hurt that Sabotages Your Life*. Houston, TX: Return to the Heart, 2004.

Ford, Debbie. *The Dark Side of the Light Chasers*. Nova York: Riverhead Books, 1998.

O FATOR DE ATRAÇÃO

Ford, Debbie. *Why Good People Do Bad Things: How to Stop Being Your Own Worst Enemy*. Nova York: HarperOne, 2008.

Gage, Randy. *Why You're Dumb, Sick & Broke... And How to Get Smart, Healthy & Rich!* Hoboken, NJ: John Wiley & Sons, 2006.

Gaines, Edwene. *The Four Spiritual Laws of Prosperity*. PA: Rodale Press, 2005.

Gallwey, Tim. *The Inner Game of Tennis*. Nova York: Random House, 1997.

Gene Landrum, *The Superman Syndrome: The Magic of Myth in The Pursuit of Power: The Positive Mental Moxie of Myth for Personal Growth*. iUniverse, 2005.

Gillett, Dr. Richard. *Change Your Mind, Change Your World*. Nova York: Simon & Schuster, 1992.

Gilmore, Ehryck. *The Law of Attraction 101*. Chicago: Eromlig Publishing, 2006.

Goi, James. *How to Attract Money Using Mind Power*. West Conshohocken, PA: Infinity Publishing, 2007.

Goldberg, Bruce. *Karmic Capitalism: A Spiritual Approach to Financial Independence*. Baltimore, MD: Publish America, 2005.

Grabhorn, Lynn. *Excuse Me, Your Life Is Waiting: The Astonishing Power of Feelings*. Charlottsville, VA: Hampton Roads, 2003.

Gregory, Eva. *The Feel Good Guide to Prosperity*. San Francisco: LifeCoaching, 2005.

Hall, Philip. *Jesus Taught It, Too: The Early Roots of the Law of Attraction*. Alberta, Canada: Avatar, 2007.

Harris, Bill. *Thresholds of the Mind: Your Personal Roadmap to Success, Happiness, and Contentment*. Beaverton, OR: Centerpoint Research, 2002.

BIBLIOGRAFIA

Hawkins, David. *Devotional Nonduality*. Sedona, AZ: Veritas Publishing, 2006.

Hawkins, David. *I: Reality and Subjectivity*. Sedona, AZ: Veritas Publishing, 2003.

———. *Power vs. Force: The Hidden Determinants of Human Behavior*. Carlsbad, CA: Hay House, 2002.

———. *Transcending the Levels of Consciousness*. Sedona, AZ: Veritas Publishing, 2006.

Helmstetter, Shad. *Self-Talk for Weight Loss*. Nova York: St. Martin's Press, 1994.

———. *The Self-Talk Solution*. Nova York: Pocket Books, 1987.

Hicks, Jerry e Esther. *Ask and It Is Given: Learning to Manifest Your Desires*. Carlsbad, CA: Hay House, 2004.

———. *Ask and It Is Given: Learning to Manifest Your Desires*. San Antonio, TX: Abraham-Hicks, 2004.

———. *The Law of Attraction: The Basics of the Teachings of Abraham*. Carlsbad, CA: Hay House, 2006.

———. *Sara and the Foreverness of Friends of a Feather*. Com uma introdução de Joe Vitale. San Antonio, TX: Abraham-Hicks, 1995.

———. *What to Say When You Talk to Yourself*. Nova York: Pocket Books, 1982.

Hogan, Kevin. *The Science of Influence*. Hoboken, NJ: John Wiley & Sons, 2004.

Holmes, Ernest. *Creative Mind and Success*. San Francisco: Tarcher, 2004.

———. *Science of Mind*. San Francisco: Tarcher, 1998.

Houlder, Kulananda and Dominic. *Mindfulness and Money*. Nova York: Broadway, 2002.

Hunt, Valery. *Infinite Mind*. Malibu, CA: 1996.

Jahnke, Roger. *The Healing Promise of Qi*. Nova York: McGraw-Hill, 2002.

Joyner, Mark. *Simpleology: The Simple Science of Getting What You Want*. Hoboken, NJ: John Wiley & Sons, 2007.

Kaa, Sri Ram. *2012: You Have a Choice!* Tijeras, NM: TOSA Publishing, 2006.

Kahler, Rick e Fox, Kathleen. *Conscious Finance: Uncover Your Hidden Money Beliefs and Transform the Role of Money in Your Life*. Rapid City, SD: FoxCraft: 2005.

Kaufman, Barry Neil. *To Love Is to Be Happy With*. Nova York: Fawcett, 1985.

Kennedy, Dan. *No B.S. Wealth Attraction for Entrepreneurs*. Entrepreneur Press, 2006.

Kramer, Carolyn Miller. *Creating Miracles: Understanding the Experience of Divine Intervention*. Tiboron, CA: 1995.

Kristof, Aziz. *The Human Buddha: Enlightenment for the New Millennium*. Nova Délhi, India: Kristof, 2006.

Landrum, Gene. *Paranoia and Power*. Morgan-James Publishing, 2008.

Lapin, Jackie. *The Art of Conscious Creation*. Charleston, SC: Elevate, 2007.

Lapin, Rabbi Daniel. *Thou Shall Prosper: Ten Commandments for Making Money*. Hoboken, NJ: J. Wiley & Sons, 2002.

Larson, Christian D. *Your Forces and How to Use Them*. Londres. Fowler, 1912.

Larson, Melody. *The Beginner's Guide to Abundance*. Booklocker.com, 2007.

Levenson, Lester. *No Attachments, No Aversions: The Autobiography of a Master*. Sherman Oaks, CA: Lawrence Crane Enterprises, 2003.

BIBLIOGRAFIA

Leverson, Lester. *The Ultimate Truth About Love & Happiness: A Handbook for Life*. Sherman Oaks, CA: Lawrence Crane Enterprises, 2003.

Lichtman, Stuart e Joe Vitale. *How to Get Lots of Money for Anything FAST*. E-book, 2002.

Lipton, Bruce. *The Biology of Belief: Unleashing the Power of Consciousness, Matter and Miracles*. Mountain of Love, 2005.

Losier, Michael. *Law of Attraction*. Victoria, Canada: Losier Publications, 2003.

Love, Lisa. *Beyond the Secret: Spiritual Power and the Law of Attraction*. Charlottesville, VA: Hampton Roads, 2007.

Mackenzie, Kathleen. *Not Manifesting? This Book Is for You!* Denver, CO: Outskirts Press, 2007.

Martin, Art. *Your Body Is Talking, Are You Listening?* Penryn, CA: Personal Transformation, 2001.

McTaggart, Lynne. *The Intention Experiment: Using Your Thoughts to Change Your Life and the World*. Nova York: Free Press, 2007.

Murphy, Dr. Joseph. *The Power of Your Subconscious Mind*. Nova York: Bantam, 2001.

Myss, Caroline. *Anatomy of the Spirit*. Nova York: Three Rivers Press, 1997.

Neville, Goddard. *Immortal Man*. Amarillo, TX: DeVorss & Company, 1999.

———. *Immortal Man: A Compilation of Lectures*. Camarillo, CA: DeVorss & Company, 1999.

———. *The Law and the Promise*. Camarillo, CA: DeVorss & Company, 1984.

———. *The Power of Awareness*. Camarillo, CA: DeVorss & Company, 1983.

Neville, Goddard. *Your Faith Is Your Fortune*. Camarillo, CA: DeVorss & Company, 1985.

Neville, Goddard, and Vitale, Joe. *At Your Command*. Garden City, Nova York: Morgan-James Publishing, 2005.

Norville, Deborah. *Thank You Power: Making the Science of Gratitude Work for You*. Nashville, TN: Thomas Nelson, 2007.

Oates, Robert. *Permanent Peace*. Institute of Science, Technology and Public Policy, 2002.

———. *Permanent Peace: How to Stop Terrorism and War—Now and Forever*. Fairfield, VA: Oates, 2002.

O'Bryan, Pat e Vitale, Joe. *The Myth of Passive Income: The Problem and the Solution*. E-book, 2004.

———. The Think and Grow Rich Workbook é um ebook gratuito baseado na obra clássica de Napoleon Hill. E-book, 2004.

Orr, Leonard. *Breaking the Death Habit: The Science of Everlasting Life*. Berkeley, CA: North Atlantic Books, 1998.

Patterson, Kerry. *Influencers: The Power to Change Anything*. Nova York: McGraw-Hill, 2008.

Pauley, Tom. *I'm Rich Beyond My Wildest Dreams, I Am, I Am, I Am*. Nova York: Rich Dreams, 1999.

Ponder, Catherine. *The Dynamic Laws of Prosperity*. Camarillo, CA: DeVorss & Company, 1985.

———. *The Dynamic Laws of Prosperity*. Amarillo, TX: DeVorss, 1985.

Proctor, Bob. *You Were Born Rich: Now You Can Discover and Develop Those Riches*. Tornoto, Canadá: LifeSuccess Productions, 1997.

Rafter, Mark. *The Wealth Manifesto: Transforming Your Life from Survive to Thrive*. Auburn, CA: New Knowledge Press, 2008.

BIBLIOGRAFIA

Ray, James Arthur. *The Science of Success: How to Attract Prosperity and Create Harmonic Wealth through Proven Principles.* Sun Ark Press, 1999.

Ressler, Peter e Mitchell, Monika. *Spiritual Capitalism: How 9/11 Gave Us Nine Spiritual Lessons of Work and Business.* Nova York: Chilmark Books, 2007.

Ringer, Robert. *Looking Out For #1.* Nova York: Fawcett, 1985.

———. *Winning Through Intimidation.* Nova York: Fawcett, 1984.

Ritt, Michael e Kirk Landers. *A Lifetime of Riches: The Biography of Napoleon Hill.* Nova York: Dutton, 1995.

Roazzi, Vincent. *Spirituality of Success: Getting Rich with Integrity.* Dallas, TX: Namaste, 2001.

Roberts, Jane. *The Nature of Personal Reality: Specific, Practical Techniques for Solving Everyday Problems and Enriching the Life You Know.* CA: New World Library, 1994.

Rutherford, Darel. *So, Why Aren't You Rich?* Albuquerque, NM: Dar, 1998.

Ryce, Michael. *Why Is This Happening to Me—Again?* Theodosia, MO: Ryce, 1996.

Sage, Carnelian. *The Greatest Manifestation Principle in the World.* Beverley Hills, CA: Think Outside the Book, 2007.

Scheinfeld, Robert. *Busting Loose From The Money Game: Mind-Blowing Strategies for Changing the Rules of a Game You Can't Win.* Hoboken, NJ: John Wiley & Sons, 2006.

———. *The 11th Element: The Key to Unlocking Your Master Blueprint for Wealth and Success.* Hoboken, NJ: John Wiley & Sons, 2004.

Shumsky, Susan. *Miracle Prayer: Nine Steps to Creating Prayers that Get Results.* Berkeley, CA: Celestial Arts, 2006.

O FATOR DE ATRAÇÃO

Staples, Dr. Walter Doyle. *Think Like A Winner!* Hollywood, CA: Wilshire, 1993.

Tipping, Colin. *Radical Forgiveness: Making Room for the Miracle.* Marietta, GA: Global 13 Publications, 2002.

———. *Radical Manifestation: The Fine Art of Creating the Life You Want.* Marietta, GA: Global 13 Publications, 2006.

Truman, Karol. *Feelings Buried Alive Never Die...* Olymbus, UT: 1991.

Tuttle, Carol. *Remembering Wholeness.* Salt Lake City, UT: Elton-Wolf Publishing, 2003.

Vitale, Joe. *Adventures Within: Confessions of an Inner World Journalist.* AuthorHouse, 2003.

———. *The Attractor Factor: Five Easy Steps for Creating Wealth (or anything else) from the Inside Out.* Hoboken, NJ: John Wiley & Sons, 2005.

———. *Buying Trances: A New Psychology of Sales and Marketing.* Hoboken, NJ: John Wiley & Sons, 2007.

———. *The Greatest Money-Making Secret in History.* 1st Books Library, 2003.

———. *Hypnotic Writing.* Hoboken, NJ: John Wiley & Sons, 2007.

———. *The Key: The Missing Secret to Attracting Whatever You Want.* Hoboken, NJ: John Wiley & Sons, 2007.

———. *Life's Missing Instruction Manual: The Guidebook You Should Have Been Given at Birth.* Hoboken, NJ: John Wiley & Sons, 2006.

———. *The Missing Secret: How to Use the Law of Attraction to Get Whatever You Want, Every Time.* Audio program. Niles, IL: Nightingale-Conant, 2008.

———. *The Seven Lost Secrets of Success.* Hoboken, NJ: John Wiley & Sons, 2007.

Vitale, Joe. *There's a Customer Born Every Minute: P. T. Barnum's Amazing 10 "Rings of Power" for Creating Fame, Fortune, and a Business Empire Today —* Guaranteed! Hoboken, NJ: John Wiley & Sons, 2006.

Vitale, Joe e Ryan, Mark. *Attracting Wealth: Magnetizing Your Unconscious Mind for Prosperity: Subliminal Manifestation DVD #4.* Austin, TX: Hypnotic I Media, Inc., 2007.

Vitale, Joe e Len, Ihaleakala Hew. *Zero Limits: The Secret Hawaiian System for Wealth, Health, Peace, and More.* Hoboken, NJ: John Wiley & Sons, 2007.

Waldroop, James e Butler, Timothy. *The 12 Bad Habits that Hold Good People Back.* New York: Random House, 2000.

Wattles, Wallace D. *How to Get What You Want.* Editora desconhecida; circa 190-?.

———. *The Science of Getting Rich.* Nova York: Penquin/Tarcher, 2007.

Wilber, Ken. *Quantum Questions: Mystical Writings of the World's Greatest Physicists.* Boston: Shambhala, 2001.

Wilde, Stuart. *The Trick to Money Is Having Some.* Carlsbad, CA: Hay House, 1995.

Wojton, Djuna. *Karmic Healing: Clearing Past-Life Blocks to Present-Day Love, Health, and Happiness.* Berkeley, CA: Crossing Press, 2006.

Wright, Kurt. *Breaking the Rules.* Boise, ID: CPM, 1998.

Websites

www.miraclescoaching.com

www.attractanewcar.com

www.zerolimits.info

www.moneybeyondbelief.com

www.MyProsperitySecrets.com

www.emofree.com

www.BobProctor.com

www.BeyondPositiveThinking.com

www.richbits.com

www.OptionMethodnetwork.com

www.TUT.com

www.Centerpointe.com

www.dreamsalive.com

www.WealthBeyondReason.com

www.MrFire.com

www.yagna.by-choice.com

www.jyotish-yagya.com

www.caroltuttle.com

www.Abraham-Hicks.com